金融科技人工智能实战

以Python为工具

张宁 赵亮◎著

电子工业出版社
Publishing House of Electronics Industry
北京·BEIJING

内 容 简 介

本书介绍了金融领域中的人工智能技术（以深度学习为主）应用，其中第1～3章主要讲解金融与金融市场、Python入门知识、金融深度学习平台的搭建等内容；第4～6章主要讲解金融数据的获取方法、欺诈行为识别、非结构化金融客户信息识别等内容；第7～10章主要讲解金融安全中的深度学习、金融时间序列预测中的深度学习、金融舆情分析中的深度学习、金融客户推荐中的深度学习应用等内容。

本书可供金融、保险类本科生使用，也可以作为投资学、管理学、统计学、技术经济、应用数学等金融科技相关专业的教材，还可以作为对金融科技和深度学习感兴趣的金融从业者、有一定工程能力的软件开发工程师等的参考书。

未经许可，不得以任何方式复制或抄袭本书之部分或全部内容。
版权所有，侵权必究。

图书在版编目（CIP）数据

金融科技人工智能实战：以 Python 为工具/张宁，赵亮著. —北京：电子工业出版社，2020.8
ISBN 978-7-121-37317-6

Ⅰ. ①金… Ⅱ. ①张… ②赵… Ⅲ. ①机器学习-应用-金融工作 Ⅳ. ①F830-39
中国版本图书馆 CIP 数据核字（2019）第 187408 号

责任编辑：刘　伟　　　文字编辑：李淑丽
印　　刷：北京七彩京通数码快印有限公司
装　　订：北京七彩京通数码快印有限公司
出版发行：电子工业出版社
　　　　　北京市海淀区万寿路 173 信箱　　　　邮编：100036
开　　本：787×980　1/16　　印张：17.75　　字数：343 千字
版　　次：2020 年 8 月第 1 版
印　　次：2025 年 6 月第 5 次印刷
定　　价：88.00 元

凡所购买电子工业出版社图书有缺损问题，请向购买书店调换。若书店售缺，请与本社发行部联系，联系及邮购电话：（010）88254888，88258888。

质量投诉请发邮件至 zlts@phei.com.cn，盗版侵权举报请发邮件到 dbqq@phei.com.cn。
本书咨询联系方式：010-51260888-819，faq@phei.com.cn。

推 荐 语

以下按姓氏拼音字母排序，排名不分先后。

本书作者长期进行深度学习研究和探索，他们在科研之余将经验总结成普适读物来助力金融和人工智能的融合，在书中提供了诸多应用深度学习的金融案例和具体代码，你可以迅速上手实践，相信会很有收获。

陈建成（Ken Seng Tan）

Professor of Division of Banking & Finance, Nanyang Business School，Nanyang Technological University；Director of Insurance Risk and Finance Research Centre

当前，金融科技在学术界和行业内都是热门方向。一方面，它有别于传统金融模型，提供了能够有效挖掘全量数据价值的手段和工具；另一方面，它作为全新的交叉学科，与其相关的研究、理解和应用都处于起步阶段，系统地介绍金融科技的书还不多见。张宁教授和赵亮博士的新书在介绍与金融科技有关的基础知识的同时，又突出了内容的实用性，通过金融领域的实际案例和示例代码，帮助你理解理论知识，并可快速上手进行实际操作，无论相关领域的学生还是从业人员，都可从本书中获益。

李嘉禹，中国科学技术大学数学科学学院执行院长

深度学习等人工智能技术是金融科技应用的重要技术之一。本书作者采用诸多案例展示了深度学习在金融反欺诈识别、信息安全、舆情等方面的具体应用，配备了相应的代码和图表，你可以轻松理解并上手学习。本书值得一读！

李建军，第二届全国金融青联委员，中央财经大学金融学院教授、院长，博士生导师

深度学习是新一代人工智能的重要形式，金融行业的许多业务都有应用深度学习的契机，本书作者长期关注这个方向，一直在深耕深度学习等人工智能技术在金融中的应用，希望本书能够传递这些应用经验，帮助更多读者快速实践融入这个充满前景的领域。

李晓林，中央财经大学保险学院教授、院长，博士生导师，
教育部人文社会科学重点研究基地中央财经大学中国精算研究院院长

在深度学习的众多应用领域中，金融尤其引人注目，本书作者长期探索深度学习以及它在金融中的实践，学术功底扎实，实务经验丰富。本书结合应用场景，提供了很多案例和代码，让你能够比照实践，有所收获！

刘立新，对外经济贸易大学统计学院教授、院长，博士生导师

金融，多少人为之迷倒！金融，多少人为之陷落！人工智能，无数人翘首以待，无数人争论不休！深度学习，作为当前人工智能热潮的关键技术，能否帮我们看清金融、冲破迷雾？相信张宁教授和赵亮博士的这本力作，能带给你许多思考！

马宏宾，北京理工大学教授，博士生导师

深度学习在金融领域中大有作为，与金融融合是一个很具前景的方向。作者在书中介绍了一系列可以直接上手的案例和代码，这对深度学习的入门者具有很好的指导意义。金融中丰富的数据和多种场景存在更多的应用可能，很期望看到越来越多的类似实践。

吴毅红，中科院自动化所模式识别国家重点实验室研究员，博士生导师

科技为行业尤其是金融业带来的变革是有目共睹的，作为在金融行业奋斗十多年的老兵，我对此更是感同身受。随着数据的极速增长与人工智能技术的发展，金融科技已经成为金融领域不可或缺的技术手段，在征信系统、量化交易、交易平台的发展等方面都得到了广泛的应用。但金融科技图书的出版并未跟上研究和应用的发展步伐，有志于学习金融科技的人员常苦于没有合适的书，张宁教授和赵亮博士的新书可谓恰逢其时。两位作者既有理论研究基础，又接触过众多行业实践案例，他们的这些经验已很好地体现在本书的内容中，无论你想了解金融科技，还是想解决工作中遇到的实际问题，都能开卷有益。在此，真诚地推荐给有志于从事金融业和推动金融科技发展的各位。

张一，中植企业集团执行总裁，中海晟融首席经济学家

前　言

多年来，传统的金融模型与实际场景中的金融市场数据多有偏离，这一方面促进了传统金融模型的研究与发展，另一方面也推动了各种新理论、新工具在金融领域中的应用。在金融与科技融合的过程中，作为新一代人工智能的代表，深度学习是其中最引人注目的工具，它使用"全量数据"来理解金融问题，在强拟合、高阶特征抽取、泛化能力等方面都有突出优势，已成为金融业关注的焦点。

金融科技作为新的交叉学科，涉及繁杂的知识和多变的工具，有一定的进入门槛。笔者在与同行和学生交流的过程中，发现初学者常常不知从何处入手，于是萌发了编写本书的念头。本书不同于理论专著，而是一本入门性质的引导性书籍。它的目的不是探讨和研究金融中的深度学习理论，而是以应用为导向，介绍金融中典型的人工智能应用，特别是深度学习的应用，贴合实际的金融应用场景。你可以直接按照书中的介绍进行操作，感受使用深度学习解决金融问题的乐趣。

在此导向下，编者在写作过程中，尽量兼顾内容的基础性、实用性及典型性。基础性是指，本书阐述了金融的基本内涵和逻辑，介绍了与金融和深度学习有关的基础知识，方便初学者和有志于投身金融行业的开发人员快速了解；同时，本书结合金融业的场景，提供了许多具体的、可操作的平台搭建和代码编写范例，这可以帮助金融从业人员更好地理解金融与深度学习的结合，并能更快地实现相关代码的编写；最后，本书在选取案例时，一方面尽量涵盖金融业务中的诸多细分行业和场景，另一方面也注重案例在行业应用中的重要性和典型性，你在结合自己的背景进行思考和判断后，可以举一反三，形成交叉链接。

本书基于笔者正在进行的"金融科技"的相关研究，该研究获得了以下资助：中央高校基本科研业务费专项资金、第五批中央财经大学科研创新团队支持计划、教育部人文社会科学重点研究基地重大项目（编号：16JJD790060）。

在本书的写作过程中，对外经济贸易大学在职研究生王芳芳对文字和代码进行了细致的编辑整理，邹玉岩以及笔者的学生孙辉和宋佰秩协助完成了部分校对工作以及书中的部分图表，在此一并对他们表示感谢。

目　录

第 1 章　金融与金融市场 1
 1.1　认识金融 1
  1.1.1　金融的细分领域 1
  1.1.2　金融研究的核心内容 3
 1.2　货币 3
  1.2.1　货币的内涵与作用 3
  1.2.2　货币的分类 4
  1.2.3　货币制度 5
 1.3　信用 5
  1.3.1　信用的定义 5
  1.3.2　信用的不同层次 6
  1.3.3　信用评价体系与企业 8
 1.4　金融机构 11
  1.4.1　按照地位和功能划分 11
  1.4.2　按照金融机构的管理地位划分 14
  1.4.3　按照是否能接收公众存款划分 15
  1.4.4　按照其他划分 15
 1.5　金融市场 17
  1.5.1　金融市场的分类 18

	1.5.2 金融市场的交易	20
	1.5.3 金融市场的作用	21
	1.5.4 金融市场的参与者和组织形式	21
1.6	金融衍生品与金融工程	22
1.7	互联网金融	23
	1.7.1 互联网金融的特征	24
	1.7.2 互联网金融的四种模式	25

第2章 深度学习的首选语言：Python 27

- 2.1 Python 语言介绍 27
  - 2.1.1 Python 的设计理念 27
  - 2.1.2 Python 的特点 28
  - 2.1.3 Python 的优点 28
- 2.2 Python 的安装与使用 29
- 2.3 数据类型 33
  - 2.3.1 数值 33
  - 2.3.2 布尔型数值 34
  - 2.3.3 字符串 35
- 2.4 变量与运算符 35
  - 2.4.1 变量 35
  - 2.4.2 运算符 36
- 2.5 函数 39
  - 2.5.1 函数的定义与调用 40
  - 2.5.2 函数参数 40
  - 2.5.3 函数返回值 42
- 2.6 模块 43
  - 2.6.1 from ... import 语句 43
  - 2.6.2 常见模块 44

第3章 构建金融深度学习平台 47

- 3.1 算力基础：选择硬件 47
  - 3.1.1 算力与深度学习云平台 47

3.1.2　深度学习中算力构建的路线选择 48
3.2　单精度计算和半精度计算 55
3.3　算法平台：深度学习平台 58
　　3.3.1　安装与设置开发环境 58
　　3.3.2　搭建深度学习平台 58
3.4　代码托管：Git 和 GitHub 67
　　3.4.1　版本控制 Git 67
　　3.4.2　GitHub 的常用操作 69

第 4 章　获取金融数据 77
4.1　金融数据获取 77
　　4.1.1　金融数据获取的途径 77
　　4.1.2　公开数据平台 79
4.2　用 Python 直接获取金融数据 85
　　4.2.1　大奖章量化接口 85
　　4.2.2　利用 Baostock 获取股票数据 88
　　4.2.3　利用 Tushare 获取全面金融数据 93

第 5 章　识别金融业务中的欺诈行为 115
5.1　金融欺诈介绍 115
5.2　欺诈识别 116
　　5.2.1　不平衡数据处理 116
　　5.2.2　信用卡欺诈识别 122
5.3　保险欺诈识别 127

第 6 章　金融非结构化客户信息识别 133
6.1　手写信息识别 134
6.2　图片信息理解 139
6.3　客户人脸识别 144
　　6.3.1　直方图 145
　　6.3.2　图像、距离与灰度直方图 147
　　6.3.3　人脸识别实践 149

第 7 章　金融安全中的深度学习 154
7.1　金融安全 154
7.2　RSA 加密算法 155
7.2.1　对称加密体系 155
7.2.2　非对称加密体系 156
7.3　验证码识别 163
7.3.1　利用深度学习训练卷积网络 163
7.3.2　绘制网络结构图 172
7.4　票据反模糊与生成式对抗网络 178
7.4.1　生成式对抗网络 178
7.4.2　反模糊训练的步骤 181

第 8 章　金融时间序列预测中的深度学习 183
8.1　金融时间序列数据简介 183
8.1.1　时间序列 183
8.1.2　金融中的时间序列数据 185
8.2　传统的时间序列分析方法 187
8.3　初识循环神经网络 196
8.4　利用循环神经网络分析比特币价格 199
8.4.1　获取相应数据 199
8.4.2　传统分析方法 207
8.4.3　循环神经网络方法 213

第 9 章　金融舆情分析中的深度学习 225
9.1　宏观金融问题与人工智能 225
9.1.1　宏观金融学入门 225
9.1.2　从大数据角度看宏观金融学 227
9.2　利用舆情进行宏观金融分析 227
9.2.1　数据的准备 227
9.2.2　获取关键词趋势 230
9.3　中文词向量 235

9.3.1 自然语言处理 ... 235
  9.3.2 独热表示法 ... 235
  9.3.3 分布式表示法 ... 236
 9.4 金融舆情中的情绪判断 ... 238
第 10 章 金融客户推荐中的深度学习 ... 246
 10.1 客户分类与评估 ... 246
  10.1.1 聚类的概念 ... 247
  10.1.2 划分法 ... 247
  10.1.3 层次法 ... 250
  10.1.4 密度聚类算法 ... 252
 10.2 推荐系统与深度学习 ... 254
  10.2.1 协同过滤算法 ... 255
  10.2.2 基于内容的推荐算法 ... 257
  10.2.3 基于知识的推荐算法 ... 258
  10.2.4 深度学习对推荐系统的提升 ... 259

第 1 章

金融与金融市场

深度学习在金融中的大多数应用，都是为了解决金融行业中的一个具体问题。目前，每一个金融业务的背后都有深度学习广阔的应用空间，本章帮助读者了解和学习金融的基本知识和金融市场的运作基础。

1.1 认识金融

金融，通常指"资金融通"。按照何盛明著的《财经大辞典》的解释，金融是货币资金融通的总称。换句话说，金融主要指与货币流通和银行信用相关的各种活动。例如，货币的发行、投放、流通和回笼；各种存款的吸收和提取；各项贷款的发放和收回；银行会计、出纳、转账、结算、保险、投资、信托、租赁、汇兑、贴现、抵押、证券买卖、国际间的贸易和非贸易的结算；黄金白银的买卖；各种交易的输出、输入等。

1.1.1 金融的细分领域

金融作为经济学的一个分支，具备经济学的核心思想，即在有限资源的前提下进行资源的优化配置。在日常生活中，金融面对的有限资源就是"货币"和"资本"，而它们优化配置的主要手段就是"融通",这也是许多与金融相关的业务背后的共同逻辑。

金融根据不同的内容,可以划分出许多细分的领域,下面逐一介绍一下。

(1)金融市场学(Financial Market),主要研究金融市场的运作机制和实践,同时还包括金融机构的业务形式、运行方式及金融机构的作用等。

(2)公司金融学(Corporate Finance),又称公司财务管理、公司理财等,主要研究公司在运营过程中的金融领域,包括与公司融资相关的债券、资本,以及公司如何有效地利用各种融资渠道获得成本最低的资金等。公司金融学与会计学密切相关,在这个领域内,已经有人工智能技术得到应用,如使用人工智能技术对数据进行分析、自动解读报表、进行公司现金流预警等。

(3)金融工程学(Financial Engineering),是20世纪80年代末90年代初随着公司、商业银行、投资银行与证券投资业务的迅速发展而诞生的一门新兴金融学科,也是现代金融学的主要内容之一。许多人把金融工程学看作现代金融学发展到更高阶段的产物,其标志着金融学从科学化走向产品化和工程化。金融工程学一般侧重于金融衍生产品的定价和实际运用,关心的是如何利用创新金融工具更有效地降低个体所面临的各种经济风险,以优化风险和收益率的匹配效率。

金融工程学是严格建立在高等数学基础上的,需要非常深奥的数学知识。这正好是人工智能技术在其中发挥重要作用的领域,如问题求解和复杂定价等问题。

(4)金融经济学(Financial Economics),是一门用经济学的思维来研究金融问题的细分学科,主要内容是研究金融资源的有效配置。

(5)投资学(Investments)。投资学的核心是以效用理论为基础(如效用最大化)来获得个人财富配置和公司资产配置的最优均衡解。如果将它的内容拓展一下,则差不多涵盖了金融的所有学科。

目前,有一些人工智能技术已经在投资学领域中得到应用,市场上也有许多智能投顾产品。

(6)货币银行学(Money and Banking),主要研究与货币有关的总体经济现象,以及货币、商品与市场价格之间的关系。

(7)国际金融学(International Finance),是从货币金融的角度研究在开放经济的背景下,内外均衡及其实现的一门金融细分学科。它本质上是开放经济的货币宏观经济学,主要关心在资金广泛流动和灵活多变的汇率制度环境下,同时实现内外均衡的条件和方法。

1.1.2 金融研究的核心内容

金融研究的核心内容是在不确定的条件下，进行资本资产（货币）的优化配置和定价。下面对这个定义进行简要解读：

- "不确定的条件"实际上就是人们认知的"风险"，因为人们习惯将不确定性当作风险。金融所面对的世界是不确定的，如股票市场、汇率市场、经济环境都是不确定的。
- "资本资产优化配置"是金融的主要内容之一。例如，投资学是个人的资产优化配置，国际贸易是在国际间进行资本资产优化配置，而财政学则是在国家层面进行资本资产优化配置。
- "资本资产定价"也是金融的重要内容，因为通过合理定价能更好地优化配置。事实上，金融既研究在风险中性测度下的定价，也研究在不同信息干扰下的定价，如保险学中的一个基础问题就是一个人购买保单应该交纳多少保费，这就需要对这个人（或者这群人）未来所面对的风险进行评估，从而给出合理的价格。

人工智能在金融中的应用会逐渐过渡到这三个方面，未来可期。

1.2 货币

在金融中，货币（Currency）是购买货物、保存财富的媒介，如我们通过货币购买所需要的商品、公司用货币发放工资等。尽管今天我们已经很少使用纸质货币，但无论微信支付还是支付宝支付等，其数字增减背后的基础仍然是货币，即货币可以在销售者和购买者之间进行直接转移。

1.2.1 货币的内涵与作用

货币有其深刻的内涵，它是商品的所有者和一个公平市场关于交换权的契约，或者说是所有者之间的约定。市场向商品的所有者许诺（现在指的是平台）可以将财产转换成货币，而未来的所有者可以用货币在市场中获得相应的商品。

这种契约是通过公权力（政府）的信用保证的，并通过执法机关保障实施。市场必须承认法定货币的功能，而财产的所有者也必须兑现承诺，否则公权力或者执法机关有权对其进行干涉。

了解了货币的契约本质,就会明白这决定了它可以有不同的表现形式,如一般等价物、贵金属货币、纸币、电子货币、虚拟货币等。

货币的作用可以总结为交易媒介、具有储藏价值、延期支付标准和记账单位等。交易媒介是典型的契约功能的扩展,而储藏手段则是银行产生的基础。我们需要"积累"和储藏财富,并在未来需要的时候使用,这实质上是在时间维度上的财富分配。

1.2.2 货币的分类

一般来说,我们认为实物货币是专门在物资与服务交换中充当等价物的特殊商品,是人们的商品价值观的物质附属物和符号附属物。它既包括流通货币,也包括各种储蓄存款。在现代经济领域中,货币只有很小一部分以实体通货方式显示,即在实际交易中应用的纸币或硬币;大部分交易都使用支票、信用卡或电子货币。

在一般情况下,我们需要先了解在新闻和报道中经常出现的不同层次的货币,简要说明如下。

- M0(流通中的现金):与消费变动密切相关,是最活跃的货币。简单来说,其在我国主要是指在银行体系之外流通中的现金,即大家正在使用的现钞的总量。在西方国家,各国政府或中央银行发行的钞票随时可以作为支付的手段,其扣除金融机构的库存现金,剩余的部分计入货币供应的第一层次,即M0。
- M1(狭义货币供应量):银行体系以外的通货(通货净值)或现金加上商业银行的活期存款,即"M1=M0+企业活期存款+个人持有的信用卡类存款"。由于增加的这些存款通常体现在个人账户中,可以随时提取,因此流动性仅次于流通中的现金。在我国,M1指流通中的货币量加上商业银行的活期存款,反映居民和企业资金的松紧变化,是经济周期波动的先行指标。
- M2(广义货币供应量):指银行体系以外流通的通货和商业银行体系中各种存款的总和,即"M2=M1+企业定期存款+城乡居民储蓄存款"。在我国,M2是指在M1的基础上加上商业银行的定期存款和储蓄存款。货币供应量就是指M2,M2与M1的差额就是准货币(指定期存款和储蓄存款),这些存款可以转换成M0或M1,但一般都有一定的时间周期。

我国在划分M1和M2时,是按照是否反映现实购买力来区分的。M1主要反映经济中的现实购买力,而M2主要反映现实的购买力,同时因为M2变成M1需要一定的时间周期，所以其还反映潜在的购买力。

1.2.3 货币制度

中央银行在纸币本位制体系下，通过调整发行货币的多少和节奏影响经济运行，这叫作实施货币政策。

一般来说，货币政策可以分为以下三类。

1. 紧缩货币政策

中央银行的紧缩货币政策的主要手段包括：减少货币供应量、提高利率、加强信贷控制。例如，在市场物价上涨、需求过度、经济过度繁荣时，从经济学角度可以认为这是社会总需求大于总供给，这时候中央银行可以采取紧缩货币的政策来减少货币发行量，使物价上涨幅度减小，抑制需求，保障经济平稳发展。

2. 宽松货币政策

中央银行实施宽松货币政策的主要手段包括：增加货币供应量、降低利率、放松信贷控制。与紧缩货币政策对应的市场情况相反，当市场产品销售不畅、企业运转困难、资金短缺、设备闲置时，可以认为这是社会总需求小于总供给，中央银行可能会采取扩大货币供应的办法来增加总需求，促进经济增长。

3. 稳健货币政策

中央银行的稳健货币政策体现在紧缩货币政策和宽松货币政策之间，即按照节奏增加货币供应量，这里的节奏主要是经济的发展速度，同时还要稳定利率和进行信贷控制。可以看到稳健货币政策主要体现在松紧适度的"度"上，即货币总量要合理、经济结构要优化，为供给侧结构性改革和高质量发展营造适宜的金融货币环境。

1.3 信用

1.3.1 信用的定义

信用是金融中最重要的概念之一。

所谓信用,是指依附在人与人之间、单位与单位之间和商品与商品交易之间,形成的一种相互信任的生产关系和社会关系。信用促进了双方自觉、自愿的反复交往,消费者甚至愿意付出更多的货币来延续这种关系。

我们可以从不同角度来理解信用:

- 从伦理道德角度来看,信用主要是指参与社会和经济活动的当事人之间所建立起来的,以诚实守信为道德基础的"践约"行为。
- 从法律角度来看,《民法通则》中规定"民事活动应当遵循自愿、公平、等价有偿、诚实信用的原则";《合同法》中要求当事人对他人诚实不欺、讲求信用、恪守诺言,并且在合同的内容、意义及适用等方面产生纠纷时要依据诚实信用原则来解释合同。
- 从经济学角度来看,信用是指在商品交换或者其他经济活动中,授信人在充分信任受信人能够实现其承诺的基础上,用契约关系向受信人放贷,并保障自己的本金能够回流和增值的价值运动。

综上可知,信用可以用"履行承诺或履行承诺的能力"来概括,这自然就包含了许多有趣的问题,如评价一个人履行承诺的能力,这种能力不仅包括个人的主观想法,而且还包括其他方面的能力。

在大数据的支撑下,我们通过获取大量的相关数据形成充分连接的基础大数据,就可以通过多种方法获取一个简单、直接的信用评价。这些方法包括传统的统计方法、机器学习等。

在金融学中,我们主要关注的是经济意义上的信用,狭义上说,这种信用实际上是指"借"和"贷"的关系,即"在限定的一段时间内获得一笔钱的预期"。

我们借的每一笔钱、赊销的每一批货物,实际上都相当于获得了对方的一个"有期限的信用额度",之所以能够得到这个"有期限的信用额度",大部分是由于对方对你的信任。

1.3.2 信用的不同层次

具体来说,考虑到这种"借贷"的丰富层次,我们可以从国家,银行与企业、个人和个人与企业三个层次来理解信用。

1. 国家信用

国家信用至少包含两层含义:

（1）国家和国家之间的借贷关系，即所谓的主权债务，如著名的布雷迪（Brady）债券、20世纪80年代美国对拉美国家的贷款、我国对亚洲和非洲一些国家和地区的低息贷款、日本的海外协力基金贷款、世界银行贷款等。

（2）国家与本国的企业及居民之间的借贷关系。例如，国家发行国债，由企业和居民购买，这实际上是国家先向企业和居民借一笔钱，然后进行投资，并在到期时偿还本息。

2．银行与企业、个人信用

银行与企业、个人之间的信用是相互联系的。

（1）银行要从企业与个人处取得信用，也就是向企业与个人借钱，这是它们生存的根基。

（2）同时，企业也需要向银行取得信用并进行贷款，以应对经营困境或投资扩张等。

（3）个人从银行取得信用，可用它应对生活急需、提升生活质量，如在购买房产时，我们向银行申请的贷款就属于从银行获取的信用。

个人和企业从银行获取信用，一般分为有抵押模式和无抵押模式。

（1）有抵押模式是指以资产作为抵押和担保，在无力偿还时，信用持有人（借钱方，如银行）有权利获得抵押品。

（2）无抵押模式是指纯信用形式，实际上就是我们所说的"信用"贷款，其抵押的是个人和企业的"信用"，或者说是信誉。

3．个人与企业信用

个人与企业之间的信用，主要体现在以下三个方面：

（1）商业信用。商业信用也称交易信用，按照现在互联网的模式可以称之为B2B信用，它主要是指企业与企业之间的非现金交易，就是人们常说的赊销。需要注意的是，我们不能简单地将赊销对象局限于有形的商品（如汽车零配件供应商提供的一批零件），实际上它也可以是一个包含劳动的工程。例如，建筑公司完成了一座大厦的建设，但工程款尚未完全收回，这时该建筑公司赊出去的不仅有在这座大厦建设中预垫的资金、材料，还有在建设过程中的劳动。同时还可以是一些无形的服务、知识产权及智力产品（如管理咨询公司提供的咨询服务）等。

（2）企业与个人之间的信用，也可以称之为B2C信用，在日常生活中很常见。例如，在使用手机的过程中，一般可以在话费不足时继续使用，这就是我们从运营商那里获得的"信用"，或者类似于先消费后付款的许多服务，如水、电、煤气的费用等。

（3）个人与个人之间的信用，对应的就是C2C信用。在没有互联网的时代，个人信用大多局限于熟人、亲戚之间，表现为各种民间借贷。在当前互联网模式下，有了相应的借贷平台，此时C2C的信用有了快速增长。

1.3.3　信用评价体系与企业

金融中涉及的信用问题很多，它们几乎涵盖金融学所有的细分学科，而这些问题都可以总结为信用评价。它覆盖投资学、金融工程、金融经济学的许多细分学科，本质上是对信用进行评分，使得信用值可以相互考量，也可以帮助投资者直观地了解投资物品所有者的情况，从而进行理性投资。

信用评价之所以重要，是因为信用本身是有价值的，它直接影响交易价格的高低。例如，对于信用好的企业，它发行的债券利率通常偏低，原因就在于借款方相信它能够在到期后按时返还购买债券的资金，不必承担风险；而对于信用不好的企业，除了它所发行的债券利率偏高，市场上购买的也较少，因为投资者承担了更多的风险，如存在期满后投资的资金收不回来、延期或部分收回的可能。

由于信用评价的结果可以直接影响借贷资金的成本（利息），因此它们使用的方法非常重要。大多数的信用评价企业都有成熟的测评方法，这些方法之前大多数是基于传统的统计技术，现在有很多已经过渡到应用大数据和人工智能技术上了。

在大数据的支撑下，人工智能技术可以更早预警风险的发生，如债券违约。债券违约的含义就是债券发行人在期满后无法履行承诺，不能兑现承诺的资金。

目前，著名的信用评价企业主要有穆迪（Moody）、标准普尔（S&P）和惠誉国际（Fitch）。

1. 穆迪

穆迪公司的创始人约翰·穆迪在1909年出版的《铁路投资的分析》一书中发表了关于债券信用评级的观点，准确说是资信评价，这也是资信评价首次进入证券市场。现在通用的评级符号就是由他首先提出的，用来分辨250家公司发行的90种债券。

传统的市场统计机构也会对企业进行一些统计，但是穆迪的做法真正让评价变得高端且可用。他将众多评价因素汇聚成一个投资者最为关心的结果——"违约风险"，正是这种做法将资信评级机构与普通的统计机构区分开来。现在人们普遍认为，信用评级最早始于穆迪的铁道债券资信评级。

1913年，穆迪将信用评级扩展到公用事业和工业债券上，并创立了利用公共资料进行第三方独立评级或无须经过授权的资信评级方式。从评级的对象看,穆迪过去的评级和研究对象主要是公司和政府债务、机构融资证券和商业票据等,因为这些是资本市场上债券发行的主体,后来穆迪也开始对证券发行主体、保险公司债务、银行贷款、衍生产品、银行存款及管理基金等进行评级,而一般来说这些评级对象需要更加个性化和复杂的评级模型。

表 1-1 显示了穆迪的信用评价体系符号的定义。

表 1-1 穆迪评价体系

投 资 级 别	评　　定	说　　明
Aaa 级	优等	信用质量最高,信用风险最低。利息支付有充足保证,本金安全。为还本付息提供保证的因素即使变化也是可预见的。发行地位稳固
Aa 级 (Aa1、Aa2、Aa3)	高级	信用质量很高,有较低的信用风险。本金利息安全,但利润保证不如 Aaa 级债券充足,为还本付息提供保证的因素波动比 Aaa 级债券大
A 级 (A1、A2、A3)	中高级	投资品质优良,本金利息安全,但在未来某个时候还本付息的能力可能会下降
Baa 级 (Baa1、Baa2、Baa3)	中级	保证程度一般。利息支付和本金安全现在有保证,但在相当长远的一些时间内具有不可靠性。缺乏优良的投资品质
Ba 级 (Ba1、Ba2、Ba3)	具有投机性质的因素	不能保证将来的良好状况。还本付息的保证有限,一旦经济状况发生变化,还本付息能力将削弱。具有不稳定的特征
B 级 (B1、B2、B3)	缺少理想投资的品质	还本付息,或长期履行合同中其他条款的保证极小
Caa 级 (Caa1、Caa2、Caa3)	劣质债券	有可能违约,或现在就存在危及本息安全的因素
Ca 级	高度投机性	经常违约,或有其他明显的缺点
C 级	最低等级评级	前途无望,不能用来作为真正的投资

2. 标准普尔

大家了解标准普尔大多是通过美国标准普尔指数,这个指数就是由标准·普尔公司编制的股票价格指数(Standard and Poor's Composite Index)。

标准普尔是由普尔出版公司和标准统计公司于 1941 年合并而成的,这里的标准统计公司就是对企业进行统计分析的普通统计机构。普尔出版公司的历史可追溯到 1860 年,当时其创始人普尔先生(Henry V. Poor)出版了《铁路历史》及《美国运河》,并率先开始金融信息服务和债券评级的业务。

1966年，标准普尔被麦格劳-希尔公司（McGraw Hill）收购，但整个业务更进了一步。当前标准普尔公司主要对外提供有关股票、债券、共同基金和其他投资工具的独立分析报告，并为全球超过22万多家证券及基金进行信用评级；它在全球拥有1200多名分析专家，并设有40家机构，全部员工有5000多人。

标准普尔对人工智能非常热衷，2018年它连续收购两家人工智能公司（如Kensho），目的是在评级中引入人工智能技术。

3. 惠誉国际

1913年，约翰·惠誉（John K.Fitch）创办了惠誉，它起初是一家出版公司，但后来惠誉借助出版信息的积累，于1924年开始使用AAA到D级的评级系统对工业债券进行评级。

惠誉国际进行了多次重组和并购，这导致它规模不断扩大。目前，惠誉国际97%的股权由法国FIMALAC公司控制，它在全球有45个分支机构，约1400多名员工和900多名评级分析师，业务涉及的对象包括国家、地方政府、金融机构、企业等，业务类型主要是对它们进行评级并进行研究咨询。

这三家信用评级企业在业务方面各有侧重，穆迪侧重于机构融资方面，标准普尔侧重于企业评级方面，而最早进入中国的惠誉国际则更侧重于金融机构方面。

表1-2所示是三家信用评级企业的体系表及区别。

表1-2 三家信用评级企业的对比

穆迪		标准普尔		惠誉国际	
长期	短期	长期	短期	长期	短期
Aaa	P-1	AAA	A-1+	AAA	F1+
Aa1		AA+		AA+	
Aa2		AA		AA	
Aa3		AA-		AA-	
A1		A+	A-1	A+	F1
A2		A		A	
A3	P-2	A-	A-2	A-	F2
Baa1		BBB+		BBB+	
Baa2	P-3	BBB	A-3	BBB	F3
Baa3		BBB-		BBB-	

续表

穆迪		标准普尔		惠誉国际	
长期	短期	长期	短期	长期	短期
Ba1	非优质	BB+	B	BB+	B
Ba2		BB		BB	
Ba3		BB-		BB-	
B1		B+		B+	
B2		B		B	
B3		B-		B-	
Caa1	非优质	CCC+	C	CCC	C
Caa2		CCC			
Caa3		CCC-			
Ca		CC			
		C			
C		D	/	DDD	/
/				DD	
				D	

1.4 金融机构

金融机构（Financial Institution）是在金融体系中具体执行金融功能的机构。常见的定义认为，金融机构是指从事金融业的有关金融中介机构，但这是不全面的，因为金融机构既包括金融中介职能机构，也包括监管机构。

通常来说，按照不同的标准，金融机构可划分为不同的类型。

1.4.1 按照地位和功能划分

按照地位和功能可以将金融机构分为以下四大类。

1. 实施货币政策和履行监管职能的金融机构

这一类是实施货币政策和履行监管职能的金融机构，主要包括：

（1）中央银行。中央银行主要负责发行货币、实施货币政策和行使一部分监管职能（一般是宏观监管）。

（2）监管机构。我国针对银行业和保险业进行监管的是中国银行保险监督管理委员会，简称银保监会；对证券行业进行监管的是中国证券监督管理委员会，简称证监会。

（3）政策性金融调节机构。这类机构一般都与社会保障、行业调控有关。例如，全国社会保障基金，简称社保基金，主要是为了应对未来老龄化而储备的战略资金的运营和管理；此外，还有在银保监会下的中国保险保障基金有限责任公司，其主要是为了应对保险公司破产等风险设立的。

2．银行

银行包括政策性银行、商业银行和村镇银行，下面主要介绍前两种。

（1）政策性银行。政策性银行是指由政府创立，以贯彻政府的经济政策为目标，在特定领域开展金融业务且不以营利为目的的专业性金融机构。20世纪80年代末，我国金融体制改革确定了实行政策性金融与商业性金融相分离的方式，一方面组建政策性银行，承担严格界定的政策性业务；另一方面大力发展商业银行的专业能力，提升金融服务质量以满足市场经济的需要。

政策性银行一般不以营利为目的，为贯彻、配合政府社会经济政策或意图而进行经济活动（如投资和放贷）；同时在特定的业务领域内，政策性银行还直接或间接地从事融资活动，充当政府发展经济、促进社会进步、进行宏观经济管理的工具。

我国的三大政策性银行分别是国家开发银行、中国进出口银行和中国农业发展银行，它们分别为重大项目开发、进出口和农业发展提供金融服务支持。

（2）商业银行。商业银行是老百姓接触最多的金融机构，虽然走进银行实体网点的人越来越少，但我们仍然需要使用银行的App或网上银行来完成许多金融业务。

商业银行是通过存款、贷款、汇兑、储蓄等业务，承担信用中介的金融机构。它的主要业务是吸收公众存款、发放贷款及办理票据贴现等，这是传统商业银行利润的主要来源，但商业银行也在发展新的中间业务，如承担金融产品售卖赚取佣金、为高净值客户提供专属投资服务等。

目前我国的政策性银行和部分商业银行，如表1-3所示。

表1-3 政策型银行和部分商业银行

项 目	名 称		
政策性银行	国家开发银行	中国进出口银行	中国农业发展银行
大型国有商业银行	中国工商银行	中国农业银行	中国银行
	中国建设银行	中国邮政储蓄银行	交通银行

续表

项目	名称		
全国性股份制商业银行	招商银行	上海浦东发展银行（浦发银行）	中信银行
	中国光大银行	华夏银行	中国民生银行
	广东发展银行（广发银行）	兴业银行	中国平安银行
	恒丰银行	浙商银行	渤海银行

在互联网经济的影响下，出现了互联网银行，如腾讯旗下的微众银行、阿里巴巴旗下的网商银行及新网银行等。

3. 非银行金融机构

非银行金融机构包括保险公司、城市信用合作社、证券公司（投资银行）、财务公司、第三方理财公司等。

（1）保险公司。保险公司是指依《保险法》和《公司法》设立的公司法人。保险公司收取保费，将保费所得的原始资本用于投资债券、股票、贷款等资产，运用这些资产所得收入支付保单所约定的"因为保险标的发生损失而进行的保险赔偿"。

保险公司通过上述业务，能够在投资中获得高额回报并以较低的保费向客户提供适当的保险服务，从而盈利。

保险公司按照投保标的可分为两类：

- 人身保险业务：包括人寿保险、健康保险、意外伤害保险等保险业务。
- 财产保险业务：包括财产损失保险、责任保险、信用保险、保证保险等保险业务。

（2）城市信用合作社。城市信用合作社是指为城市集体企业、个体工商户以及城市居民服务的金融企业，是实行独立核算、自主经营、自负盈亏、民主管理的具有法人地位的独立的经济实体。其主要设在大中城市，不得设立分支机构，受中国人民银行的领导、管理、协调与监督。

它的主要业务包括办理城市集体企业和个体工商户及实行承包租赁的小型国有企业的存款、贷款、结算业务；办理城市个人储蓄存款业务；代理经中国人民银行批准的证券业务；代办保险及其他代收代付业务；办理经中国人民银行批准的其他金融业务。

当前许多城市的信用合作社已经转为农商银行，如北京农商银行、上海农商银行等，之后除了可以继续原有业务，它们还可以将银行作为平台提供更多金融服务。

（3）证券公司。证券公司是专门从事有价证券买卖的法人企业，分为证券经营公司和证券登记公司。狭义的证券公司是指证券经营公司，是经主管机关批准并到工商行政管理局领取营业执照后专门经营证券业务的机构，一般它具有证券交易所的会员资格，可以承销发行、自营买卖或自营兼代理买卖证券。需要强调的是，一般普通投资人的证券投资都要通过证券公司（经济提供商）来进行。

不同国家的证券公司的称谓也不同，普遍有以下几种：

- 在美国，被称为投资银行（Investment Bank）或者证券经纪商（Broker-Dealer）。
- 在英国，被称为商人银行（Merchant Bank）。
- 在欧洲（以德国为代表），由于一直沿用混业经营制度，因此投资银行仅是全能银行（Universal Bank）的一个部门。
- 在东亚（以日本为代表），被称为证券公司（Securities Company）。

4．外资、侨资、中外合资金融机构

其主要包括在中国境内开办的外资、侨资、中外合资金融机构，如表 1-4 所示。

表 1-4　外资和合资银行

项　目	名　称		
合资银行	富邦华一银行	华商银行	中信嘉华银行
	浦发硅谷银行	中德住房储蓄银行	
外资银行	花旗银行	渣打银行	瑞穗实业银行
	汇丰银行	三井住友银行	星展银行
	三菱东京日联银行	华侨银行	摩根士丹利
	摩根大通银行	友利银行	大华银行
	韩亚银行	韩国中小企业银行	德意志银行
	法国巴黎银行	华美银行	东方汇理银行
	盘谷银行	韩国外换银行	新韩银行
	法国兴业银行	正信银行	菲律宾首都银行
	澳新银行	山口银行	名古屋银行
	苏格兰皇家银行	瑞士宝盛银行	横滨银行
	韩国国民银行	韩国釜山银行	瑞士银行
	西太平洋银行	印度国家银行	

1.4.2　按照金融机构的管理地位划分

按照金融机构的管理地位，可划分为金融监管机构和接受监管的金融企业。

中国人民银行、银保监会、证监会等都是代表国家行使金融监管权力的机构，其他的所有银行、证券公司和保险公司等金融企业都必须接受其监督和管理。

1.4.3　按照是否能接收公众存款划分

按照是否能接收公众存款，可划分为存款性金融机构和非存款性金融机构。

存款性金融机构主要通过存款形式向公众举债而获得资金，如商业银行、储蓄贷款协会、合作储蓄银行和信用合作社等；而非存款性金融机构则不得吸收公众的储蓄存款，如保险公司、信托金融机构、政策性银行及各类证券公司、财务公司等。

1.4.4　按照其他划分

按照是否担负国家政策性融资任务，可划分为政策性金融机构和非政策性金融机构。
- 政策性金融机构是指由政府投资创办、按照政府意图与计划从事金融活动的机构。
- 非政策性金融机构则不承担国家的政策性融资任务。

按照是否属于银行系统可划分为银行金融机构和非银行金融机构。

按照出资的国别属性，又可划分为内资金融机构、外资金融机构和合资金融机构。

按照所属的国家，还可划分为本国金融机构、外国金融机构和国际金融机构。

2010年5月25日，中国人民银行发布了《金融机构编码规范》（以下简称《规范》），从宏观层面上统一了中国金融机构的分类标准，首次明确了中国金融机构的涵盖范围，界定了各类金融机构的具体组成，规范了金融机构的统计编码方式与方法。该《规范》对金融机构的分类如表1-5所示。

表1-5　《金融机构编码规范》对金融机构的分类

机构类别	说明	二级分类	包含公司类型
A	货币当局	1	中国人民银行
		2	国家外汇管理局
B	监管当局	1	中国银行业监督管理委员会
		2	中国证券监督管理委员会
		3	中国保险监督管理委员会
C	银行业存款类金融机构	1	银行
		2	城市信用合作社
		3	农村信用合作社
		4	农村资金互助社
		5	财务公司

续表

机构类别	说明	二级分类	包含公司类型
D	银行业非存款类金融机构	1	信托公司
		2	金融资产管理公司
		3	金融租赁公司
		4	汽车金融公司
		5	贷款公司
		6	货币经纪公司
		7	消费金融公司
E	证券业金融机构	1	证券公司
		2	证券投资基金管理公司
		3	期货公司
		4	投资咨询公司
F	保险业金融机构	1	财产保险公司
		2	人身保险公司
		3	再保险公司
		4	保险资产管理公司
		5	保险经纪公司
		6	保险代理公司
		7	保险公估公司
		8	企业年金
G	交易及结算类金融机构	1	交易所
		2	登记结算类机构
		3	银行卡组织
		4	资金清算中心
H	金融控股公司	1	中央金融控股公司
		2	其他金融控股公司
J	境外金融机构	1	境外央行
Z	其他	1	小额贷款公司
		2	非金融支付机构
		3	珠宝行
		4	拍卖行
		5	典当行
		6	融资性担保公司

注：因机构改革，在2018年，原中国银行业监督管理委员会和原中国保险监督管理委员会合并为中国银行保险监督管理委员会。

在金融机构进行的各项金融业务中，有许多地方可以逐渐被人工智能技术所取代，这就促使了许多金融科技公司的出现。

（1）2017 年 6 月 27 日，蚂蚁金服在北京召开"定损宝"发布会，宣布首次将深度学习图像技术应用于车险定损的场景中。长期以来，车险定损（通过现场拍摄定损照片确定车辆损失，以作为保险公司理赔的依据）是车险理赔中最为重要的操作环节。以往传统保险公司的车险处理流程一般为报案、现场查勘、提交理赔材料、审核、最终赔付，这让用户和保险公司都产生了时间和人力等成本。蚂蚁金服的"定损宝"不仅能通过 AI 算法逐步替代定损环节中重复性的人工作业流程，还能降低车险定损环节中的人力及管理成本，并且希望在未来能通过深度学习技术解决用户理赔时间较长的痛点，使用户在车险理赔过程中可以在现场拍照上传图片，在几秒内就能得到准确的定损结论，并快速获得理赔。

（2）2018 年 4 月 18 日，中国建设银行旗下的全资金融科技公司在上海揭牌，该公司全名为建信金融科技有限责任公司（简称建信金融科技）。据了解，作为国有银行成立的首家银行系金融科技公司，其注册资本为 16 亿元人民币，由建银国际（控股）有限公司通过旗下全资公司全资持股。

（3）2018 年 8 月 10 日，人工智能独角兽公司第四范式宣布与中国工商银行签约，它们合作的主要内容是基于人工智能平台"第四范式先知"，为中国工商银行提供通用的 AI 基础设施和标准化应用流程，帮助中国工商银行自主构建覆盖营销、反欺诈、审批、贷后管理、运营等全生命周期的 AI 业务场景应用。同时，第四范式正式推出"银河计划"，预计在未来 3 年投入上亿元构建金融赋能培训体系。为银行业和合作伙伴培养 1000 位"AI+金融"的专业人才，从而为银行业各个业务场景的 AI 化转型升级提供充足的人才储备。

许多类似的新闻或案例都说明金融业正在和人工智能相融合。

1.5　金融市场

金融市场又称为资金市场，包括货币市场和资本市场，是金融发挥作用的平台，是资金融通市场——资金供求双方运用各种金融工具调节资金盈余活动的场所，也是所有金融交易活动组成的场所。一般来说金融市场具有如下三个特点：

（1）以资金为交易对象的市场。

（2）交易不是单纯的买卖关系，而是借贷关系，这体现了资金所有权和使用权相分离的原则。

（3）可以是有形市场，也可以是无形市场。

现代金融业的目标不仅有资金融通，而且还有优化资金效率，这就促使金融市场变得更加复杂。

1.5.1 金融市场的分类

我们一般可以根据金融市场上交易工具的期限把金融市场分为货币市场和资本市场，也可以按地理位置、交割期限等分类。

1. 货币市场

货币市场是指以期限在一年以内的金融产品和工具交易的市场。该市场的主要功能是保持金融资产的流动性，以便参与者随时转换成可以流通的货币。它的存在，一方面满足了借款者的短期资金需求，另一方面为暂时闲置的资金找到了出路。

货币市场交易的金融产品包括国库券、商业票据、银行承兑汇票、可转让定期存单、回购协议等短期信用工具。这里所说的信用工具，表示依靠信用借贷的工具。下面对商业票据和银行承兑汇票进行介绍。

- 商业票据：其是赊销（出）商品的企业为了保证自己的权益，需要握有一种能够受到法律保护的债务合同，上面会注明债务人有按照规定金额、期限等约定条件偿还债务的义务，这类合同或文书就是商业票据。例如，某工厂有需要销售的产品，而某商店想销售这种产品但没有足够的钱来支付，于是商店就跟工厂商量赊销，最终双方约定半年时间，到期之后商店就要支付赊销的货款。商业票据期限一般不超过一年。很显然，这些债务合同的债权人可以转让这些"债务"的债权，而转让的市场就是货币市场。
- 银行承兑汇票：其是一种第三方介入的"商业票据"模式，交易双方签订购销合同，约定购货方可延期付款，并以银行承兑汇票支付货款。当商品交易成功后，购货方可因资金短缺或资金管理的需要签发商业汇票，交由其开户银行承兑，之后将承兑后的商业汇票用于支付货款。由于银行承兑汇票以承兑银行为付款方，是一种银行信用为基础的支付工具，因此具有较高的信用度，容易被销货方所接受。对于购货方而言，使用银行承兑汇票无须支付现金，即可以完成货款的支付，等于从承兑银行获得了一笔成本较低的资金，这也是银行承兑汇票的融资功能；

对销货方而言，在银行承兑汇票到期之前，也可以通过向银行申请贴现的方式获得现金。银行承兑汇票主要用于在银行开立存款账户的法人及其他组织之间进行真实交易的款项结算。

在货币市场上，交易的产品具有期限短、流动性强和风险小的特点，对应在货币供应量层次划分上，其被置于现金货币和存款货币之后，许多学者称之为"准货币"，这也是该市场被称为"货币市场"的原因。

货币市场还可以继续细分为金融同业拆借市场、回购协议市场、商业票据市场、银行承兑汇票市场、短期政府债券市场、大面额可转让存单市场等。

2. 资本市场

资本市场是指证券融资和经营一年以上的资金借贷和证券交易的场所，也称为中长期资金市场。资本市场有多种分类形式：

（1）资本市场以融通资金的方式可以分为银行中长期信贷市场和证券市场。银行中长期信贷市场是一种国际银行提供中长期信贷资金的场所，为需要中长期资金的政府和企业提供便利。这个市场的需求者多为各国政府和工商企业。一般1年至5年的被称为中期信贷，5年以上的被称为长期信贷。资金利率受经济形势、资金供求量、通货膨胀和金融政策等多种因素影响，一般是在伦敦同业拆放利率基础上加减一定的幅度。该市场的贷款方式有双边贷款和多边贷款之分。证券市场是证券发行与流通的场所，企业在这个市场上发行证券，筹措长期资本，属于长期资本借贷。

（2）资本市场以金融工具的基本性质可以分为股权市场和债权市场，前者是指股票市场，后者则是指债券市场。股票市场上流通的凭证即为公司股票，除非公司结束营业，持有股票的股东的股权资产只有每年的股息收入，对公司资产不能有立即请求权。债权市场内流通的各种债务工具，包括各种债券、商业本票、存单及贷款等，其基本特点为有一定期限、有较确定的收益率以及具有全额请求权。

（3）根据融资范围的不同，资本市场可以分为一级市场和二级市场。一级市场一般不被公众所知，被称为发行市场或初级市场，是资本需求者将证券首次出售给公众时形成的市场。该市场的主要经营者是投资银行、经纪人和证券自营商（在我国，这三种业务都属于证券公司）。它们承担政府、公司新发行的证券以及承购或分销股票，如在二级市场上将已经发行的证券易手。二级市场则是指在证券发行后各种证券在不同的投资者之间买卖流通所形成的市场，又称为流通市场、次级市场或股票市场。例如，上海证券交易所和深圳证券交易所就属于二级市场。在二级市场上销售证券的收入属于出售证券的投资者，而不属于发行该证券的公司，这是两者在市场形式上最大的不同。

3．按地理范围划分

金融市场按照地理范围可划分为国际金融市场和国内金融市场。

（1）国际金融市场。国际金融市场由经营国际间货币业务的金融机构组成，其经营内容包括资金借贷、外汇买卖、证券买卖、资金交易等。

（2）国内金融市场。国内金融市场由国内金融机构组成，办理各种货币、证券业务。其还可以细分为城市金融市场和农村金融市场，或全国性、区域性、地方性的金融市场。

4．按交割期限划分

金融市场按照交割期限可划分为金融现货市场和金融期货市场。

（1）金融现货市场：融资活动成交后立即付款交割。

（2）金融期货市场：投融活动成交后按合约规定在指定日期内付款交割。

此外，许多个人投资者喜欢按照交易标的物划分金融市场。

1.5.2　金融市场的交易

通常来说，在金融市场上进行的交易大体可以分为两大类：一类是融资，另一类是投资。当然，两者是对应的，融资方需要投资方来匹配，投资方也需要融资方来匹配，由此组成了金融市场。

融资的主体一般是企业（当然也包括个人）。在金融市场上的融资行为可以分为直接融资和间接融资。

（1）直接融资是资金供求双方直接进行资金融通的活动，也就是资金需求者直接通过金融市场向社会上有资金盈余的机构和个人筹资。企业发行债券和股票就是直接融资行为。

（2）间接融资是指资金需求方通过银行等金融中介所进行的资金融入活动。对银行来说，资金需求者向银行申请贷款就是典型的间接融资。

投资的主体是个人或机构（企业和其他法人组织），投资的方式可以是直接投资也可以是间接投资。例如，个人直接投资可以通过购买债券、股票实现，而间接投资可以通过购买基金等方式实现；而企业投资则对应直接融资和间接融资。

在金融市场上，融资和投资都表现为资金的运动。由于资金余缺调剂（政策手段或收益驱动）的需要，资金会从多余的地区和部门流向短缺的地区和部门。

1.5.3　金融市场的作用

从上述可知，金融市场其实起到了类似商品市场"聚集意愿"的目的——将众多投资者的买卖意愿聚集起来，使单个投资者交易的成功率倍增。以股票来说，在接受市场价格的前提下，股票的买方可以买到他想买的数量，卖方可以卖出他想卖的数量。聚集意愿促使交易进行，由此提供了金融市场中重要的"流动性"，使得资本在不同的时间、地区和行业之间进行转移，资源得以有效配置。事实上，流动性就是金融市场经济功能的基础所在，没有了流动性，金融市场就失去了存在的意义。

流动性的作用不仅于此，还可以从另外一个角度促使资源优化配置，即对交易机制的选择和变迁起决定作用。在全球经济一体化的时代下，几乎所有的金融市场都面临着激烈的竞争，这些竞争最终都集中在流动性上，换句话说流动性是其竞争力最直接的体现。

1.5.4　金融市场的参与者和组织形式

1. 金融市场的参与者

金融市场的参与者几乎涵盖了所有的经济单位——因为经济体系中所有的参与者都需要"货币"来进行"交流"。我们可以将参与者分为如下几类：

（1）政府部门：通过发行债券筹集资金。

（2）工商企业：既是筹资者，又是资金供应者。

（3）金融机构：金融市场最重要的参与者。它分为存款性金融机构、非存款性金融机构、中央银行等。

（4）个人：市场上的资金供应者。

2. 金融市场的组织形式

金融市场中进行的金融交易一般采用以下三种方式：

（1）在固定场所进行的有组织的集中交易，一般用"双边拍卖"方式成交，即买方的最高出价等于卖方的最低要价。

（2）通过金融机构的柜台进行，采取分散交易的方式。这种方式原则上可以通过"讨价还价"的方式成交，但在大多数情况下，个人投资者是按照金融机构提供的固定价格购买的。

（3）场外交易。当前，借助于互联网我们可以轻松地完成这种交易。

1.6 金融衍生品与金融工程

金融衍生品是一种金融产品和工具，其本质也是一种法律合同，属于法律合同中的金融合约，它的交易价格取决于一种或多种基础资产或指数。

1865年，芝加哥谷物交易所推出了一种被称为"期货合约"的标准化协议，取代了1851年以来一直沿用的远期合同，成为人类历史上最早推出的期货金融衍生品。当时，期货市场上的参与者主要是以对冲远期风险为目的的套期保值者。

金融衍生品的种类主要包括远期（Forward）、期货（Future）、期权（Option）和掉期（互换，Swap），其中两种或多种产品可以相互组合。此外，其他金融产品也可以将金融衍生品作为内置的一种现金流，如有一些保险产品会混合期权特征。

事实上，现在很多公司都使用以远期、期货、掉期和期权等为代表的金融衍生品来对冲未来风险。换句话说，金融衍生品已经成为能够有效管理和降低市场参与者风险的工具。

金融衍生品可以应用于不同的基础资产上，还可以衍生出许多具体的衍生品，表1-6给出了金融市场中常见的一些衍生品。

表1-6 衍生品

产品大类	基础资产	对应金融衍生产品
利率	短期存款	利率期货、利率远期、利率期权、利率掉期等合约
	长期债券	债券期货、债券期权等合约
股票	股票	股票期货、股票期权等合约
	股票指数	股票指数期货、股票指数期权等合约
货币	各类现汇	货币远期、货币期货、货币期权、货币掉期等合约
商品	各类实物商品	商品远期、商品期货、商品期权、商品掉期等合约

下面分别介绍衍生品的四种基本类型：

（1）远期。远期是交易双方约定，在未来的某一时间以确定价格买卖一定数量的某种金融资产的合约，一般来说远期合约需要规定交易的标的物、有效期和交割时的执行价格等内容，一般用作保值工具。当前，远期合约的主要形式有远期利率协议、远期外汇合约、远期股票合约等。需要注意的是，远期合约一般是场外交易（Over The Counter，OTC），这是它与期货最大的不同。

（2）期货。期货是未来交割实物商品销售（一般在商品交易所进行）和金融产品的金融合约。期货合约是买卖期货的合同，是约定交易双方在特定时间交易的凭证。

从本质上说，期货是一种跨越时间的交易方式。买卖双方通过签订标准化合约（期货合约），同意按指定的时间、价格与其他交易条件交收指定数量的现货。通常期货集中在商品交易所进行买卖，但也有部分期货合约通过柜台进行买卖。在参与期货的交易者当中，套保者（或称对冲者）透过买卖期货，锁定利润与成本，降低时间带来的价格波动风险；投机者（套利者）则通过期货交易承担更多的风险，以期在价格波动中获取利润。

（3）期权。期权是一种选择权，赋予拥有者（购买者）一种能在未来某个特定时间以特定价格买入或卖出一定数量特定商品的权利，这里权利的意思是拥有者其实可以不行使这个权利。

根据权利属性的不同，期权有看涨期权和看跌期权两种类型。

- 看涨期权（Call Options），又叫买方期权，是指期权的买方向期权的卖方购买期权后，即在拥有期权合约的有效期内，按事先约定的价格向期权卖方买入一定数量的期权合约规定的特定商品的权利，但没有必须买进的义务。
- 看跌期权（Put Options），又叫卖方期权，是指期权的买方向期权的卖方支付一定数额的权利金后，即在拥有期权合约的有效期内，按事先约定的价格向期权买方卖出一定数量的期权合约规定的特定商品的权利，但没有必须卖出的义务。

（4）掉期，又被称为兑换，是交易双方约定在未来某一时期相互交换某种资产的交易形式，但实际上兑换的对象一般集中在该资产的未来现金流上。换句话说，掉期交易是当事人之间约定在未来某一时期内相互交换他们认为具有等价经济价值的现金流的交易。

1.7 互联网金融

目前，金融正在被互联网所改变，被称为互联网金融（Internet Finance）。实际上，互联网作为技术基因正在深刻地影响着金融底层的运作方式。

1.7.1 互联网金融的特征

与传统金融相比,互联网金融具有低成本、高效率、注重客户体验和风险特殊性的特征。

1. 低成本

互联网金融基于互联网开展金融业务,大多数没有固定的实体网点,是典型的轻资产,因此具有一定的成本优势。货币的支付和金融产品的发行、交易以及大量的转账都可以直接在网上进行,这使得交易双方在风险分担、资金期限、资金规模匹配上的成本都非常低,因此市场成本得以大幅降低。同时,由于互联网平台省去了传统的新建或租赁庞大实体营业网点和雇用众多员工的费用,因此投资成本、营业费用和管理成本得以大大降低。

2. 高效率

互联网金融通常都会依靠强大的信用数据积累与挖掘优势,通过移动支付、搜索引擎、大数据、人工智能、社交网络计算和云计算等技术手段,突破了时空限制,大幅度减少了中间环节。金融活动参与者也通过互联网有了更直接、更有效的接触,使金融体系的透明度变得更高,这极大地缩减了市场上信息的不对称,使市场充分有效,可接近一般均衡理论的无金融中介状态,提高了资金融通效率。

3. 注重客户体验

互联网金融秉承互联网的平等、开放、分享、自由的精神,在服务模式上的创新体现在由传统的面对面柜台交易转向互动式沟通与群体参与;在商业模式上,通过实时交互和大规模协作实现组织扁平化、去中心化,客户群信息平台化、网络化,并可以通过数据挖掘和分析,提前发现潜在客户和潜在需求,为客户提供优质高效的产品和服务体验。

4. 风险特殊性

互联网金融除了具有传统金融的风险特点,如流动性风险、市场风险和利率风险,还有基于信息技术引起的技术安全风险与基于虚拟金融服务的业务风险,并且风险传导速度更快、诱导因素也更敏感和更复杂。

1.7.2 互联网金融的四种模式

互联网金融可以按照以下四种模式划分：

（1）传统金融互联网化。这是传统金融企业与互联网融合的模式。

（2）互联网居间服务。这是互联网真正发挥居间服务的平台作用，即将资金需求方和供给方联系起来。

（3）金融科技服务（数据信息服务）。这是互联网金融的助力形式，即利用大数据和人工智能等技术为传统金融和互联网金融助力。

（4）互联网金融门户。互联网形成了一站式金融平台，这就是互联网金融门户的基础形式，其类似于以前的新闻门户网站。

具体说明如表1-7所示。

表1-7 互联网金融的模式

模式	典型应用	运营方式	代表
传统金融互联网化	互联网银行	借助互联网信息技术，实现网上银行功能	例如，中国工商银行网上银行，以及没有实体网点的微众银行等
	互联网保险	官方网站模式、第三方电子商务平台模式、网络兼专业代理模式、专业中介代理模式、专业互联网保险企业模式	平安官网、淘宝保险频道、京东商城保险频道、网银代销、携程、慧择保险网、泰康在线等
	互联网基金	传统金融机构互联网基金销售、互联网平台基金销售	民生银行如意宝、汇添富现金宝、淘宝基金、天天基金活期宝等
	互联网证券	非现场开户+佣金模式、券商网上商城模式、互联网券商O2O模式	国金证券"佣金宝"、海通证券、平安证券等
互联网居间服务	第三方支付	作为收款人和付款人的支付中介提供网络支付，预付卡、银行卡收单等支付服务，当前以支付功能为主	支付宝、财付通、盛付通、易宝支付、快钱、拉卡拉
	P2P	通过第三方互联网平台进行资金借贷双方的匹配	拍拍贷、芒果金融、新融网、久融金融
	众筹	通过互联网平台连接赞助者与提案者，向网友募集资金	众筹网、京东金融、天使汇、大家投、点名时间
金融科技服务	电商小贷	基于电商平台积累的交易数据，利用大数据技术分析数据、挖掘用户需求，为客户和供应商提供贷款融资服务	阿里小贷、京东商城、苏宁的供应链金融
互联网金融门户	第三方理财、保险门户网站	利用互联网进行金融产品的销售及为金融产品销售提供第三方服务平台	陆金所、融360、格上理财、众安在线

我们不要把互联网局限于 PC 端，其实互联网的实现还包括手机端，甚至未来的物联网等。

今天，我们已经看到互联网与金融正在进行深度融合，这种趋势已经在金融产品、业务、组织和服务等方面产生了更加深刻的影响。同时，我们也看到互联网金融在促进小微企业的发展、壮大方面发挥了现有金融机构难以替代的作用，为大众创业、万众创新打开了大门。促进互联网金融的健康发展，有利于提升金融服务的质量和效率，深化金融改革，构建多层次的金融体系。

第 2 章

深度学习的首选语言：Python

Python 是实践深度学习最常用的编程语言，也是开启深度学习最好的语言之一。下面主要介绍 Python 编程的基础知识。

2.1　Python 语言介绍

2.1.1　Python 的设计理念

Python 崇尚优美、清晰、简单，是一种优秀并广泛使用的语言。

目前，Python 在 TIOBE 排行榜中为第四名。此外，Python 还是谷歌公司的第三大开发语言、Dropbox 的基础语言、豆瓣的服务器语言。

在 Python 的开发过程中，社区起到了重要作用。Python 的发明人 Guido van Rossum 认为自己不是全能型的程序员，因此一开始他就只负责制定框架。如果遇到太复杂的问题，则由社区内的其他人解决。社区中有多种多样的人才，他们不仅能解决 Python 发展过程中的许多问题，还可以处理创建网站、筹集基金等事情。

因此，由 Python 所衍生的许多大型项目在"合作、开放的心态"下取得了成功，这进一步促使了 Python 的发展。

基于这种开放的心态和合作，Python 借鉴了几乎所有编程语言的优点。与此同时，

Python 还输出了它的设计理念，如 Ruby 就借鉴了 Python，或者说 Ruby 的成功也代表了 Python 某些方面的成功。

2.1.2　Python 的特点

Python 是一种"胶水"语言，许多开源软件、人工智能的计算及大数据的实现，都是基于 Python 语言实现的。

在本书的许多案例中，都需要进行数据处理，而 Python 语言可以轻松处理 Excel 文件，也可以进行各种统计分析，这就使得程序员不必依赖于 Excel 来做分析。

需要注意的是，Python 2.0 版本和 Python 3.0 版本有许多地方不兼容，尽管 Python 2.6 和 Python 2.7 被称为过渡版本，但是仍然有一些语句和规则与 Python 3.0 是不通用的。目前，Python 2.0 系列已经不再维护，因此如果你想使用 Python，要首选 Python 3.0 以上版本，目前的版本有 Python 3.6 和 Python 3.7。

需要强调的是，Python 还是一种网络编程语言，可以基于它进行网站的构建、分析、数据的抓取、构建服务器-客户端连接等，这使得公司基于数据流的业务，不必在多个语言之间进行接口的定义和传送，数据的传输也更加直接，在某种程度上比用 API 接口效率更高。

2.1.3　Python 的优点

简单：Python 是一种代表简单主义思想的语言。阅读一个设计良好的 Python 程序就感觉像是在观赏艺术品一样。Python 的这种伪代码本质是它最大的优点之一，它能够使你专注于解决问题而不是去搞明白语言本身。

易学：Python 语法简洁而清晰、容易学习、容易上手。这样的特点使得人们在学习过程中无须过度关注程序设计语言的具体形式细节，而可以将注意力放在程序自身的逻辑和算法上。

免费、开源：Python 是 FLOSS（自由/开放源码软件）之一。简单来说，你可以自由地发布这个软件的复制品、阅读它的源代码、对它进行改动、把它的一部分用于新的自由软件中。FLOSS 是基于一个团体分享知识的概念。这也是为什么 Python 如此优秀的原因之一——它是由一群希望看到一个更加优秀的 Python 的人创造并不断改进的。

解释型语言：这是 Python 的运行机制。计算机通常不能直接接收和执行高级语言编写的源程序，需要通过翻译程序翻译成 0/1 序列的机器语言，计算机的 CPU 或 GPU 才能进行执行。翻译有两种方式：一种是编译，另一种是解释。编译是指源程序代码先由编译器编译成可执行的机器代码，然后进行执行；解释是指源代码程序被解释器直接执行。

丰富的库：这是 Python 最吸引人的地方。全世界的爱好者、开发者为 Python 编写了众多的可完成各类任务的库，如 Google，Microsoft，Facebook 等 IT 巨头也在不断发布和维护几乎媲美商业软件的 Python 库。例如，著名的深度学习平台 TensorFlow 就是 Google 公司维护的 Python 库。

面向对象：Python 既支持面向过程的编程又支持面向对象的编程。在"面向过程"的语言中，程序是由过程或仅仅是由可重用代码的函数构建起来的。在"面向对象"的语言中，程序是由数据和功能组合而成的对象构建起来的。与其他主要语言相比，Python 可以以一种非常强大而又简单的方式实现面向对象的编程。

2.2 Python 的安装与使用

目前，在 Python 官方网站上最新的 Windows 版本是 3.8.1。

事实上，Python 可以在不同的操作系统中使用，如著名的 Linux、苹果的 macOS 以及苹果手机操作系统 iOS，当然也包括 Windows。

Python 使用最多的两个版本是 Python 2.7 和 Python 3.6，其中 Python 3.6.5 是 Python 3.6 的一个细分版本，但随着越来越多的人开始使用 Python 3.6，大量的程序正在从 Python 2.7 迁移到 Python 3.6，因此从一开始就使用 Python 3.6 是一个很好的选择。

本书使用 Windows 版本的 Python，下载 Python 安装包，可以像安装其他软件一样在电脑上安装 Python。为了使用方便，建议在 C 盘根目录下安装。

在命令提示符下，输入"Python"并按"Enter"键，进入 Python 界面，如图 2-1 所示。

在 Python 界面下，可以进行编程和计算，如进行如下计算：

```
>>> a=5
>>> b=10
>>> a+b
15
>>> a**b
9765625
```

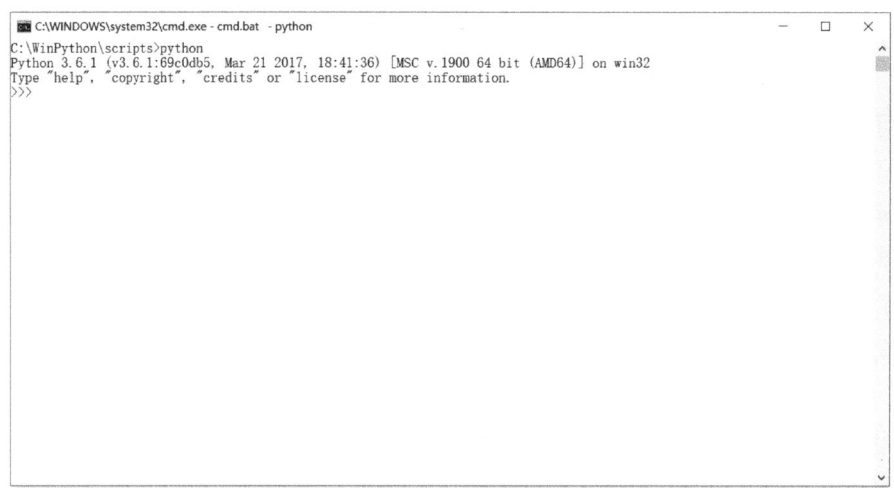

图 2-1　Python 界面

其中 a+b 是求和，a**b 是指 a^b，即 a 的 b 次方，也就是说计算 5 的 10 次方。

Python 的强大依赖于许多开源包，它们就相当于 Python 的工具，利用这些工具可以实现很多功能，如用 Python 进行人脸识别、进行人工智能程序的编写、制作围棋程序 AlphaGo 等。

在 Windows 环境下安装包之前，需要对操作系统的环境变量进行设置，同时还需要考虑这些包的依赖性——包的安装顺序，因为后续包中的一些程序依赖于前面包中的程序。也有许多开源的、整合好的 Python 包可以直接利用，比较著名的有 Anaconda 和 WinPython，它们下载后直接安装就可以了。

进入 WinPython 网站可以看到图 2-2 所示的版本。

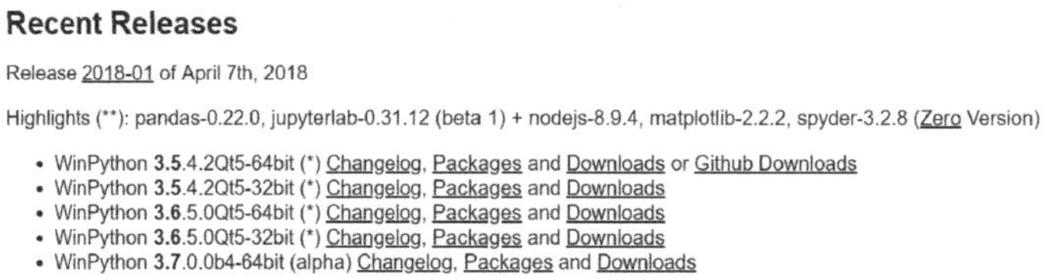

图 2-2　WinPython 的安装版本

相对来说，Anaconda 的应用范围更广，集成的包也更多；但 WinPython 集成了 Qt 系列，其可以方便地进行工程开发，同时包内的依赖关系也更加简单，非常适合初学者。

就应用来说，因为基于命令提示符"黑糊糊"的界面编辑代码非常麻烦，所以这些集成的Python包中都包括了"更舒服"的开发软件,叫作集成开发环境。

本书以Spyder这种轻型集成开发环境作为示例说明。

在安装好的WinPython目录下,可以找到Spyder,如图2-3所示,因为默认在开始安装WinPython时选择的目录是C:\WinPython。

| Spyder reset.exe | 2017/3/27 1:05 | 应用程序 | 138 KB |
| Spyder.exe | 2017/3/27 1:05 | 应用程序 | 139 KB |

图2-3　Spyder

右键单击Spyder应用程序,在弹出的快捷菜单(在某处单击右键弹出)中选择"发送到—桌面快捷方式",或将其加入到任务栏中,方便以后使用。双击"Spyder"运行,可以看到它的集成开发环境,如图2-4所示。

可以看到整个界面分成3部分:

最上面的是编写程序界面,在这里可以编写不同的Python程序,其存储的文件一般以".py"结尾,它们可以在Python环境下被执行。

中间的是显示窗口,图2-4中显示的是帮助信息,也可以通过选择标签来显示当前目录下的文件;或者显示Python运行中的"变量",类似于"a=5",如图2-5所示。

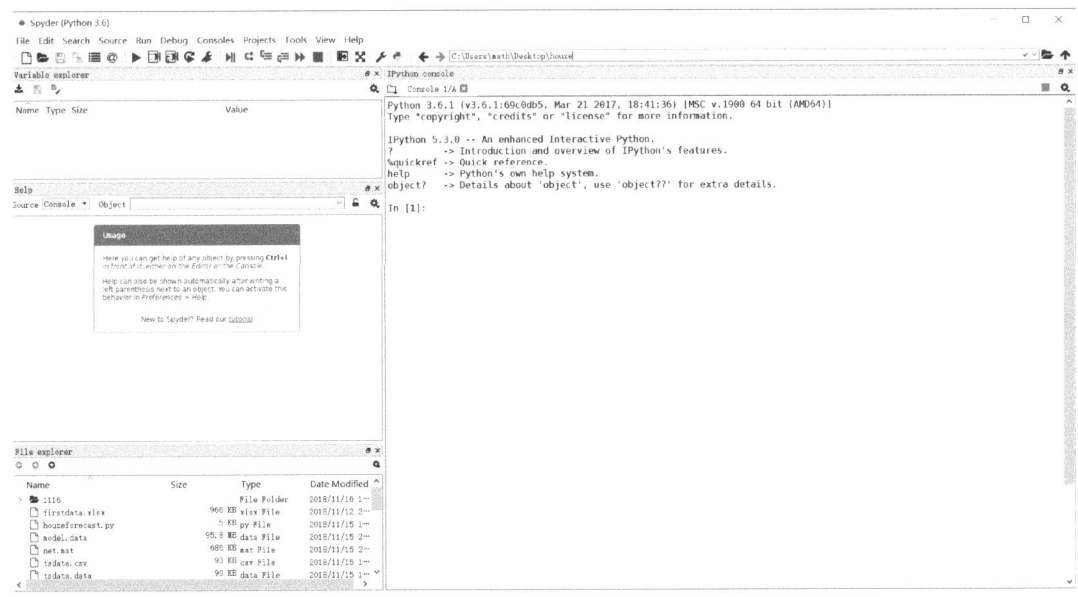

图2-4　集成开发环境——Spyder

Name	Type	Size	
a	int	1	5
b	int	1	10
c	int	1	9765625

图 2-5　变量显示示例

最下面的是类似于命令行形式的 Python 解释器，可以进行交互式运算。在这里可以输入命令，同时获得结果，Spyder 为每个输入进行编号，如 In[1]、In[2]等，同时也对反馈结果（输出）进行编号，如 Out[1]，且输入和输出是对应的。

例如，以下是和前面命令行代码类似的代码。

```
In [1]: a=5
In [2]: b=10
In [3]: c=a**b
In [4]: a**b
Out[4]: 9765625
```

注意，最下面还有两个标签可以选择。一个是 Python Console，这是纯命令行形式，如图 2-6 所示。

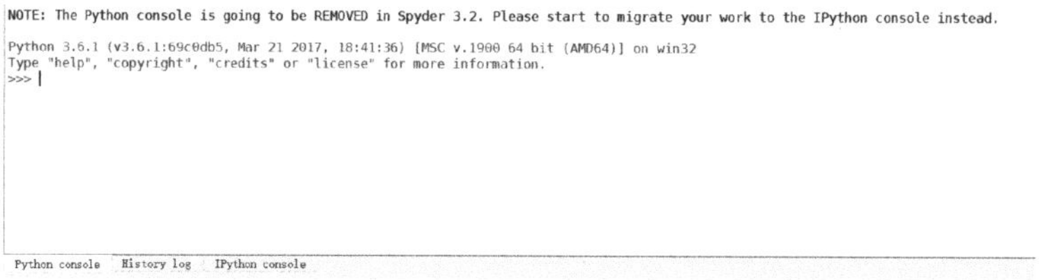

图 2-6　Spyder 的 Python Console

另一个是历史记录，又叫作历史日志，其中 Log 是计算机中普遍使用的日志单词，它记录了输入的命令（图 2-7）。

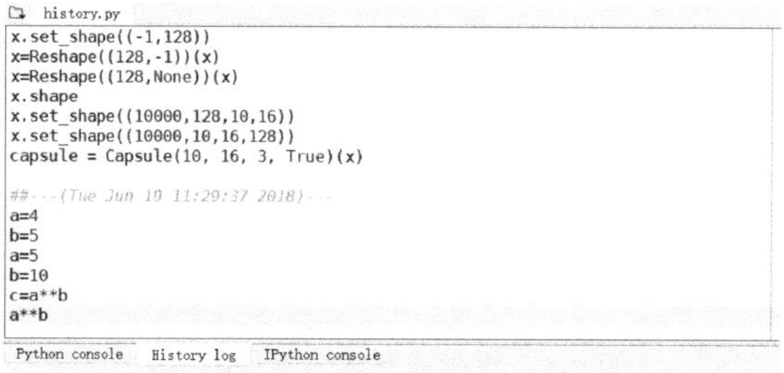

图 2-7　历史记录（历史日志）

2.3 数据类型

数据类型是指 Python 支持的各类数据，如数值、文本、图形、音频、视频等。这里简单介绍 Python 的基础数据类型，需要特别说明的是，通过对象的数据结构，Python 可以支持所有的常见数据类型。

2.3.1 数值

一般来说，数值包括整数类型、浮点数类型、复数等，基本涵盖了数学中的所有数值。

在日常生活中，使用最多的就是整数类型，在 Python 中直接输入数字就默认为整数类型，同时 Python 也支持十六进制数、八进制数以及计算机内部存储的二进制数。

1. 十六进制数与八进制数

十六进制数包括 16 个数字，分别是 0,1,2,3,4,5,6,7,8,9,a,b,c,d,e,f。在 Python 中，十六进制数以 0x 开头。

八进制数有 8 个数字，分别是 0,1,2,3,4,5,6,7，以 0o 开头。

2. 二进制数

因为计算机只能处理 0,1 组成的数值，所以二进制数实际上是计算机内部存储的形式，其他进制的数都需要转换成二进制数才能进行存储和处理。例如，计算机的代码（即机器语言）、视频、照片，其在计算机内部的存储数据都是由 0,1 组成的，这些由 0,1 组成的序列与代码汇合成数据的"河流"，然后进入计算机的不同部分完成计算任务。

Python 通过 0b 开头来识别输入的二进制数，如下代码演示了二进制数的输入以及二进制数与其他进制数的转换：

```
In [10]: d=125
In [11]: e=0xfa
In [12]: f=0o256
In [13]: g=0b1110110
In [14]: d
Out[14]: 125
In [15]: e
```

```
Out[15]: 250
In [16]: f
Out[16]: 174
In [17]: g
Out[17]: 118
```

上面的 d 是十进制数，e 是十六进制数，f 是八进制数，g 是二进制数。当 Python 显示它们的时候，都自动转换成了十进制数。

3. 浮点数

浮点数就是带有小数部分的数，或者说是所有分数的表达方式，如 15.23，37.9999999，42.195 等，这些浮点数在 Python 中都可以直接输入。Python 用 float 来表示浮点数。

4. 复数

Python 还支持复数，所谓复数就是带有虚部的数，虚部用 i 表示，Python 中可以直接输入复数。Python 用 complex 来表示复数。

2.3.2 布尔型数值

布尔型（bool）数值包括 True 和 False 两个值，分别表示判断的结果——正确（True）和错误（False）。

布尔型数值可以直接输入，注意首字母要大写。

```
In [18]: a=False
In [19]: b=True
In [20]: type(a)
Out[20]: bool
In [21]: type(b)
Out[21]: bool
```

上例中，a,b 都是布尔型变量。

在 Python 中可以判断的一些结果，返回的很多都是布尔型。Python 中用 bool 表示布尔型变量。

例如：

```
In [22]: c=3
In [23]: d=5
In [24]: c>d
Out[24]: False
```

```
In [25]: c<d
Out[25]: True
```

结果显示 c>d 是错的，而 c<d 是对的，并用布尔变量表示。

2.3.3 字符串

在 Python 中，字符串用单引号、双引号或三引号来表示。注意，双引号不是在中文输入时的双引号。

可以简单地将字符串理解为文字，它们可以是英文字符，也可以是中文字符，或者是其他任何国家的字符。在计算机应用中，国际标准化组织制定了不同的字符集，目前使用最广泛的是 Unicode 字符集，它用 16 位二进制数表示不同的字符，能够表示大约 65536 个字符，这涵盖了地球上大部分语言的基础字符。

Python 用 str 表示字符串类型。

```
In [30]: a="人工智能很有趣"
In [31]: b='Artificial Inelligence is interesting'
In [32]: a
Out[32]: '人工智能很有趣'
In [33]: b
Out[33]: 'Artificial Inelligence is interesting'
```

Python 中还有一个特殊的数值类型，叫作空值，用 None 表示。这是因为 Python 本身也是强大的数据处理工具，而在很多数据集中会有很多空值，用 None 表示空值使数据集不用特别处理。

2.4 变量与运算符

2.4.1 变量

在 Python 中，我们对一个名称（如 a）指定一个数值，这时 a 就是变量名，其自身就是变量。变量的意思是说它是可以动态改变的。实际上，Python 把所有的数据都看作对象，而变量是指向对象的。

可以按照以下基本原则给变量命名：

- 变量名可以包括字母、数字和下画线。

- 变量名的第一个字符必须是字母或者下画线,且不能是数字。
- 变量名区分大小写。
- 双下画线开头的标识符有特殊的含义。
- 可以用下画线区分不同级别的类,如 Wang_lesson_math 表示王同学课程中的数学课。

2.4.2 运算符

Python 运算符包括算术运算符、关系运算符、逻辑运算符、赋值运算符等。

表达式是使用运算符将不同类型的数据(如常量、变量、函数)按照一定的规则连接起来的式子。

1. 算术运算符

算术运算符包括四则运算符、求模运算符和幂运算符,如表 2-1 所示。

表 2-1 算术运算符

运算符	表达式	说明
+	a+b	加法运算
-	a-b	减法运算
*	a*b	乘法运算
/	a/b	除法运算
%	a%b	求模运算
**	a**b	a 的 b 次方
//	a//b	两个数相除向下取整

Python 中的除法运算(在 Python 3.x 版本中)用于浮点数计算,即 a/b 返回的结果是浮点数;%为取模运算符,a%b 的结果是 a 除以 b 的余数;//为取整运算符,即两个数相除向下取整。

以下代码是算术运算符的实例:

```
>>> a = 5
>>> b = 2
>>> a + b
7
>>> a - b
3
>>> a * b
```

```
10
>>> a / b
2.5
>>> a % b
1
>>> a ** b
25
>>> a // b
2
```

2．关系运算符

关系运算符是对两个对象进行比较，如表 2-2 所示。

表 2-2　关系运算符

运算符	表达式	说　　明
==	a==b	等于，比较对象是否相等
!=	a!=b	不等于，比较两个对象是否不相等
>	a>b	大于，比较 a 是否大于 b
<	a<b	小于，比较 a 是否小于 b
>=	a>=b	大于等于，比较 a 是否大于或等于 b
<=	a<=b	小于等于，比较 a 是否小于或等于 b

以下代码是关系运算符的实例：

```
>>> a = 3
>>> b = 4
>>> c = 4
>>> a == b
False
>>> a != b
True
>>> a != b
True
>>> a > b
False
>>> a < b
True
>>> a >= b
False
>>> a <= b
True
```

3. 逻辑运算符

逻辑运算符如表 2-3 所示。

表 2-3 逻辑运算符

运算符	表达式	说　明
and	a and b	逻辑与，当 a 为 True 时才计算 b
or	a or b	逻辑或，当 a 为 False 时才计算 b
not	not a	逻辑非

以下代码是逻辑运算符的实例：

```
>>> a = 4
>>> b = 2
>>> c = 0
>>> a > b and b < c
False
>>> a > b and b > c
True
>>> a > b or b < c
True
>>> not a > b
False
>>> not a < b
True
```

4. 赋值运算符

赋值运算符如表 2-4 所示。

表 2-4 赋值运算符

运算符	表达式	说　明
=	c = a + b	简单赋值运算符，将 a + b 的运算结果赋值给 c
+=	c += a	加法赋值运算符，等效于 c = c + a
-=	c -= a	减法赋值运算符，等效于 c = c - a
*=	c *= a	乘法赋值运算符，等效于 c = c * a
/=	c /= a	除法赋值运算符，等效于 c = c / a
%=	c %= a	取模赋值运算符，等效于 c = c % a
**=	c **= a	幂赋值运算符，等效于 c = c ** a
//=	c //= a	取整赋值运算符，等效于 c = c // a

以下代码是赋值运算符的实例：

```
>>> a = 1
>>> a
1
>>> b, c = 2, 3
>>> b
2
>>> c
3

>>> a = 5
>>> a += 2
>>> a
7
>>> a -= 1
>>> a
6
>>> a *= 2
>>> a
12
>>> a /= 6
>>> a
2.0
>>> b = 3
>>> b %= 2
>>> b
1
>>> c = 2
>>> c **= 2
>>> c
4
>>> d = 5
>>> d //= 2
>>> d
2
```

2.5 函数

函数是 Python 编程需要掌握的必要技能。在开发程序时，由于某些具有独立功能的代码块经常被添加，为了提高编写的效率及代码的重用，可以把它们组织成一个小模块，这就是函数。之后在具体调用时，只需要使用函数名（加参数）就可以了。

2.5.1 函数的定义与调用

定义函数的格式如下：

```
def 函数名():
    代码
```

注意：标识符由字母、下画线和数字组成，且不能以数字开头。

Python 的函数名为小写，且可以用下画线来增加可读性。

定义函数之后，就产生了一个具有某些功能的代码块，接下来就可以调用函数了。调用函数很简单，通过"函数名()"即可完成。

说明：

```
# 定义一个函数，能够完成打印信息的功能
def print_info():
    print('-----------------------------------')
        print( '人生苦短，我用Python')
    print( '-----------------------------------')
# 定义完函数后，其是不会自动执行的，需要调用它
# 调用函数
print_info()
```

函数执行的流程如图 2-8 所示。

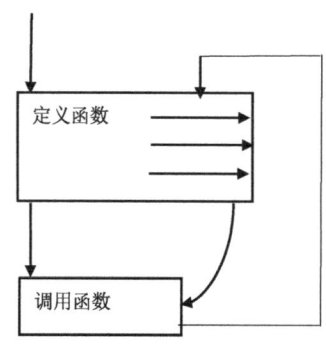

图 2-8　函数执行流程

2.5.2 函数参数

假设现在需要定义一个函数，它要能够完成两个数的加法运算，并且需要把结果打印出来，那么应该如何设计？

为了让函数更通用，在定义函数的时候可以让函数接收数据，这就是函数的参数。

1. 定义带有参数的函数

代码如下：

```
# 定义函数
def add_2_num(a, b):
    c = a + b
    print('%d + %d = %d'%(a, b, c))
# 调用函数
num1 = int(input('请输入一个数：'))
num2 = int(input('请再输入一个数：'))
add_2_num(num1, num2)
输出结果：
请输入一个数：1
请再输入一个数：2
1 + 2 = 3
```

2. 调用带有参数的函数

代码如下：

```
def add_2_num(a, b):
    c = a + b
    print(c)
    add_2_num(100,200)  # 在调用带有参数的函数时，需要在小括号中传递数据
```

注意：在定义函数时，小括号中的参数是用来接收参数的，称为"形参"；在调用函数时，小括号中的参数是用来传递给函数的，称为"实参"。

3. 默认参数

在调用函数时，如果默认参数的值没有传入，则被认为是默认值。下面案例的结果是打印默认的 age，如果 age 的值没有被传入则使用默认值，如图 2-9 所示。

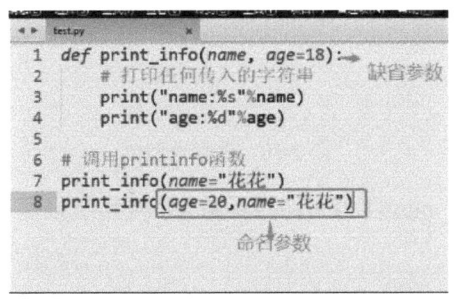

图 2-9　参数说明

打印结果如下：

```
name:花花
age:18
name:花花
age:20
```

注意：带有默认值的参数一定要置于参数列表的后面。

2.5.3 函数返回值

所谓"返回值"，就是在程序中函数完成一件事情后，最后给调用者的结果。

1．带有返回值的参数

如果想在函数中把结果返回给调用者，则需要使用 return。代码如下：

```
def add_2_nums(a, b):
    c = a+b
    return c
```

2．保存函数返回值

假设一个函数返回了一个数据，如果想要用这个数据，则需要对其保存，保存函数返回值的代码如图 2-10 所示。

图 2-10　保存返回值

这里通过 result=add_2_num(1,2)来调用函数，并将其结果保存到 result 中。接着对 result 输出，输出结果为 3。

2.6 模块

在计算机程序开发过程中,代码会越写越多,不利于维护。为了解决这个问题,可以把函数分组并分别存储到不同的文件中,这样每个文件中包含的代码就相对少了,很多编程语言都采用这种组织代码的方式。在 Python 中,一个.py 文件就称为一个模块。

下面就来了解一下 Python 中的模块。

模块就好比工具包,要想使用这个工具包中的工具,就需要先导入。

在 Python 中用关键字 import 来导入模块。

Import 的使用方法如下:

第一步:创建一个模块 sendmsg.py,代码如下。

```
def test1():
print('---sendmsg--test1')

def test2():
print('---sendmsg--test2-') //该模块叫 sendmsg
```

第二步:在新文件(test.py)中使用 import 导入模块,代码如下。

```
//import sendmsg//
导入模块
# 使用模块的方法
 //sendmsg.test1()
 sendmsg.test2()//调用模块的方法
```

输出结果:

```
---sendmsg--test1
---sendmsg--test2--
```

当解释器遇到 import 语句时,如果模块在当前的搜索路径上就会被导入。

2.6.1 from ... import 语句

导入某个模块的函数,语法如下:

```
from modname import name1[, name2[, ... nameN]]
```

Python 的 from...import 语句可以从模块中导入指定的部分到当前的命名空间中。

比如,在上面的例子中利用 from ... import 语句不会把整个 sendmsg 模块导入当前的命名空间中,而只是将 sendmsg 中的 name1 和 name2 导入,也可以单个导入。

而 import 语句是把一个模块的所有内容都导入到当前的命名空间中。

2.6.2 常见模块

在安装 Python 时，你会发现有一套标准库，它与 Python 互补且会随着 Python 解释器一起安装到电脑中。这些标准库是 Python 为你准备好的工作利器，可以让编程工作事半功倍，常见标准库如表 2-5 所示。

表 2-5 常见标准库

标准库	说明	标准库	说明
Built-ins	内建函数默认加载	Time	时间
Os	操作系统接口	Datetime	日期和时间
Sys	Python 自身的运行环境	Calendar	日历
Functools	常用的工具	Hashlib	加密算法
Json	编码和解码 JSON 对象	Random	生成随机数
Logging	记录日志，调试	Re	字符串正则匹配
Multiprocessing	多进程	Socket	标准的 BSD Sockets API
Threading	多线程	Shutil	文件和目录管理
Copy	拷贝	Glob	基于文件通配符搜索

标准库通常不需要专门加载就已经随着 Python 启动了，但在实际工作中，除了需要标准库，根据目的不同还需要使用一些扩展库。

在本书的深度学习实践和编程章节中，我们也会使用一些常用的扩展库，对其简要说明如下。

（1）NumPy。NumPy 是科学计算库，是 Python 最常用的库之一。它可以处理大型多维数组和矩阵，并且可以让广泛的高级数学函数和实现的方法相结合，从而使用这些对象执行各种操作。

2018 年，NumPy 进行了重大的升级，除了错误修复和兼容性问题，还包括 NumPy 对象的打印格式。此外，目前某些函数可以处理 Python 中可用的任何编码文件。

（2）SciPy。SciPy 是另一个科学计算核心库。它基于 NumPy，并扩展了其功能。SciPy 的主数据结构是一个多维数组，由 NumPy 实现。该库包含了有助于解决线性代数、概率论、积分计算和更多任务的工具。SciPy 可以适配不同的操作系统。2018 年，SciPy 更新了许多函数，尤其是更新了优化器。此外，其封装了许多新的 BLAS 和 LAPACK 函数。

（3）Pandas。Pandas 提供了许多高级数据结构和各种分析工具。该库的一大特色是能够将相当复杂的数据操作转换为一个或两个命令。Pandas 包含许多用于分组、过滤和组合数据的内置方法及时间序列功能。

（4）StatsModels。StatsModels 是一个用于统计数据分析的方法，如统计模型估计、执行统计测试等，本书时间序列部分的传统方法就是使用这个模块实现的。在它的帮助下，我们还可以实现许多深度学习方法，并辅助深度学习编程。这个库是 Python 各类库中更新最快的，在 2017 年它进行了时间序列改进且增加了新的计数模型，如通用泊松模型、零膨胀模型和负二项模型，还补充了新的多变量方法,如因子分析、MANOVA 和 ANOVA 中的重复测量等。

（5）Matplotlib。Matplotlib 是大名鼎鼎的可视化模块，用于创建二维图表和图形的低级库。借助它我们可以构建各种图表，从直方图、散点图到非笛卡儿坐标图。此外，许多流行的绘图库都被设计为与 Matplotlib 一起使用。

（6）Seaborn。Seaborn 本质上是基于 Matplotlib 库的更高级别的 API。它包含丰富的可视化图库，包括时间序列、联合图和小提琴图（展示数据密度分布）等复杂的类型。

（7）Pydot。Pydot 是 Graphviz 的一个接口。在它的帮助下，Pydot 可以显示图形的结构，这在构建神经网络和基于决策树的算法时会经常用到。在深度学习中，深度网络一般可以用图形的形式呈现，这时我们可以借助 Pydot 来绘制，具体请参考后续章节内容。

（8）Scikit-learn。Scikit-learn 是基于 NumPy 和 SciPy 的 Python 模块，是处理数据的最佳库之一。它为许多标准机器学习和数据挖掘任务提供算法，如聚类、回归、分类、降维和模型选择。实际上它也提供神经网络，但是目前该模块还不支持标准的深度学习方法。

（9）XGBoost，LightGBM 和 CatBoost。XGBoost，LightGBM 和 CatBoost 是数据竞赛领域最常用的模型之一，值得特别关注。这些库提供高度优化、可扩展和快速的梯度增强实现，这使得它们在数据科学家和 Kaggle 竞赛中非常受欢迎。

（10）TensorFlow。TensorFlow 是最流行的深度学习和机器学习框架，由 Google Brain 团队开发。它提供了可以使用具有多个数据集的人工神经网络的功能。TensorFlow 的应用包括对象识别、语音识别等。当前 TensorFlow 库更新频繁，在 2019 年 10 月发布了 2.0 版本。本书的大多数例子虽然使用的是 Keras，但是其后台都是 TensorFlow，而且在 1.7.0 版本之后，Keras 已经作为 TensorFlow 的一个模块存在了。

（11）Keras。Keras 是一个用于深度学习的高级库，运行在 TensorFlow 和 Theano 上，也可以作为后端 CNTK 和 MxNet 使用。它简化了许多特定任务，极大地减少了重复代码的数量。Keras 适用于那些"用深度学习解决问题"的人，由于本书主要是解决金融中的各类问题，因此我们采用 Keras 作为主要的应用模块。

TensorFlow 和 Keras 的安装（特别是支持 GPU 计算）过程烦琐，具体请参考后续章节。

（12）PyTorch。PyTorch 是一个大型框架，允许使用 GPU 加速执行张量计算，创建动态计算图并自动计算梯度。在此之上，PyTorch 提供了丰富的 API，用于解决与神经网络相关的应用。该库基于 Torch，这是一个用 C 语言实现的开源深度学习库，在 Lua 中有一个包装器。Python API 在 2017 年推出后就受到了越来越多数据科学家的欢迎。

（13）NLTK。NLTK 是自然语言处理的完整平台。在 NLTK 的帮助下，我们可以通过各种方式处理和分析文本、标记文本、提取信息等。NLTK 还可以用于原型设计和构建研究系统。

（14）SpaCy。SpaCy 是一个自然语言处理库，包含优秀的 demo，API 文档和演示应用程序，是用 Cython 语言编写的。它支持近 30 种编程语言，提供简单的深度学习集成，并保证了稳定性和高准确性。SpaCy 的另一个重要特性是，由于它是为整个文档处理而设计的，因此不会出现将文档分成短语的情况。

（15）Gensim。Gensim 是一个用于强大语义分析、主题建模和向量空间建模的 Python 库，基于 NumPy 和 SciPy 构建。它提供了流行的 NLP 算法的实现，如 Word2Vec。

（16）Scrapy。Scrapy 是一个用于创建扫描网站页面和收集结构化数据的爬虫库，可以从 API 中提取数据。由于其具有可扩展性和可移植性，因此使用起来非常方便。

第 3 章

构建金融深度学习平台

在任何领域中引入深度学习都需要先构建深度学习平台。对企业来说,构建深度学习平台是一个很重要的决策;对个人来说,更多的是根据个人所研究问题的性质及预算来确定。

本章主要介绍构建深度学习平台所需要的硬件和软件。当然,深度学习平台在不断优化,你可以举一反三,适当调整。

3.1 算力基础:选择硬件

如同金融的核心是货币、信用和市场一样,深度学习也有三个重要的因素,即算力、算法和数据。这一章主要介绍算力的构建及实施,下一章主要介绍在金融深度学习时如何获取数据。

3.1.1 算力与深度学习云平台

通俗来讲,算力是指计算的能力,直观体现为速度快,能够根据请求较快速地获取结果。具体而言,其对企业来说是生产效率,对金融来说是计算速度。

由于金融市场具有瞬息万变的特性,相差一秒的操作也许就会产生完全不同的结果，因此对算力的需求在金融中普遍存在。在深度学习产生之前，大多数案例通过期权定价的二叉树进行计算，但是随着深度学习的深入，算力变成了双重需求，这主要是因为：

第一，金融自身计算的需求。

第二，深度学习的训练和部署都需要强大的算力支撑，其中训练需要的算力更加庞大。当进行深度学习训练时，会使用很多参数，甚至会调整网络结构，但是每一次调整都需要较长时间的训练（例如，一次简单的实际工程应用的深度网络 CPU 训练大约就需要几十分钟），而获得最后的结果则通常需要近百次的调整，这就使得时间变得难以接受，对此只能通过提升算力来解决这一问题。

传统的金融算力依赖的是 CPU 计算，大型金融机构通常用服务器或者 CPU 阵列解决，但由于在金融计算中，大量的蒙特卡洛方法模拟和偏微分方程计算具有并行性，因此人们开始将显卡用于金融计算，被称为 CUDA 金融计算。事实上，有许多金融企业的衍生品定价都是基于 CUDA 计算的。

类似于金融将计算聚焦于显卡 GPU，深度学习训练则主要依赖于 GPU（Graphics Processing Unit，图形处理器）来进行。人们之所以选择图形处理器，是因为图形处理器有短流程、高并行的特点，非常适合深度网络的训练和参数的调整。实际上，对于个人和小型企业，GPU 可能是当前唯一的深度学习训练解决方案：或者自己搭建支持 GPU 计算的平台，或者购买云 GPU 计算（各种深度学习云计算平台，见表 3-1）。

表 3-1 各种深度学习云计算平台（简称云平台）比较

平台	成本	运算能力	使用条件	易用程度（总分5）	综合评分
微软 Azure	无	4T 单精度多	Visa, MasterCard	3	70
谷歌 GPU	0-35USB*GPU 数，购买账号为 200 元	4T 单精度多	Visa, MasterCard	4	80
美团云 GPU 云	每小时为 1 元到几元不等，根据配置来定	4T 单精度多	实名认证 +10 元	3	90
美团云深度学习平台	无	12T 单精度起，乘 8	无	3	90

3.1.2 深度学习中算力构建的路线选择

总体来说，目前深度学习中的算力构建主要有 6 条路线。

1. CPU

通过普通的 CPU 进行计算,但现在使用的指令 CPU,如 Intel 或 AMD 的产品依然都是为了通用处理设计的,这就会使流程增加,即在进行深度学习训练时会导致处于前后两个操作之间的时间成本增加,同时也损失了许多并行的机会。虽然也可以采用大量 CPU 堆叠实现并行[①],但是这种在软件上并行的效率要低于以下三种直接内置于硬件的多处理单元并行。

2. GPU

GPU 路线就是基于显卡的计算,也就是我们所说的图形处理器。因为显卡原本是为游戏服务的,所以它支持灵活的边长,这在三种方法中是最灵活的。图 3-1 展示了一个典型的 Nvidia 显卡结构图(Maxwell 架构),图 3-2 展示了 CPU 与 GPU 的不同,可以看到 CPU 依据冯·诺依曼结构进行设计,而 GPU 则大量精简了缓存和控制单元,从而实现更多计算核心的堆叠和并行。

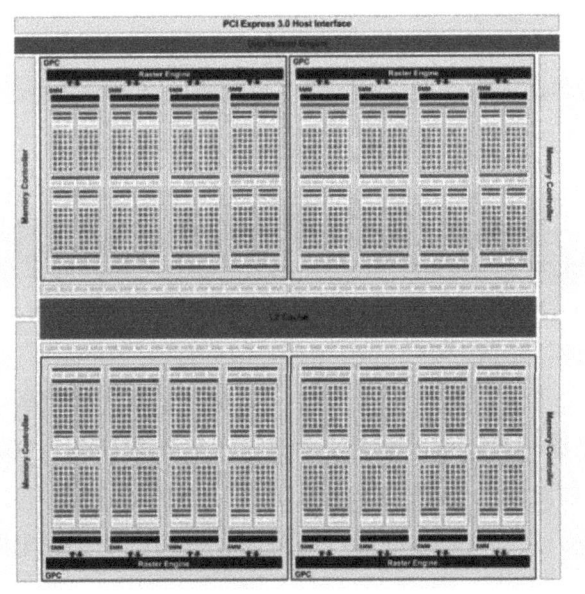

图 3-1 Nvidia 的 GPU 示意图

从图 3-2 可以看出,在进行深度学习训练时,GPU 的计算速度明显优于 CPU 的计算

---

① 最初 Google 公司实现"猫"的识别就是用了上万个 CPU 并行实现的深度网络训练。

速度。

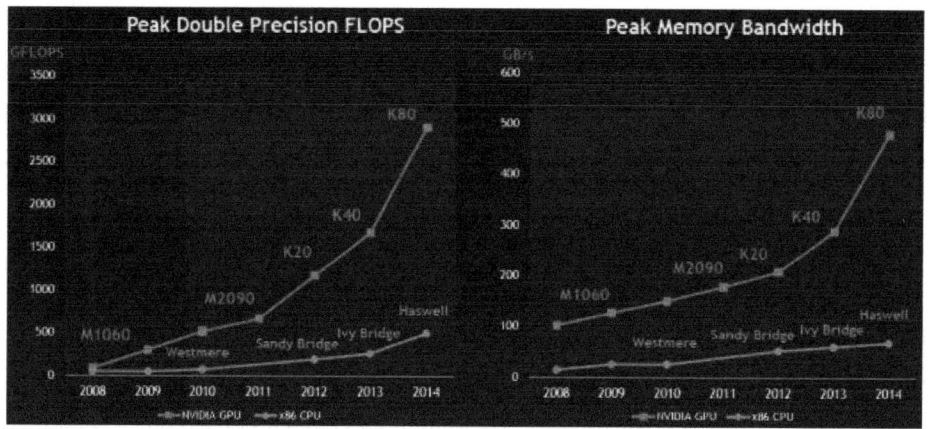

图 3-2 Nivida 给出的 CPU 和 GPU 计算速度比较

3. ASIC

ASIC（Application Specific Integrated Circuit，专用集成电路）中的 Specific 是指深度学习导向，即专用处理器，即为深度学习固化好特定的电路。很显然，这种硬件实现的软件计算也是最快捷的，但相应的灵活度就会降低。

4. FPGA

FPGA（Field Programmable Gate Array，现场可编程逻辑阵列门），即可编程的专用处理器。它融合了 CPU 与 GPU 的特点，不仅速度比 CPU 快很多，而且在一定程度上可以进行编程，具体说明如下。

- 在技术层面上，FPGA 通过硬件集成了大量的基本逻辑门数字电路和对应的存储器，用户可以通过在闪存上配置文件来定义它们之间的连线。这里的烧入是指操作 ROM，目前 ROM 一般指 Flash ROM，其操作与读写内存没有本质上的区别。基于这套体系，我们可以达到通过编写闪存中的程序定制电路并进行硬件计算的目的。
- 在逻辑层面上，FPGA 并不依赖于冯·诺依曼结构，获得的计算结果不仅可以直接被送到下一个计算单元，而且无须在主存储器临时保存。其能实现当存储器带宽需求比 GPU 和 CPU 低很多时，还能保持流水处理和响应迅速。

5. TPU

Google 公司的 TPU（Tensor Processing Unit，张量处理单元）[①]也是一种面向深度学习的专用集成电路，因支持 AlphaGo 计算而名声大震。目前，TPU 也开始进行谷歌云上的布置，用户可以通过访问谷歌云来体验它在深度学习计算中的优势，具体如图 3-3 与 3-4 所示。

图 3-3 谷歌的 TPU

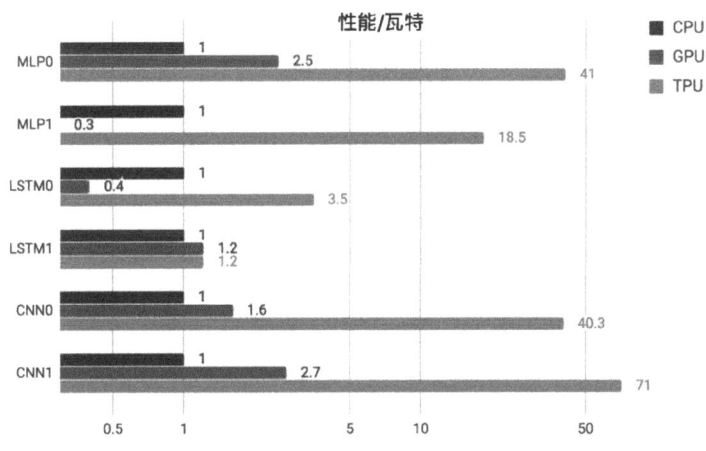

图 3-4 CPU，GPU 和 TPU 比较

---

① 根据谷歌的资料，最初完整版的"AlphaGo"拥有 1920 颗 CPU 和 280 颗 GPU。除此之外，它还安装了一定数量的 TPU，后来升级版的"AlphaGo"则主要依赖于 TPU。业内普遍认为"AlphaGo"对围棋局势的预判所使用的置信网络（Value Network）就是依赖于 TPU。

6. 个人选择

虽然深度学习有很多种形式，但对个人来说，合适的搭配都是通过 GPU 进行的。虽然当前 AMD 的显卡也支持深度学习，但从友好程度上来说，Nvidia 的显卡占据了绝对的优势。

Nvidia 显卡在深度学习中的算力主要来源于频率和 CUDA 个数。通过底层 CUDA 的应用，Nvidia 构建的神经网络计算包 cudnn 可以很好地支持深度网络训练。目前，大多数深度学习工具都可以通过 cudnn 加速运算，如流行的 TensorFlow 平台等。

根据 Nvidia 网站公布的数据，支持 GPU 计算的 Nvidia 显卡有多种型号，常见的显卡对比如表 3-2 所示。

表 3-2　不同显卡对比

GPU 架构	核心芯片	GPU 型号	CUDA（SP）核心数量
Pascal	GP100	Tesla P100	3584
	GP102	Tesla P40	3840
		Titan XP	3840
		Titan x，Pascal	3584
		GTX1080Ti	3584
	GP104	Tesla P4	2560
		GTX1080	2560
		GTX1070	1920
	GP106	GTX1060Ti	1280
		GTX1060	1152
	GP107	GTX1050Ti	768
		GTX1050	640
	GP108	GTX1030	384

需要注意的是，虽然这些显卡的参数很多，但在进行深度学习时，主要关注显存和 CUDA 的数量这两个参数即可。

但还有一些专业显卡，它们的计算能力已超过常用（消费级）显卡，如 Titan RTX，RTX 2080 Ti，Tesla V100（32 GB），GTX 1080 Ti，Titan Xp，Titan V。其中 1080Ti 是连接消费级显卡和专业显卡的纽带，2080Ti 是 Nividia 在 2018 年推出的显卡。

下面以 TitanRTX 为基准，看一下各个显卡性能的对比。对于单精度浮点训练，各个显卡使用的深度网络参数如表 3-3 所示，单精度计算结果如表 3-4 所示。

表 3-3 使用的深度网络参数

Model	Batch Size	Model	Batch Size
ResNet-50	64	VGG16	64
ResNet-152	32	ALexNet	512
InceptionV3	64	SSD	32
InceptionV4	16		

表 3-4 单精度计算结果

Model / GPU	Titan RTX	GTX 1080 Ti	Titan Xp	Titan V	RTX 2080 Ti	TeslaV100
ResNet50	312	208	237	300	294	369
ResNet152	115	81	90	107	110	132
InceptionV3	212	136	151	208	194	243
InceptionV4	83	58	63	77	79	91
VGG16	191	134	154	195	170	233
AlexNet	3980	2762	3004	3796	3627	4708
SSD300	162	108	123	156	149	187

如果以 Titan RTX（约 25 000 元以上）为例，其性能如下：

- 比 RTX 2080 Ti 快 8%（约 10 000 元）。
- 比 GTX 1080 Ti 快 46.8%（约 7 000 元，电商已经下架）。
- 比 Titan Xp 快 31.4%（约 10 000～20 000 元）。
- 比 Titan V 快 4%（约 25 000 元）。
- 比 Tesla V100（32 GB）慢 13.7%（约 70 000 元）。

可以看到，性价比最高的是 RTX 2080Ti，但前提是它的 11G 显存够用。

对于半精度浮点训练，具体对比结果如表 3-5 所示：

表 3-5 半精度训练对比

Model / GPU	Titan RTX	GTX 1080 Ti	Titan Xp	Titan V	RTX 2080 Ti
ResNet50	540	263	289	539	466
ResNet152	188	96	104	181	167
InceptionV3	342	156	169	352	286
InceptionV4	121	61	67	116	106
VGG16	343	149	166	383	255
AlexNet	6312	2891	3104	6746	4988
SSD300	248	122.49	136	245	195

同样以 Titan RTX 为基准,其性能如下:

- 比 RTX 2080 Ti 快 21.4%。
- 比 GTX 1080 Ti 快 209.7%。
- 比 Titan Xp 快 192.1%。
- 比 Titan V 慢 1.6%。

性价比最高的仍然是 RTX 2080Ti。综上,用于深度学习性价比最高的显卡(2019 年 1 月)是 RTX 2080Ti。

除了显卡,用于深度学习的 CPU 推荐使用 Intel i7 或 Intel i9,而内存至少为 16GB。

下面是一台个人深度学习机器的普通配置,它使用 2080 显卡(注意不是 2080Ti 显卡)(图 3-5),这样一台机器加上机箱、电源等,价格在 11 000 元左右(2019 年 1 月)。

部件	属性	值
CPU	品牌	intel
	型号	i7-9700K
	核心数	八核
主板	芯片品牌	英特尔芯片
	芯片组	Z390
	主板品牌	微星
	板型	ATX(标准型)
内存	品牌	海盗船
	频率	DDR4 3000及以上
	容量	8GB
显卡	品牌	七彩虹
	显卡类型	独立显卡
	芯片组	RTX2080
	显存容量	8 GB
硬盘	品牌	英特尔
	类型	固态硬盘
	接口	M.2接口
	容量	256GB

图 3-5 一台标准深度学习机器的配置

而一台高端的个人深度学习机器的配置一般使用 2080Ti 显卡,如图 3-6 所示,这样一台主机的价格在 15 000 元左右(2019 年 1 月)。

CPU	品牌	intel
	型号	i7-9700K
	核心数	八核
主板	芯片品牌	英特尔芯片
	芯片组	英特尔其他
	板型	ATX（标准型）
	其他	Z390
内存	频率	DDR4 3000及以上
	容量	16GB
显卡	显卡类型	独立显卡
	显存容量	其他
	其他	2080TI
硬盘	品牌	intel
	类型	固态硬盘
	接口	M.2接口
	容量	256GB

图 3-6　一台高端的深度学习机器的配置

3.2　单精度计算和半精度计算

除了整数，计算机最常用的数据类型还有浮点数（即有限位数的小数）。很显然，股票收益率、股票价格、利率及深度学习不断更新的权重都是浮点数。因为计算机用二进制数来表示各种数，而其用于存储的空间又是有限的，也就是说它不能表示全部的小数，而只能表示有限位数的小数，这个有限位数就是"精度"。

浮点数的精度会影响结果，例如：

如果计算机只能表示 0.000 000 1，那么低于这个值的股票收益率就会被认为没有收益，但对于市值十亿元的股票来说，就等于忽略掉了上百万元的收益。

计算机在进行优化算法和深度学习时，都需要不断地更新参数，而对于深度学习来说，就是深度网络的权重。如果权重的变化小于计算机可以表示的精度，程序就认为没有更新。

在通常的计算机体系中，常用的浮点数有双精度和单精度。但随着深度学习和计算机图形学的发展，擅长利用显卡性能的 Nvidia 和 Google 公司提出了半精度的概念，但它们提出的方案不同。

一般来说，双精度是 64 位、单精度是 32 位、半精度是 16 位，结构如图 3-7 所示。

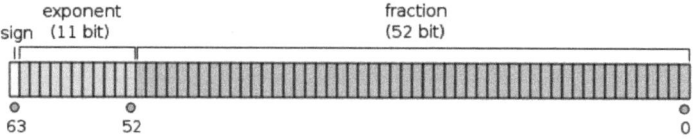

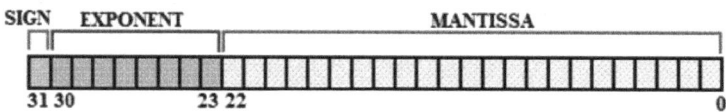

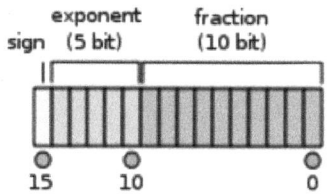

图 3-7　各浮点数示意图

它们都分为三部分：符号位、指数和尾数。可以看到，不同精度只是指数位和尾数位的长度不一样。

一个浮点数的最终数值按照如下规则生成：

（1）如果指数位全为零、尾数位也全为零，则表示 0。

（2）如果指数位全为零、尾数位为非零，则表示一个很小的数，英文叫作 subnormal，计算方式如下：

$$(-1)^{signbit} \times 2^{-126} \times 0.fractionbits$$

（3）如果指数位全为 1，尾数位全为零，则表示正负无穷。

$$+\infty, -\infty$$

（4）如果指数位全为 1，尾数位为非零，则表示不是一个数，类似于我们在获得数据时标注的 NaN。

（5）其他情况计算的方式如下：

$$(-1)^{signbit} \times 2^{exponentbits-127} \times 1.fractionbits$$

那么，为什么要提出半精度的概念呢？这是因为深度学习所使用的深度网络经常需要上亿个参数（权重），半精度比单精度可以节省一半的传输成本[①]，也可以节省一半的存储空间，这非常有实用价值。

上述的半精度浮点数是 Nvidia 在 2002 年提出来的，但要注意，Google 公司的 TensorFlow 也使用 16 位的浮点数，但不是上述的结构，而是直接把 32 位浮点数的小数部分截断了。

在进行后续处理时，如单独调整一层的结构，需要将半精度转换为单精度，这需要我们自己编写代码实现。以下程序代码来自 NumPy 包的半精度数到单精度数的转换，用途是将 16bit 的半精度数转换为 32bit 的单精度数。

```
npy_uint32 npy_halfbits_to_floatbits(npy_uint16 h)
{
  npy_uint16 h_exp, h_sig;
  npy_uint32 f_sgn, f_exp, f_sig;

  h_exp = (h&0x7c00u);
  f_sgn = ((npy_uint32)h&0x8000u) << 16;
  switch (h_exp) {
    case 0x0000u: /* 0 or subnormal */
      h_sig = (h&0x03ffu);
      /* Signed zero */
      if (h_sig == 0) {
        return f_sgn;
      }
      /* Subnormal */
      h_sig <<= 1;
      while ((h_sig&0x0400u) == 0) {
        h_sig <<= 1;
        h_exp++;
      }
      f_exp = ((npy_uint32)(127 - 15 - h_exp)) << 23;
      f_sig = ((npy_uint32)(h_sig&0x03ffu)) << 13;
      return f_sgn + f_exp + f_sig;
    case 0x7c00u: /* inf or NaN */
      /* All-ones exponent and a copy of the significand */
      return f_sgn + 0x7f800000u + (((npy_uint32)(h&0x03ffu)) << 13);
    default: /* normalized */
      /* Just need to adjust the exponent and shift */
      return f_sgn + (((npy_uint32)(h&0x7fffu) + 0x1c000u) << 13);
  }
}
```

[①] 在分布式深度学习训练时，需要进行参数的传递。

3.3 算法平台：深度学习平台

一般来说，品牌厂商提供的深度学习机器都有各种局限，如显卡不够新等，但优势也很明显，那就是确定配置后购买即可。在某些情况下，可能你需要增加内存和更换空间更大的硬盘，但这避免了个人购买散件组合的麻烦。

3.3.1 安装与设置开发环境

一台计算机组装完毕（如果是品牌机可能没有这个过程）后，接下来就是安装操作系统，当前支持个人深度学习的操作系统有 Linux，Windows 和 macOS，它们的区别如下。

（1）Linux 系统下深度学习平台的搭建相对容易，且多数工程应用和服务都利用了 Linux 平台，一些优化算法在 Linux 系统下也更容易实现。

（2）Windows 系统下深度学习平台的搭建尽管配置过程相对烦琐，但因为大多数人更熟悉 Windows 平台，同时它的深度学习平台搭建过程也越来越友好，所以也获得了很多人的认可。本书的写作和代码调试就是在 Windows 系统下进行的。

（3）在 macOS 系统下搭建深度学习平台安装的软件与 Windows 系统下的类似。

有了操作系统，接下来就是选择编程语言。本书主要介绍当前火热的 Python 语言，它是深度学习普遍使用的编程语言之一，具体内容请参考第 2 章。

3.3.2 搭建深度学习平台

在搭建了编程语言环境后，就需要安装支持深度学习的平台了。理论上来说，我们可以使用 Python 或者 C++等语言按照深度学习的模型，自己一行一行地完成网络的搭建和训练，但这显然不切实际，同时代码无法有效复用，也较难更新维护。因此，很多公司开发了集成深度学习平台，它们基于不同的计算框架（如静态计算图和动态计算图）将深度学习中的常用模式提炼出来，使深度学习的搭建、训练和应用变得异常方便。这些软件库大大加速了深度学习的应用，避免了重复编写代码，同时软件库的提供方和全世界的爱好者可以通过不断更新来维持这些基础算法库的效率。

当前，企业可以依托这些平台进行适用于自己场景的深度学习的应用开发，避免了从底层开始。同时，基础算法平台（框架）还融合了许多已有的网络模型，使后期开发可以通过迁移学习进行并支持多种操作系统，甚至在移动端应用，也可以在多种编程语言中使用。

1. 国内外主流平台简介

当前，这类平台主要包括以下几类：

（1）Core ML 是苹果公司提出的移动设备机器学习平台。Core ML 针对移动设备的性能进行了优化，最大限度地减少了内存占用和功耗。其严格按照设备运行，确保用户数据隐私和应用程序在网络连接不可用时能保持正常的功能和响应。

（2）Caffe2 是 Facebook 支持的工业级深度学习工具。它源于 BVLC 推出的 Caffe（但两者并不兼容），该框架在 TensorFlow 出现以前一直是最受欢迎的深度学习框架，具有出色的卷积神经网络实现功能。当前，在计算机视觉领域中 Caffe 依然是流行的工具包，有很多扩展。

（3）CNTK 是由微软公司发布的深度学习平台。在 CNTK 中，网络会被指定为向量运算的符号图，运算的组合会形成层；通过细粒度的构件块让用户不需要使用低层次的语言就能创建新的、复杂的层类型。从使用角度来说，CNTK 的语法要比 TensorFlow 的容易。

（4）TensorFlow 是谷歌公司推出的、当前最流行的深度学习平台，已经发展到了 2.0 版本，支持最新的 CUDA 9.0。当前许多企业都使用基于 TensorFlow 的平台。需要特别说明的是，在新的 TensorFlow 版本中，由于 Keras 作为标准组件被内置，因此可以使用 Keras 快速构建深度网络。

Theano 曾经是深度学习的引领者，支持大部分网络，现在的很多研究想法都来源于它。它引领了符号图在编程网络中使用的趋势，由深度学习三巨头之一的 Yoshua Bengio 出品，但当前该平台已经不再维护。

（5）Torch（对应 Python 的平台叫作 PyTorch）是 Facebook 支持的框架之一[①]，对卷积网络的支持非常好。Torch 本质上是以图层的方式定义网络，这种粗粒度的方式使得它对新图层类型的扩展缺乏足够的支持。

（6）MXNet 是一个深度学习库，目前被亚马逊（Amazon）确定为 AWS 上主要支持的框架。其支持 C++，Python，R，Scala，Julia，Matlab 及 JavaScript 等语言；支持命令和符号编程；可以运行在 CPU，GPU、集群、服务器、台式机或者移动设备上。MXNet 是 CXXNet 的最新一代，CXXNet 借鉴了 Caffe 的思想，但在实现上更加方便。

（7）Neon 是 Intel 支持的深度学习框架。这个深度学习框架基于 Python，且针对 Intel 架构进行了优化，旨在提高其在现代深度神经网络（如 AlexNet，VGG 和 GoogLeNet）上的易用性和可扩展性。

---

① 实际上 Facebook 支持的是 PyTorch。

图 3-8 所示为 GitHub 上各类深度学习平台的对比。

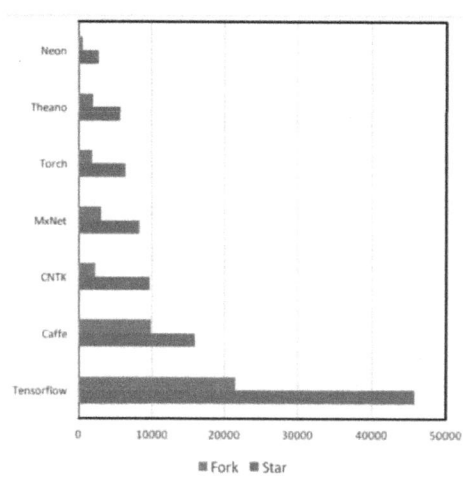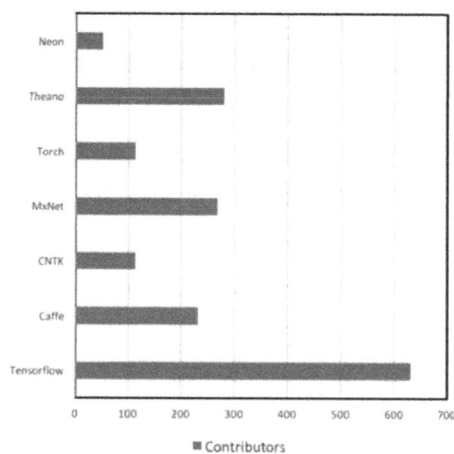

图 3-8　GitHub 上各类深度学习平台的对比

表 3-6 所示为各平台所使用的编程语言与其他性能的对比。

表 3-6　各类平台比较

	语言	训练材料	CNN 建模能力	RNN 建模能力	架构易于使用和模块化前端	速度	多 GPU 支持	Keras 兼容
Theano	Python C++	++	++	++	+	++	+	+
TensorFlow	Python	+++	+++	++	+++	++	++	+
Torch	Lua Python(new)	+	+++	++	++	+++	++	
Caffe	C++	+	++		+	+	+	
MXNet	R Python Julia Scala	++	++	+	++	++	+++	
Neon	Python	+	++	+	+	++	+	
CNTK	C++	+	+	+++	+	++	+	

国内的企业也推出了一些深度学习平台，包括百度的 PaddlePaddle、腾讯的 Angel 平台

和阿里巴巴的 DTPAI 等。

2. 本书选择的平台

本书主要使用最流行的 TensorFlow 和 Keras。

Keras 是由 Python 编写的深度学习框架，使用 TensorFlow，PyTorch 或者 CNTK 作为后端运行。Keras 可以通过 Python 的代码编辑工具打开源代码进行学习，而在学习 Python 编程时，阅读 Keras 经典模块的 Python 代码是一种非常好的学习方式。

在 Keras 的官方说明文档中，详细解释了开发团队设计 Keras 时遵循的原则。

（1）对用户友好：Keras 是为人类设计的 API。用户的使用体验始终是语言开发者需要考虑的首要内容。Keras 遵循减少认知困难的最佳实践——提供一致而简洁的 API，能够极大地减少一般应用下用户的工作量。同时，Keras 提供清晰和具有实践意义的 Bug 反馈。

（2）模块化：模型可理解为一个层的序列或数据的运算图，完全可配置的模块可用最少的代价自由地组合在一起。具体而言，网络层、损失函数、优化器、初始化策略、激活函数、正则化方法都是独立的模块，用户可以使用它们构建自己的模型。

（3）易扩展性：添加新模块超级简单，只需仿照现有的模块编写新的类或函数即可。创建新模块的便利性使得 Keras 更适合于先进的研究工作。

（4）与 Python 协作：Keras 没有单独的模型配置文件类型（作为对比，Caffe 有），模型由 Python 代码描述，这使其更紧凑和更易于调试，同时还提供了扩展的便利性。

作为一种高级深度学习工具，用 Keras 构造深度学习网络简单直接、容易阅读，同时能自动构建层与层之间的连接，更便于学习者体会深度学习的功能。

图 3-9 给出了 Keras 的模块结构，其中有些是比较复杂的。

你现在不需要完全掌握它们，只需要了解它大致分成六个模块即可，以便结合后续的实例理解各个模块的含义和作用。

- 后端：后端相当于底层计算接口，所有 Keras 编写的程序最后都会转换成 TensorFlow 的程序来运行。更直观地说，可以把后端看作 Keras 和 TensorFlow 之间的翻译器，Keras 会自动完成这个"翻译"过程。
- 网络配置：顾名思义，是与网络结构有关的各种参数，这里的网络指的是深度学习中的深度神经网络。如果将深度网络比喻成高楼大厦，那么这一部分就是与高楼大厦有关的各种结构和参数，如楼有几层、使用什么材料建造、每层层高多少米等。需要说明的是，这一部分并没有看起来那么简单，甚至在某种意义上是深度学习的精华和难点，往往需要多年的实践经验才能针对特定问题给出恰当的网络配置。

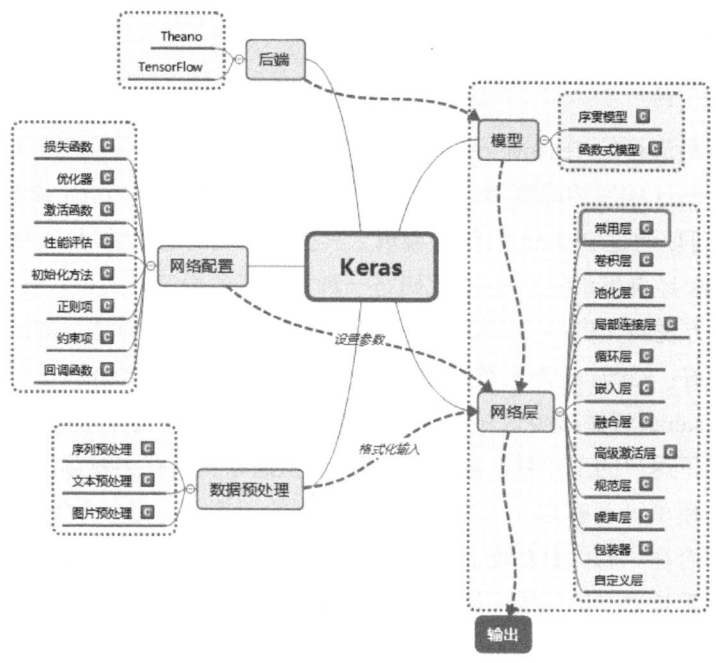

图 3-9　Keras 的模块结构

- 数据预处理：在进行深度学习之前，通常要对数据进行处理。本书中所提供的数据都是经过处理的，但很多实际问题中的数据并不是拿来就可以直接作为神经网络的原始输入数据，如最简单的需要数据处理的情形就是数据缺失，也就是某些样本没有数值，这就需要"预先"处理，这个过程被形象地称为数据预处理。
- 模型：Keras 支持序贯模型和函数式模型两种模型。本书主要使用序贯模型，故不再对函数式模型进行深入探讨。
- 网络层：Keras 支持大多数深度学习所使用的"网络层"。这些网络层可以形象地比喻成建筑用的各种建筑工具，如房梁、钢骨等，它们构成了最终的深度神经网络。
- 输出：是给出深度学习最终结果的部分。例如，通过输出 0 和 1 来表示蘑菇是否有毒，0 表示有毒，1 表示无毒。

3. 安装 TensorFlow 和 Keras

Keras 的安装非常简单，但由于它使用 TensorFlow 作为后台，因此需要先安装 TensorFlow，而新版的 TensorFlow 已经直接内置了完整的 Keras。考虑到不同读者使用不同版本的 TensorFlow，这里简单讲解一下。

TensorFlow 有 CPU 版和 GPU 版两种选择，首先需要判断你的设备是否支持显卡计算，这决定了安装哪一个版本的 TensorFlow。用户可通过英伟达官网查询支持显卡计算的显卡列表，如果你的显卡出现在列表中，则建议安装 GPU 版，因为在很多情况下，这会大大加快计算过程，否则只能安装 CPU 版。

在 Windows 10 系统中，用户可以通过"设备管理器"查看显卡型号，如图 3-10 所示。其中在显示适配器（GPU）中可以看到计算机的显卡型号，以图 3-10 为例，显示该机器有两块显卡，一块是 Intel 自带的 UHD Graphics 620，另一块是英伟达的 Geforce GTX 1060，其中第二块显卡支持 GPU 计算。如果想使用它，就需要安装 GPU 计算版本的 TensorFlow。

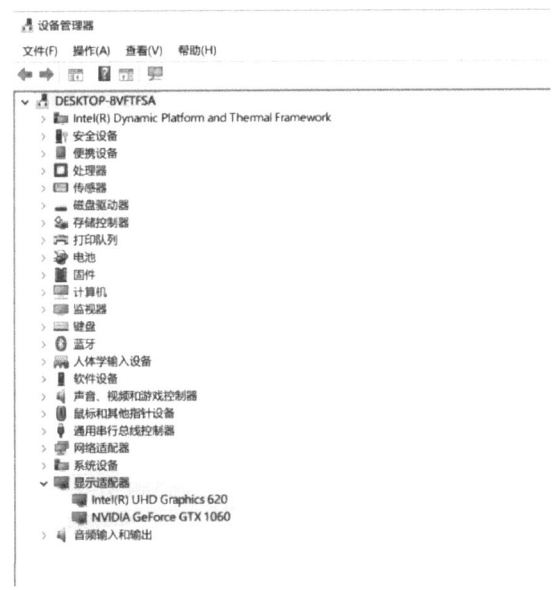

图 3-10　设备管理器示意图（突出显示的部分就是显卡）

为了能够学习并使用本书中的许多案例，且在可接受的时间内得到结果，建议你按照上述硬件配置机器并安装 GPU 版的 TensorFlow。

当然，在 Windows 下安装 GPU 版的 TensorFlow 比较困难，可按以下步骤安装：

- 下载并安装 Python 发行版，例如 WinPython 或者 Anaconda。
- 为了加快安装过程中所需模块的下载速度，请添加国内镜像。这里以添加清华大学提供的镜像源为例，在用户文件夹 C:\Users\math（math 是笔者计算机上的目录名称）中建立 pip.ini 文件，代码如下。

```
[global].
index-url = https://mirrors.tuna.tsinghua.edu.cn/
[install]
trusted-host=https://mirrors.tuna.tsinghua.edu.cn/
```

- 非常重要的是，由于 GPU 计算需要利用 C++编译器，因此需要下载 Visual Studio Community 2015（注意，在本书编写过程中，该版本是最适合的，不建议安装更高版本），如图 3-11 所示为安装过程。

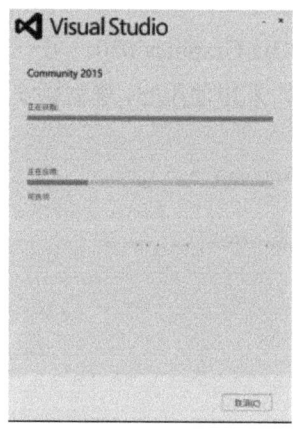

图 3-11　Visual Studio Community 2015 安装

- 接下来从英伟达的开发者网站下载 Cuda 并安装，注意 TensorFlow 1.7 对应的 Cuda 版本是 9.0（不建议下载 9.1 版本）。如果安装的 TensorFlow 是 1.2 版本，则需要安装 Cuda 8.0。
- 接下来安装 Cudnn 7.1，还是从英伟达开发者网站下载。将下载的 Cudnn 解压到 Program Files/NVIDIA Computing Tookit/CUDA/v9.1 文件夹中，其中有三个文件夹，分别是 bin，include 和 lib（图 3-12）。

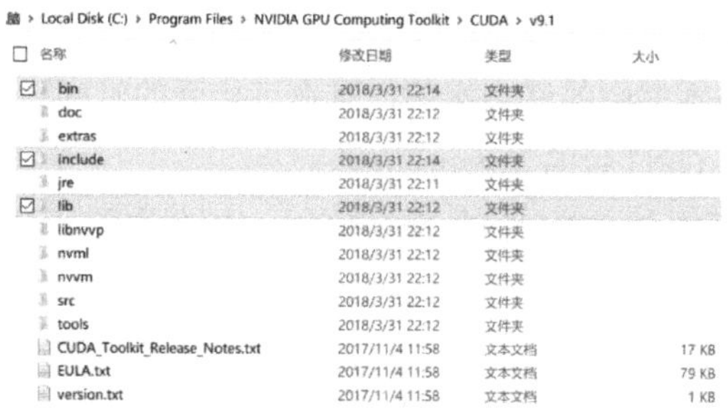

图 3-12　配置示意图

- 安装 GPU 版本的 TensorFlow。从 TensorFlow 官网下载最新的 GPU 版本，通过在命令行窗口输入如下命令进行安装。

```
pip install TensorFlow_gpu-1.7.0-cp36-cp36m-win_amd64.whl
```

然后安装所需要的 GPU 版本的 TensorFlow。

这里，TensorFlow_gpu-1.7.0-cp36-cp36m-win_amd64.whl 是下载的文件名，其中 1.7.0 是版本号，版本不同该数字也不同。

在某些情况下，可能需要更新 pip，可以通过如下命令实现。

```
Python -m pip install -upgrade pip
```

如图 3-13 所示是安装 TensorFlow 的过程。

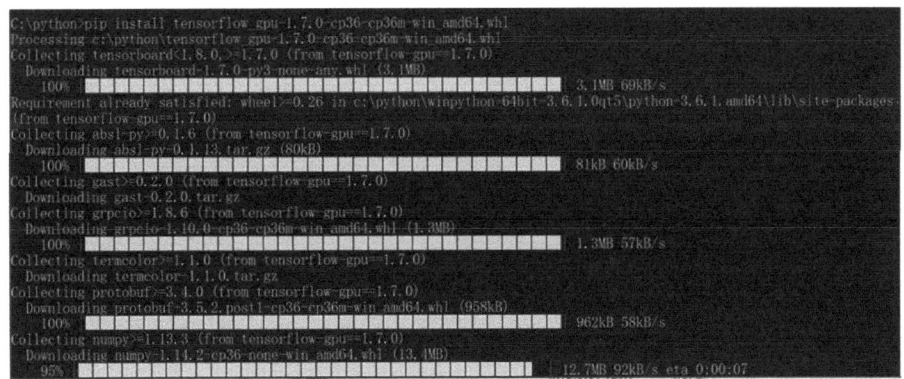

图 3-13　安装 GPU 版本的 TensorFlow

（1）接下来通过下述代码查看 TensorFlow 是否安装完成。

```
In [45]: from TensorFlow.Python.client import device_lib as _device_lib
In [46]: local_device_protos = _device_lib.list_local_devices()
```

```
In [47]: local_device_protos
Out[47]:
[name: "/device:CPU:0"
device_type: "CPU"
memory_limit: 268435456
locality {
}
incarnation: 1987868172902998319, name: "/device:GPU:0"
device_type: "GPU"
memory_limit: 4980893286
locality {
bus_id: 1
links {
}
}
incarnation: 16631691530492819808
physical_device_desc: "device: 0, name: GeForce GTX 1060, pci bus id: 0000:02:00.0, compute capability: 6.1"]
```

如果显示了类似的显卡配置，则说明安装顺利完成。

（2）要验证 TensorFlow 是否已经支持 GPU 计算，可以通过如下命令实现。在输出的结果中，可以看到是否已支持 GPU 计算。注意这里用的是 Spyder 编辑器，也可以在命令行窗口输入"Python"进入 Python 编辑环境，然后输入这些命令。

```
In [1]: import tensorflow as tf
In [2]: a=tf.random_normal((100,100))
In [3]: b=tf.random_normal((100,100))
In [4]: c=tf.matmul(a,b)
In [5]: sess=tf.InteractiveSession()
In [6]: sess.run(c)
Out[6]:
array([[ -8.66854954, -15.17835712, -15.43548298, ..., -2.90108156,
        -9.00988388,  -2.69175434],
       [ -8.25063801,  -0.67515337,  -9.70935535, ...,  5.37668228,
        -6.58951902, -13.05350685],
       [  1.32871008,  -7.99132633,  -1.23423362, ..., -5.73304319,
         6.14641571,  -6.00976944],
       ...,
       [  5.26442289,  -0.31242245,   7.76729012, ...,  3.83275175,
        -8.84155273,  -3.52214098],
       [ 11.4222517 ,   7.27202702,  -3.21349692, ..., 22.84826088,
        -9.65166283,  -2.04650474],
```

```
[-10.36577606, -3.83044291, -5.65127468, ..., 5.15081501,
3.27475452, 7.21680069]], dtype=float32)
```

（3）在 TensorFlow 安装完成后，在命令行窗口使用如下命令安装 Keras。

```
pip install keras
```

当然，如果你使用的 TensorFlow 是 1.13 以上的版本，该步骤可以忽略。

3.4 代码托管：Git 和 GitHub

回想这样一种场景，如果我们用 Word 写东西，那一定有这样的经历：想删除一个段落，又怕将来想恢复找不回来，怎么办？

3.4.1 版本控制 Git

这里有个办法，先把当前文件"另存为"一个新的 Word 文件，再接着改动，改到一定程度，再"另存为"一个新文件，这样一直改下去，最后 Word 文档就变成了许多个不同名称的文件，如图 3-14 所示。

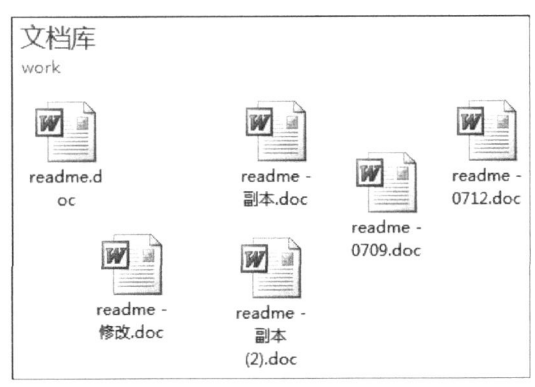

图 3-14　存档示意图

过了一段时间，如果想找回被删除的文字，但已经记不清删除前的那段文档保存在哪个文件中，只能一个个文件去查找，非常麻烦。而有时候我们看着一堆乱七八糟的文件，很想只保留最新的，把其他的都删掉，但又怕哪天会用上，不敢轻易删除。

还有更差的情形，有时我们需要同事帮助填写一些资料，于是把文件复制到 U 盘中给她（也可能通过 E-mail 发送），然后继续修改原文件。几天后，同事把文件传给我们。此时，我们会面临艰难的情形：不知道她做了哪些改动，自己同时做了哪些改动，还需要把两个人的改动合并得到最终结果，如图 3-15 所示。

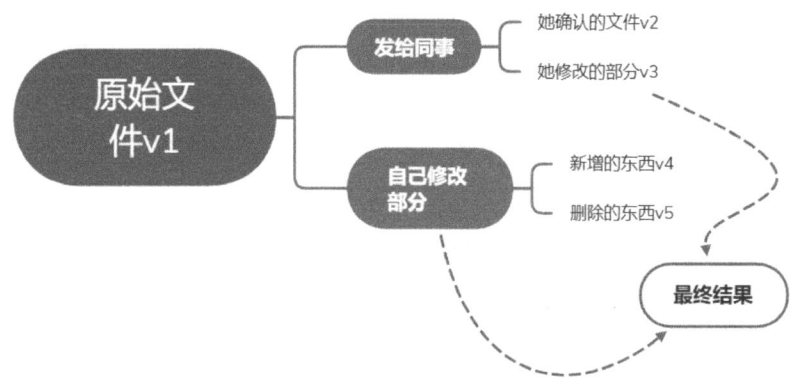

图 3-15 Word 文档中的编辑

很显然，当面对这种困境时，我们希望有软件（机制，云服务）能自动记录每次文件的改动，还可以让同事协作编辑。如果想查看某次改动，只需要在软件中查看即可。好的版本控制系统就可以解决这些问题，如表 3-7 所示。

表 3-7 杜比图

版 本	文件名	用 户	说 明	日 期
1	service.doc	张三	删除了软件服务条款 5	2019/7/12 10:38
2	service.doc	张三	增加了 License 人数限制	2019/7/12 18:09
3	service.doc	李四	财务部门调整了合同金额	20197/13 9:51
4	service.doc	张三	延长了免费升级周期	2019/7/14 15:17

如果把代码比作 Word 文档，那么实际上上述问题都会在代码编写中遇到，这时我们就要使用版本控制系统。

Git 是目前世界上最先进的分布式版本控制系统，主要功能有保存代码文件、保留历史纪录、可以回到过去某个节点、多端共享（用移动设备来编写代码并能同步到工作笔记本上）、团队协作等。

GitHub 则是采用 Git 作为版本库的托管格式，而且是唯一的、面向开源及私有软件项目的托管平台。因为它只支持 Git，所以名字就叫 GitHub。

GitHub 于 2008 年 4 月 10 日正式上线，除了 Git 代码仓库托管及基本的 Web 管理界面，还提供了订阅、讨论组、文本渲染、在线文件编辑器、协作图谱（报表）、代码片段分享（Gist）等功能。目前，其注册用户数量已超过 350 万，托管版本数量也非常多，其中不乏知名的开源项目，如 Ruby on Rails，jQuery，Python 等。2018 年 6 月 4 日，微软宣布以 75 亿美元的价格收购代码托管平台 GitHub。

值得一提的是，当前 GitHub 已经成为深度学习开源项目的大本营，包括 TensorFlow，PyTorch 等都在这里维护。

3.4.2 GitHub 的常用操作

使用 GitHub 一般会用到以下常用操作。

1. 创建 GitHub 账号

（1）打开 GitHub 官网，注册界面如图 3-16 所示。

（2）单击"Sign up for GitHub"按钮，填写用户名、邮件地址和密码。

注意：用户名只能包含字母和"-"字符；密码至少包含一个字母、一个数字和七个字符。

（3）单击"Create an account"按钮，创建账号。

（4）在下一个页面单击"Finish sign"按钮，完成注册。

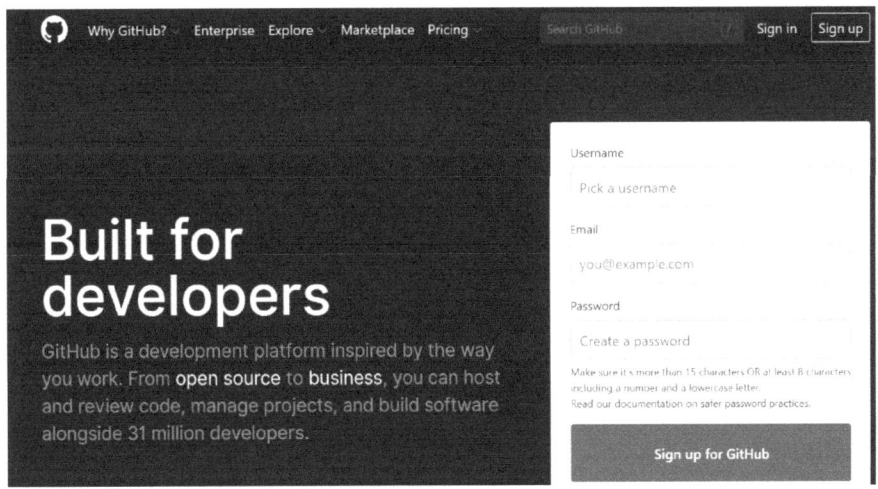

图 3-16　GitHub 注册界面

这样，就创建了一个新的 GitHub 账号。之后，GitHub 会发送确认信息到用户提供的邮箱，用户需要在注册邮箱中完成验证。

2．创建一个 GitHub 开发者应用

（1）点击页面右上角个人的头像，在下拉菜单中选择"Settings"选项。

（2）在左侧的"Personal settings"中选择"OAuth Applications"选项，然后在右侧选择"Developer Applications"选项。

（3）单击"Register a new Application"按钮，然后填写应用的名称、你的个人主页、应用描述和回调 URL 等信息。

（4）单击"Register Applciation"按钮注册应用，注册成功后，记住下一页中的 Client ID 和 Client Secret 值。

现在，用户就可以使用此 Client ID 和 Client Secret 值进行 GitHub 第三方登录了。

3．创建项目

远程建立仓库，填写你想设置的库名称，然后单击"Create repository"按钮创建项目，如图 3-17 所示。

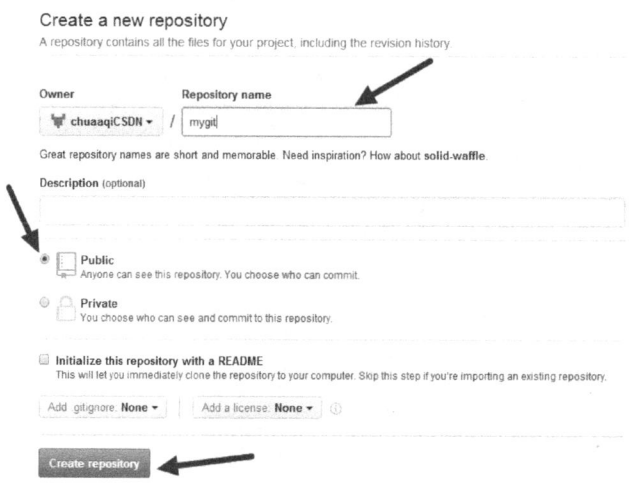

图 3-17　创建仓库

仓库创建成功后，如图 3-18 所示。

第 3 章 构建金融深度学习平台

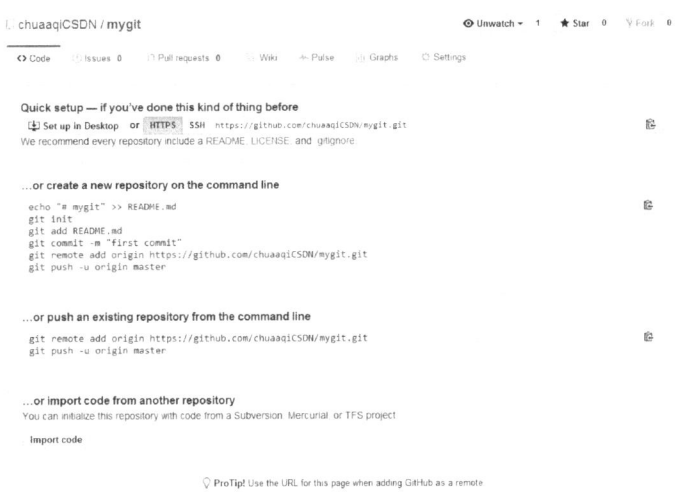

图 3-18 仓库创建成功

4．下载 Git for Windows

（1）在官网单击"Download"按钮，下载对应的.exe 文件。这里需要注意，要根据你电脑的操作系统版本（32 位或 64 位）进行下载。

（2）双击下载的文件进行安装，如果想修改安装位置，则建议设置纯英文路径。

（3）安装成功后，即可使用 git 命令行工具。在下载代码的路径中单击右键，在弹出的快捷菜单中选择"Git Bash Here"选项。

（4）Git Bash 使用的是 MinGW。

5．将本地仓库文件上传到 GitHub 仓库

这里已经在 F 盘 mygit2016 仓库中创建了一个 hello.txt 文件，然后将 hello.txt 文件上传到 GitHub 中。在实际应用中，hello.txt 可能是代码文档，如图 3-19 所示。

图 3-19 本地仓库文件

（1）启动 Git。单击右键选择"Git Bash Here"选项，如图 3-20 所示。

71

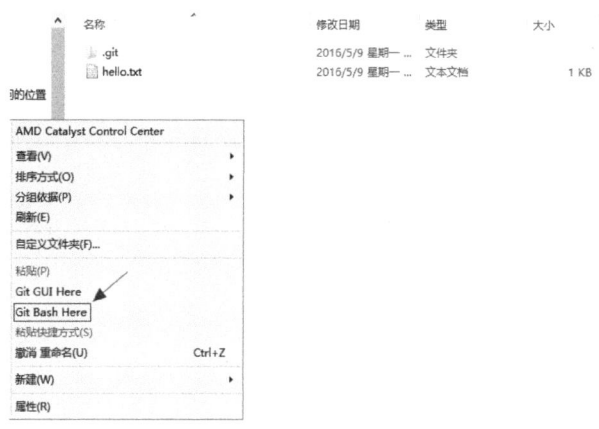

图 3-20 启动 Git

（2）配置用户名和邮箱，代码如下。

```
Administrator@pc01 MINGW64 /f/mygit2016(master)
$ git config --global user. name"chuanqi"
 Administrator@pc01 MINGW64 /f/mygit2016(master)
 $ git config--global user. email"13654922203@163.com"
```

（3）添加和提交相关信息，代码如下。

```
Administratore@pc01 MINGW64 /f/mygit2016 (master) $ git add hello.txt
 Administratore@pco1 MINGW64 /f/mygit2016 (master) $ git commit -m"just
atest"
 [master (root-commit) 7b09b16] just atest 1 file changed, 1 insertion(+)
 create mode 100644 hello.txt
```

（4）生成 SSH 密钥，代码如下。

```
$ ssh-keygen -t rsa -C "1**********@163.com"
```

按 3 次回车键，设置密码为空。在 C:\Users\Administrator\.ssh 目录下找到 id_rsa.pub 文件并复制里面所有的内容，如图 3-21 所示。

图 3-21　id_rsa.pub 文件存储位置

（5）登录 GitHub 账号，单击"Your profile"选项，如图 3-22 所示。

图 3-22　GitHub 登录后操作示意图

（6）单击"Edit profile"按钮，如图 3-23 所示。

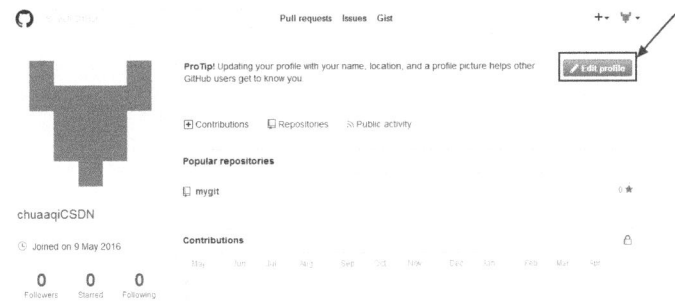

图 3-23　"Edit profile"按钮

（7）选择"SSH and GPG keys"选项，单击"New SSH key"按钮新建一个 SSH Key，如图 3-24 所示。

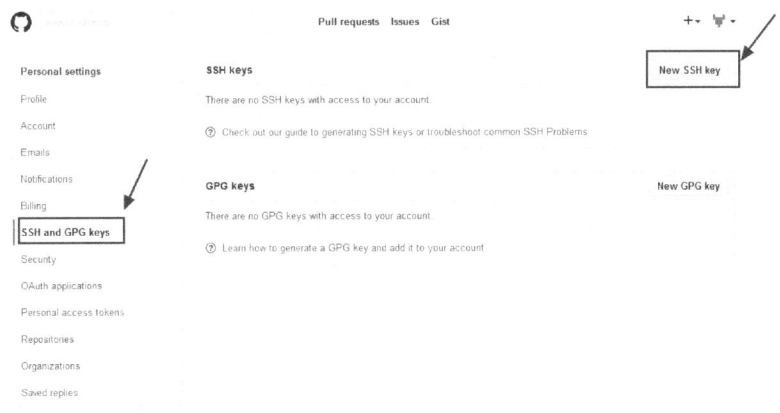

图 3-24　创建新的 SSH Key

其中 Title 中的名称可任意填写，将 C:\Users\Administrator\.ssh 目录下 id_rsa.pub 复制

的所有内容粘贴到 Key 中,单击"Add SSH key"按钮,SSH 密钥添加完成,如图 3-25 所示。

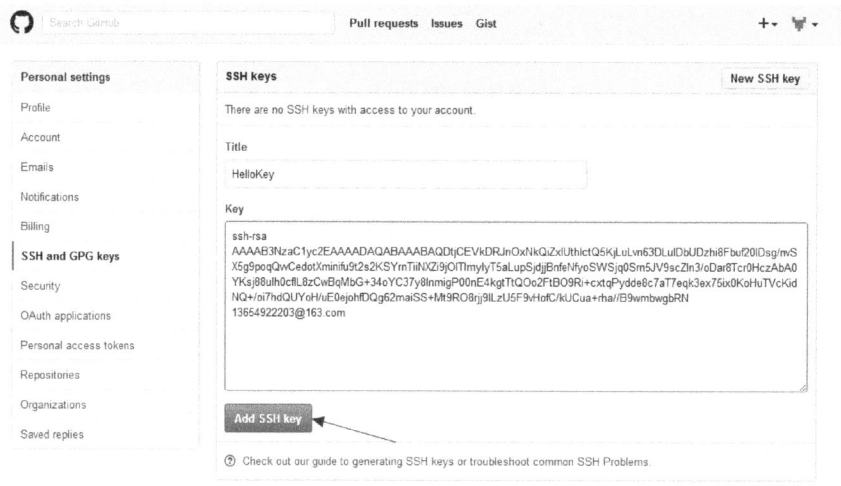

图 3-25　添加 SSH 密钥

(8)远程提交。首先添加新的远程仓库,在 SSH 框中输入相应的文字,或在命令行输入相应的代码:$ git remote add origin git@github.com:testtesttest /mygit.git,如图 3-26 所示。其中框中间部分的 URL 是 GitHub 中的 SSH。

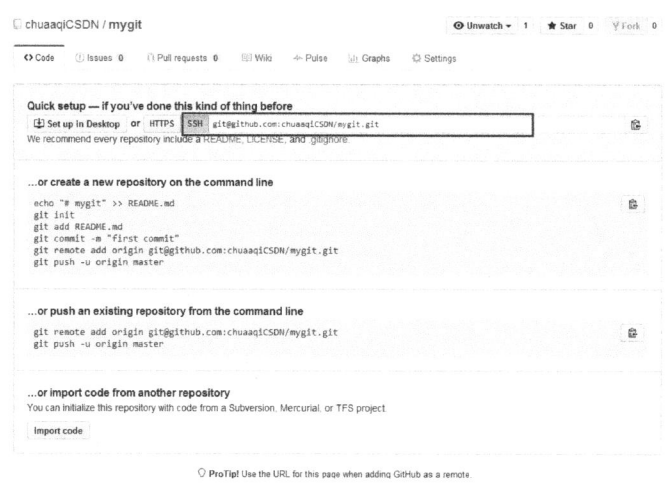

图 3-26　添加新的远程仓库

远程提交使用如下命令：

```
git push origin master
```

结果如图 3-27 所示。

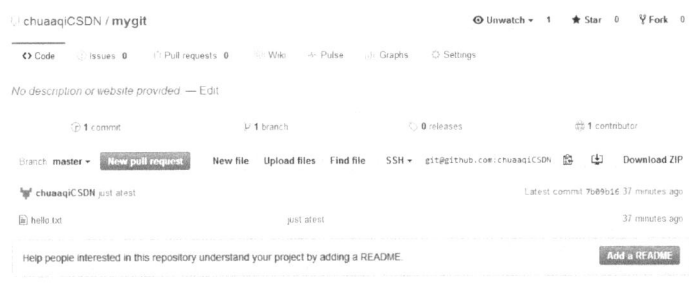

图 3-27　远程提交文件代码

这时再进入 GitHub 中的 mygit 仓库，就会发现多了一个 hello.txt 文件，如图 3-28 所示，即完成了远程提交。

图 3-28　个人仓库中显示上传成功

5．其他 Git 操作

（1）输入 git status 查看当前版本库状态，在 Untracked files（未跟踪文件）下，会出现红色的文件，代表此文件还未被 Git 管理。

（2）使用 git add file 将该文件加入缓冲区，如果用户确定所有的修改都需要提交，可以使用 git add 加入修改。现在再用 git status 查看，将会看到文件名变为绿色。

（3）使用 git commit -m "This is my first commit via Git!"来提交修改，-m 后面所带的参数是本次提交的信息，一般用来记录本次提交的主要意图。

（4）提交成功后，可以用 git log 查看历史提交记录。每个记录都会有提交 ID、作者和提交日期。

（5）可以用 git branch 查看当前有哪些分支。

（6）管理修改。一定要注意，Git 跟踪并管理的是修改，而非文件。如用户新增了一行，这就是一个修改；删除了一行，也是一个修改；以及增删一些内容、创建一个新文件，都是一个修改。每次的修改，如果不 add 到暂存区，则不会加入 commit 中。

（7）撤销修改。

场景 1：当改乱了工作区中的某个文件且想直接丢弃工作区的修改时，可以使用如下命令。

```
git checkout -- <file>。
git checkout -- <file> 可以丢弃工作区的修改
```

场景 2：当改乱了工作区中的某个文件且想添加到暂存区时，如果想丢弃修改，则要分两步进行。

第一步用命令 git reset HEAD <file> 返回到场景 1；

第二步按照场景 1 进行操作。

用命令 git reset HEAD <file> 可以把暂存区的修改撤销（Unstage），重新放回工作区。

（8）删除文件。

在 Git 中删除文件也是一个修改操作，代码如下。

```
git rm <file>
git commit -m "介绍"
```

如果误删，则可以使用 git checkout -- <file> 命令恢复文件。

第 4 章

获取金融数据

深度学习的大多数任务都是基于数据进行的,而金融本身是一个依赖于数据的行业,但是大多数的金融数据对深度学习来说维度不足。本章主要介绍金融数据的获取以及如何利用爬虫获取更多的数据。

4.1 金融数据获取

人工智能和机器学习所需要的数据与传统的数据有很大的不同,在本书中也使用了一些传统的数据(如利率等)进行深度学习训练,但除了金融数据,大多数数据集在数量和维度上通常无法满足机器学习和人工智能需要大量数据的要求。

许多金融和经济研究都使用 GDP 数据、收入数据等,但从 1978 年 1 月到 2019 年 6 月,即使按照统计局每月一次的数据统计频率,也只有不到 500 个月的数据,而这样的数据对机器学习来说是远远不够的。在这样的背景下,我们应该去哪里获取数据呢?

4.1.1 金融数据获取的途径

1. 获取数据的途径

获取数据通常有如下几条途径:

第一，相关网站下载。这些网站有足够多的数据可以供用户下载。使用这些数据集一般都默认同意数据使用协议（如不用于商业用途等）。

第二，通过一些数据服务 API 获取。这和第一种方式类似，但第一种方式一般是直接下载数据集，而这里则是通过程序调用返回。这有两个好处：一个是程序控制使得编程更加灵活，另外一个是运营的企业可以进行安全把控和有偿服务。

第三，自己标注。大多数企业在真正进行人工智能项目时都有一个数据标注团队，或将数据标注任务交付给专门的标注公司，但这些数据通常是不公开的，初学者基本没有机会接触。

第四，自己爬取数据，就是所谓的爬虫。

第五，自己积累数据，即许多数据可以通过个人的积累形成，如浏览的网页、记录的健康信息、听到和拍到的多媒体数据信息等。

2. 政府类公开数据集

政府类公开数据集是进行金融研究最直接的数据来源，传统金融分析常常基于这些公开数据集进行，使用人工智能进行金融分析也应该先了解这些数据集，它们一般包括如下三类：

（1）国家统计局网站，大多数传统分析都从这里获取官方的准确数据。现在国家统计局的数据已经集合为国家数据网站（http://data.stats.gov.cn/），如图 4-1 所示。

图 4-1　国家数据官网

（2）地方政府和地方统计局网站。当前很多地方政府都构建了数据开放平台，如贵州省政府数据开放平台，如图 4-2 所示。你可以根据需要登录这些数据平台获取数据。

（3）国家相关公权单位、监管机构，如金融领域的央行（中国人民银行）、中国互联网络信息中心等。以图 4-3 所示的中国人民银行为例,它公布的数据包括了社会融资规模、金融统计数据、货币统计、金融机构信贷收支统计、金融市场统计、企业商品价格指数等。毫无疑问,这样的数据权威性高,但数据量有限。更主要的是这些数据主要集中在宏观经济上,对后面的时间序列分析可以提供数据,但是对其他人工智能实践提供的帮助非常小。

图 4-2　贵州省政府数据开放平台

图 4-3　中国人民银行统计数据网页

4.1.2　公开数据平台

接下来,我们看一下公开数据平台。它分为国内数据交易平台、商业数据平台和国际公开数据平台。

1. 国内数据交易平台

国内的数据交易平台有很多,例如:
(1) 贵阳大数据交易所。

（2）中关村数海大数据交易平台。它由中关村大数据交易产业联盟发起筹建，使用 API 获取模式，强调"平台本身并不存储、截流任何数据，仅作为交易管道"。

（3）长江大数据交易中心。

（4）数据堂。它主要以出售自由数据为主，是数据行业内为数不多的新三板挂牌企业，知名度较高。

（5）优易数据。

（6）通联数据商城。该商城汇集了通联、恒生聚源、华通人等十余个品牌的数据，涵盖金融的各个领域。

2. 商业数据平台

商业数据平台相对较少，主要有以下几个：

（1）数据城堡，类似于 Kaggle 的数据竞赛平台，上面有相应的竞赛所用数据，不过数据量相对较少。

（2）贵州大数据竞赛平台，这是由当地政府主办的数据竞赛平台，上面有一些地方政府和商业公司提供的数据。

（3）阿里云天池，这是由阿里巴巴主办的大数据竞赛平台。

（4）数据嗨客。这是全球首家大数据教育、竞赛、服务平台。

（5）数据火车等。

专业数据服务商一般都集中在特定领域，如金融领域中的 Wind 数据（图 4-4）已经成为金融机构标配的数据来源。

图 4-4　Wind 数据库首页

3. 国际公开数据平台

大多数机器学习或人工智能研究通常会选择国际上公开的数据平台来获取数据，因为这些数据平台的数据量非常大且应用非常广泛，在这些数据上做的工作很容易被别人认可。下面我们来着重介绍。

（1）利用谷歌数据集搜索引擎。

搜索引擎巨头 Google 公司在 2018 年 9 月推出了如图 4-5 所示的贴心服务，用户可以像搜索网页和论文一样搜索数据集，特别是人工智能数据集。

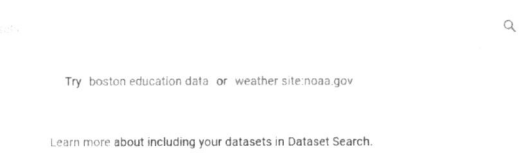

图 4-5 谷歌数据集搜索引擎

例如，搜索"cat classifier"，Google 就会为我们找到相关数据集所在的网站，如图 4-6 所示。

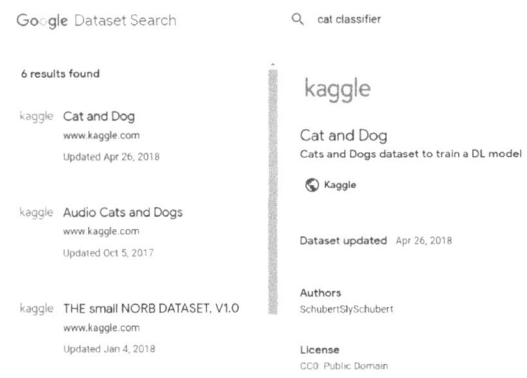

图 4-6 Google 数据集搜索实例

（2）Kaggle 数据集，这可能是知名度最高的大数据平台。

Kaggle 包含了各类个人和机构上传的数据集，这些数据集具有不同的规模，适合各种任务，同时有各种格式，包括结构化数据和非结构化数据，且都是真实的数据集，如图 4-7 所示。

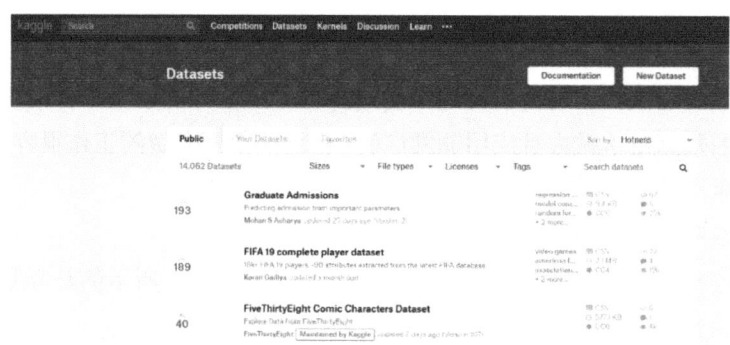

图 4-7　Kaggle 数据集网站

此外，我们还可以在数据集对应的页面找到与每个数据集相关的交互式笔记本，甚至与其他人进行交流探索，因为每个数据集都是一个小的交流社区，大家可以讨论数据、寻找一些公开的代码，或在 Kernels 中创建自己的项目。

（3）亚马逊数据集。

亚马逊数据集相对低调，但是它也有很多进行机器学习和人工智能研究所需的数据，例如公共交通、生态资源、卫星图像等领域的数据。与 Kaggle 类似，亚马逊的每个数据集都有详细的描述及用法示例，如图 4-8 所示。

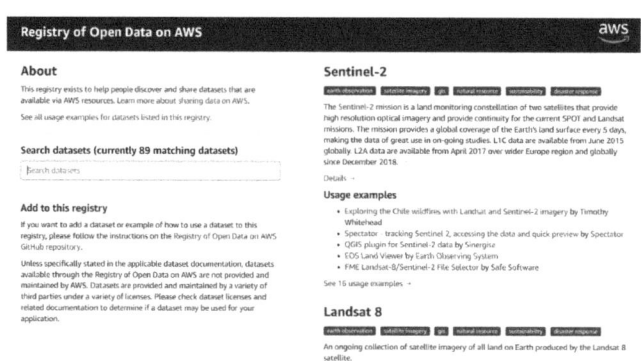

图 4-8　亚马逊数据集

值得一提的是，由于亚马逊云计算在世界上的占有率居于首位，如果我们进行机器学习或者人工智能的训练使用的是 AWS（亚马逊云服务）的话，那么就可以直接调用这些数据，非常方便。

（4）大名鼎鼎的 UCI 机器学习数据库。

UCI 由加州大学信息与计算机科学学院建立并维护，曾经是最著名的机器学习数据集下载地,包含了 349 个数据集(图 4-9)。近些年,Kaggle 的崛起使得它的光芒有被遮住的感觉,本书中的一些示例也使用了它的数据集。

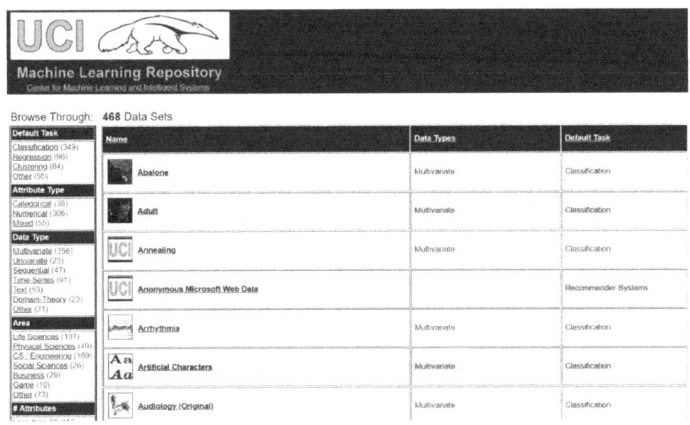

图 4-9 UCI 机器学习数据库

因为 UCI 数据集一开始就是面向机器学习的,所以这些数据集已按照机器学习问题进行了分类。我们可以在这里找到单变量和多变量的时间序列数据集,也可以找到分类、回归或推荐系统的数据集,其中绝大多数的数据集已经进行了数据清洗,直接就能使用。

(5)微软数据集。2018 年 7 月,微软推出"Microsoft Research Open Data(微软研究开放数据)",该数据集涵盖计算机科学、社会科学、物理学、天文学、生物学、经济学等多个学科领域,如图 4-10 所示。值得一提的是,由于人工智能领域的实践大多数是基于别人既有的研究成果,因此微软数据集特别收集了一系列已发表的研究中使用的精确数据集,这对于人工智能的学习是非常方便的。

图 4-10 微软研究开放数据

（6）来自 GitHub 的公共数据集资源收集。

这是 GitHub 下的一个分支，该数据集按照不同的主题对近 600 个数据集进行了分类，形成了 29 个主题，如生物学、经济学、教育学等，如图 4-11 所示。其中的大多数数据集都是免费的。

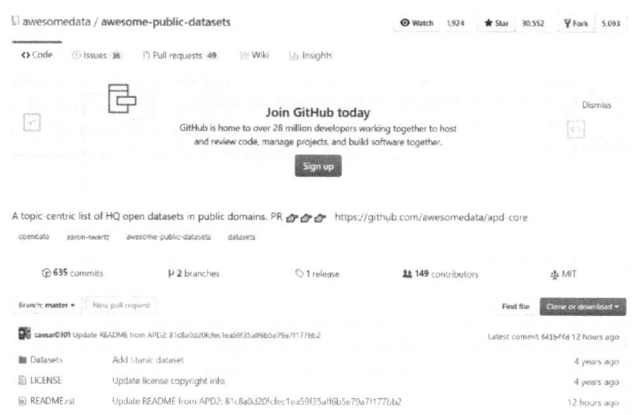

图 4-11　GitHub 数据集

（7）计算机视觉数据集。

计算机视觉或者图像理解是人工智能的主要应用领域，而该数据集主要针对这一领域的研究问题，如图 4-12 所示。由于图像的尺寸较大，因此这些数据集一般容量都比较大。在此数据集中可以通过特定的人工智能主题去查找，如语义分割、图像字幕、图像生成等，非常方便。另外，该数据集也支持通过应用场景来查找，如驾驶场景等（用于自动驾驶技术训练）。

图 4-12　计算机视觉数据集

4.2 用 Python 直接获取金融数据

金融中的数据一般可以通过网站下载和程序获取。所谓程序获取即通过 API，如利用 Python 中的相关模块、网站提供的 Post 方法等。大多数商业数据服务提供商都同时支持网站下载和 API 两种方式，但它们通常都是收费服务。

本节介绍几个 Python 中获取金融数据的免费模块。

4.2.1 大奖章量化接口

大奖章量化接口实际上来源于 Wind 数据，全名为 Wind 量化投资平台，该接口需注册账户，并下载接口软件包，接口包含的数据如图 4-13 所示。

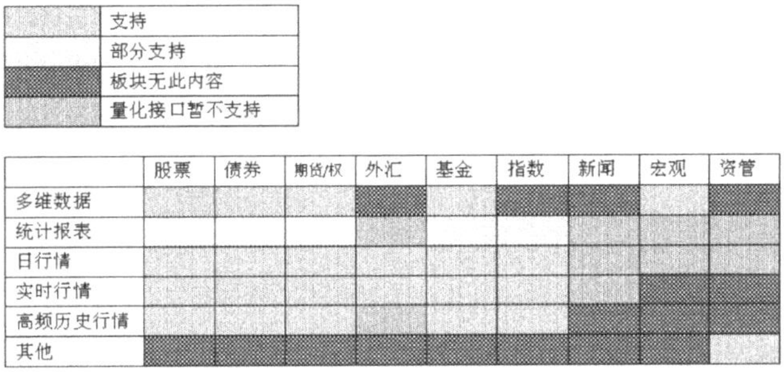

图 4-13 大奖章量化接口数据

1．接口特点

接口特点如下：

（1）金融数据，如历史数据、行情数据、财务数据。

（2）多种金融产品，如股票、期货、期权、债券、基金、指数和外汇等。

（3）支持多种语言，如 R 语言、Python、C++/C#等。

（4）支持部分期货公司的实盘交易。

（5）有模拟交易柜台。

（6）接口分为个人版和机构版，除部分模块外，整体差异不大。

2．接口安装

Python 使用该接口需要安装 WindPy，步骤如下：

（1）WindPy 对系统环境的要求：
- Windows 系统，支持 32 位和 64 位系统。
- Python 2.6 及以上版本，各版本对中文的支持力度不同，用户安装时需注意。
- Wind 终端为 2013 年 9 月 27 日及以后发布的版本（本书以 2013 版本为主）。
- 由于安装时需要填写注册表，因此需要用户有系统管理员权限。

（2）WindPy 接口安装：
- 确保达到以上安装系统的要求并关闭 Python 环境，以及还会用到控件的 Matlab/R/C++环境等。
- 打开 Wind 资讯金融终端 2013，单击"量化"选项，出现下方的界面，单击"Python 插件 RPY"，如图 4-14 所示。
- 用户可以在"量化"菜单下选择"修复 Python 插件"选项，如图 4-15 所示，或输入 RepairPython 命令。

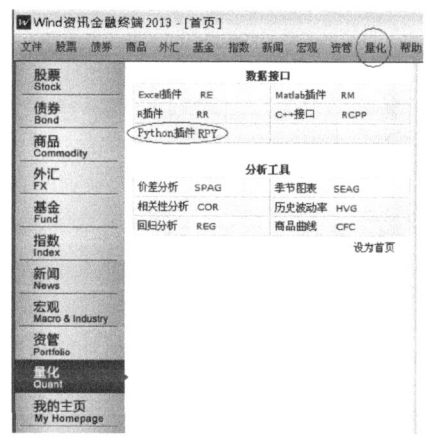

图 4-14　Wind 数据库安装 Python 插件

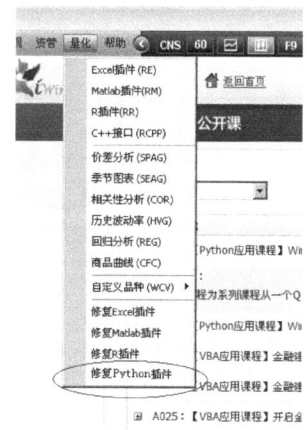

图 4-15　Wind 数据库修复 Python 插件

注册成功后，会出现如图 4-16 所示的对话框。

图 4-16　修复插件对话框（对于 64 位操作系统，可能有两次注册）

Python 插件安装对话框如图 4-17 所示。

图 4-17 Python 插件安装对话框

- 按任意键结束 WindPy 安装过程。

（3）安装 WindPy 的特殊方式（命令行模式）。

先要确保已达到前面所说的安装系统的要求，并确保关闭 Python 环境。假设 Wind 终端安装在 C:\Wind\Wind.NET.Client\WindNET 目录（目录下有 bin 等子目录）下，Python 安装在 C:\Python28 目录下。首先通过 Windows 进入 cmd 命令行，然后输入如下命令：

```
C:\Python28\Python.exe
C:\Wind\Wind.NET.Client\WindNET\bin\installWindPy.py
C:\Wind\Wind.net.client\WindNET
```

按任意键结束 WindPy 安装过程。

以下是一些函数的具体功能，可以通过 Python 的 help 命令查看详细的使用方法（需要先加载 import windpy）。

（1）from WindPy import *：装载 WindPy 包。

（2）w.start：启动 WindPy。

（3）w.stop：停止 WindPy。

（4）w.isconnected：判断是否已经登录。

（5）w.cancelRequest：取消订阅。

（6）w.wsd：获取历史序列数据。

（7）w.wsi：获取分钟数据。

（8）w.wst：获取日内 tick 级别数据。

（9）w.wss：获取历史截面数据。

（10）w.wsq：获取和订阅实时行情数据。

（11）w.wset：获取板块、指数等成分数据。

（12）w.weqs：获取条件选股结果。

（13）w.wpf：获取资产管理、组合管理数据。

由此可以看到，大多数命令都是获取历史数据，有了这些历史数据我们就可以用人工智能或大数据技术进行分析，也可以使用后续章节中提到的方法进行实践。

4.2.2 利用 Baostock 获取股票数据

下面介绍另外一种获取股票数据的方法，即利用 Baostock 模块。

1. Baostock 安装

Baostock 的安装非常简单，有以下两种方式。

方式 1：使用 pip 在线安装。

在安装了 Python 运行环境的机器上，通过 cmd 进入命令行，输入以下命令：

```
Pip install baostock
```

全自动下载 Baostock 的安装包。

方式 2：访问官方网站下载安装。

需要注意的是，Baostock 需要 Pandas 包，其可以使用 pip install pandas 命令下载安装。

2. Baostock 获取实时行情数据的操作方法

Baostock 获取实时行情数据包括四类操作：

（1）登录实时行情，代码为 login_real_time()，参数说明如下。

使用示例：lg = login_real_time()

返回信息说明：

- lg.error_code：错误代码，当其为 0 时表示成功，当其为非 0 时表示失败。
- lg.error_msg：错误信息，对错误的详细解释。

（2）退出实时行情系统，代码为 logout_real_time()，参数说明如下。

使用示例：lg = logout_real_time()

返回信息说明：

- lg.error_code：错误代码，当其为 0 时表示成功，当其为非 0 时表示失败。
- lg.error_msg：错误信息，对错误的详细解释。

（3）订阅实时行情数据，代码为 subscribe_by_code()，参数说明如下。

方法说明：订阅实时行情，范围包含全部 A 股、B 股，以及"公式与数据说明"中的指数数据。

数据说明：

- 停牌数据：日期及时间不能为空，昨日收盘价有数据，其他数据为 0。
- 指数数据：委买一笔数、委买一价格至委卖五笔数、委卖五价格都为 0。

参数含义说明：

- code_list：每只股票代码之间用英文逗号分隔符，结尾不用；证券代码格式为 sh.600000，前两位为证券市场，其中"sz"代表深圳、"sh"代表上海，上限为 500 只，多于 500 只时只取前 500 只。
- subscribe_type：订阅方式。当其为 0 时，即按证券代码订阅；当其为 1 时，即按行情数据类型订阅。
- fncallback：自定义回调方法。当回调方法为空时，会调用默认回调方法，打印出 ResultData.data 参数。
- options：预留参数，暂时不会使用。
- user_params：用户参数，回调时原样返回。

返回信息：

- 返回对象：ResultData。
- 取出对象中的行情数据：ResultData.data，此数据类型为字典，key 为证券代码，value 为行情信息。

行情信息按字段顺序含义依次为日期、时间、证券代码、股票名字、今日开盘价、昨日收盘价、当前价格、今日最高价、今日最低价、成交量、成交金额、委买一价格、委买一笔数、委买二价格、委买二笔数、委买三价格、委买三笔数、委买四价格、委买四笔数、委买五价格、委买五笔数、委卖一价格、委卖一笔数、委卖二价格、委卖二笔数、委卖三价格、委卖三笔数、委卖四价格、委卖四笔数、委卖五价格、委卖五笔数。

示例数据如下：

```
ResultData.data: {'sh.600000': ['2018-04-23', '09:28:09', 'sh.600000', '浦发银行', '11.560', '11.610', '11.560', '11.560', '11.560', '200000', '2312000.000', '11.560', '103300', '11.550', '48200', '11.540', '63800', '11.530', '36200', '11.520', '29600', '11.580', '5900', '11.590', '3000', '11.600', '1430', '11.610', '33343', '11.650', '2300']}
```

取出对象中的用户参数：ResultData.user_params。

（4）取消订阅实时行情数据，代码为 cancel_subscribe()，参数说明如下。
- ident：订阅时返回的序列号，详见示例代码。

获取历史 A 股 K 线数据主要利用 query_history_k_data()函数。

方法说明：获取 A 股历史交易数据（包括均线数据），可以通过参数设置获取日 K 线、周 K 线、月 K 线，以及 5 分钟、15 分钟、30 分钟和 60 分钟 K 线数据，适合搭配均线数据进行选股和分析。

返回类型：Pandas 的 DataFrame 类型。

当前只能获取近几年的数据（2014-01-01 至当前时间）；可查询不复权、前复权、后复权的数据信息。

参数含义：
- code：股票代码，sh.或 sz.+6 位数字代码，或者指数代码，如 sh.601398。此参数不可为空。
- fields：指示简称，支持多指标输入，以半角逗号分隔，填写内容作为返回类型的列，详细指标列表见历史行情指标参数章节。此参数不可为空。
- start：开始日期（包含），格式为"YYYY-MM-DD"，当其为空时取 2015-01-01。
- end：结束日期（不包含），格式为"YYYY-MM-DD"，当其为空时取最近一个交易日。
- frequency：数据类型，默认为 D，即日（日 K 线）；其中 D=日（K 线）、W=周、M=月、5=5 分钟、15=15 分钟、30=30 分钟、60=60 分钟 K 线数据，不区分大小写；周线在每周最后一个交易日才可以获取，月线在每月最后一个交易日才可以获取。
- adjustflag：复权类型，3 为默认不复权；1 为后复权；2 为前复权。已支持日 K 线、分钟线前后复权；暂不支持周 K 线、月 K 线前后复权。Baostock 提供的是涨跌幅复权算法给出的复权因子。

返回参数的描述如表 4-1 所示：

表 4-1 返回参数描述

参 数 名 称	参 数 描 述
date	交易所行情日期
code	证券代码
open	开盘价
high	最高价
low	最低价

续表

参数名称	参数描述
close	收盘价
preclose	昨日收盘价
volume	成交量（累计，单位：股）
amount	成交额（单位：元）
adjustflag	复权状态（1：后复权，2：前复权，3：不复权）
turn	换手率
tradestatus	交易状态（1：正常交易，0：停牌）
pctChg	涨跌幅
peTTM	动态市盈率
pbMRQ	市净率
psTTM	市销率
pcfNcfTTM	市现率
isST	是否为ST股（1：是，0：否）

日线指标参数如表4-2所示：

表4-2 日线指标参数（包含停牌证券）

参数名称	参数描述	说明
date	交易所行情日期	格式：YYYY-MM-DD
code	证券代码	格式：sh.600000
open	今日开盘价	精度：小数点后4位；单位：元
high	最高价	精度：小数点后4位；单位：元
low	最低价	精度：小数点后4位；单位：元
close	今日收盘价	精度：小数点后4位；单位：元
preclose	昨日收盘价	精度：小数点后4位；单位：元
volume	成交量	单位：股
amount	成交额	精度：小数点后4位；单位：元

续表

参数名称	参数描述	说明
adjustflag	复权状态	不复权、前复权、后复权
turn	换手率	精度：小数点后6位；单位：%
tradestatus	交易状态	1：正常交易，0：停牌
pctChg	涨跌幅	精度：小数点后6位
peTTM	动态市盈率	精度：小数点后4位
psTTM	市销率	精度：小数点后4位
pcfNcfTTM	市现率	精度：小数点后4位
pbMRQ	市净率	精度：小数点后4位
isST	是否ST	1：是，0：否

周线和月线指标参数如表4-3所示：

表4-3 周线与月线指标参数

参数名称	参数描述	说明
date	交易所行情日期	格式：YYYY-MM-DD
code	证券代码	格式：sh.600000
open	今日开盘价	精度：小数点后4位；单位：元
high	最高价	精度：小数点后4位；单位：元
low	最低价	精度：小数点后4位；单位：元
close	今日收盘价	精度：小数点后4位；单位：元
volume	成交量	单位：股
amount	成交额	精度：小数点后4位；单位：元
adjustflag	复权状态	不复权、前复权、后复权
turn	换手率	精度：小数点后6位；单位：%
pctChg	涨跌幅	精度：小数点后6位

分钟线指标参数如表4-4所示：

表 4-4 分钟线（5、15、30、60 分钟线）指标参数

参 数 名 称	参 数 描 述	说　　明
date	交易所行情日期	格式：YYYY-MM-DD
time	交易所行情时间	格式：YYYYMMDDHHMM
code	证券代码	格式：sh.600000
open	今日开盘价	精度：小数点后 4 位；单位：元
high	最高价	精度：小数点后 4 位；单位：元
low	最低价	精度：小数点后 4 位；单位：元
close	今日收盘价	精度：小数点后 4 位；单位：元
volume	成交量	单位：股
amount	成交额	精度：小数点后 4 位；单位：元
adjustflag	复权状态	不复权、前复权、后复权

4.2.3　利用 Tushare 获取全面金融数据

以上两种途径获取的金融数据主要集中在资本市场，现在我们介绍一种利用 Tushare 模块获取全面金融数据的方法。Tushare 是一个免费、开源的 Python 财经数据接口包，主要实现对股票等金融数据从数据采集、清洗加工到数据存储的过程，能够为金融分析人员提供快速、整洁和多样的便于分析的数据，极大地减轻了他们的工作量，能使他们更加专注于策略和模型的研究与实现。因为 Tushare 模块提供的诸多数据都是 Pandas 的 DataFrame 类型，所以这里要使用 Pandas 工具。

Pandas 是一种结构化数据分析和处理工具，可以大幅度减少后期工作，并能够以非常好的形式和其他 Python 包协作。同时，Pandas 还是一个低学习成本、高性能的数据结构和数据分析工具。Pandas 这个名字来源于术语"panel data"，指的是统计和计量经济学上的面板数据。面板数据分析是经济学和金融学中的重要课程，Pandas 对此有很好的支持。

考虑到 Pandas 在金融量化分析中体现出的优势，Tushare 返回的绝大部分数据都是 DataFrame 类型，非常便于用户通过 Pandas/NumPy/Matplotlib 进行数据分析和可视化。当然，如果你习惯了用 Excel 或关系型数据库做分析，也可以通过 Tushare 的数据存储功能，将数据全部保存到本地后再进行分析。Tushare 从 0.2.5 版本开始，同时兼容 Python 2.x 和

Python 3.x，对部分代码进行了重构并优化了一些算法，确保能高效和稳定地获取数据。

图 4-18 简要描述了 Tushare 的功能。

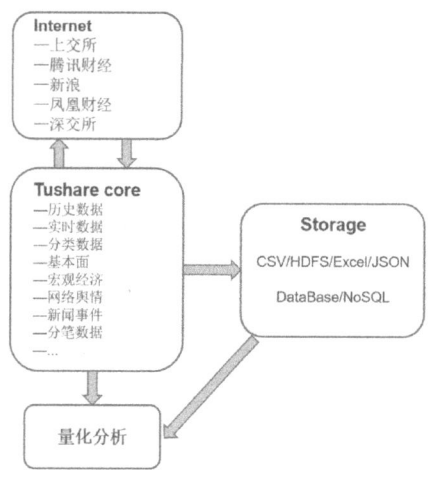

图 4-18　Tushare 的功能

1. 下面具体来用 Tushare 进行实践

（1）安装 Pandas 和 Tushare。

在 Windows 命令行窗口中，用如下命令安装 Pandas 和 Tushare。

```
pip install pandas
pip install lxml
pip install tushare
```

这里 Pandas 本身也是 Tushare 要求安装的依赖包，同时 Lxml 也是需要安装的依赖包。如果在线安装存在问题，可以访问以下网址进行安装：

```
https://****.Python.org/pypi/Tushare
```

Tushare 的升级可以通过以下命令进行：

```
    pip install tushare -upgrade
```

（2）在 Python 中加载 Pandas 和 Tushare，命令如下。

```
import pandas as pd
import tushare as ts
```

（3）获取北京银行（股票代码：601169）的数据。

通过以下代码获取 2018 年 6 月 26 日当天股票的分时数据：

```
In [6]: import tushare as ts
   ...: a = ts.get_tick_data('601169',date='2018-06-26')
   ...: print(a)

         time   price  change  volume    amount  type
0    15:00:00    5.97     --        0         0  买盘
1    15:00:00    5.97    0.01       0         0  买盘
2    15:00:00    5.96    0.01       5      2980  卖盘
3    14:59:58    5.95   -0.01    5146   3061870  卖盘
4    14:59:55    5.96   -0.01      63     37548  卖盘
5    14:59:52    5.97    0.02     344    205368  买盘
6    14:59:49    5.95   -0.01      30     17850  卖盘
7    14:59:46    5.96   -0.01      94     56024  卖盘
8    14:59:43    5.97    0.02    1416    845352  买盘
9    14:59:40    5.95   -0.01     320    190721  卖盘
10   14:59:37    5.96    0.01     464    277080  买盘
11   14:59:34    5.95     --      157     93415  卖盘
12   14:59:31    5.95   -0.01     128     76160  卖盘
13   14:59:28    5.96    0.01      52     30992  买盘
14   14:59:25    5.95   -0.01     127     75565  卖盘
15   14:59:22    5.96    0.01     226    134696  买盘
16   14:59:19    5.95   -0.01     202    120190  卖盘
17   14:59:16    5.96    0.01      20     11920  买盘
18   14:59:13    5.95     --       35     20825  卖盘
19   14:59:10    5.95   -0.01     135     80854  卖盘
20   14:59:07    5.96    0.01     129     76884  买盘
21   14:59:04    5.95   -0.01       7      4165  卖盘
22   14:59:01    5.96     --       36     21456  买盘
23   14:58:58    5.96     --       99     59004  买盘
24   14:58:55    5.96     --       15      8940  买盘
25   14:58:52    5.96    0.01       6      3576  买盘
26   14:58:49    5.95   -0.02      25     14875  卖盘
27   14:58:46    5.97    0.02     213    127161  买盘
28   14:58:43    5.95   -0.01     387    230265  卖盘
29   14:58:40    5.96     --       65     38740  卖盘
...       ...    ...    ...      ...       ...   ...
2880 09:31:23    5.98     --      182    108836  买盘
2881 09:31:20    5.98    0.02     537    321126  买盘
2882 09:31:17    5.96     --      125     74500  卖盘
2883 09:31:14    5.96     --      121     72116  买盘
2884 09:31:11    5.96    0.01     286    170456  买盘
2885 09:31:08    5.95   -0.02      87     51765  卖盘
2886 09:31:05    5.97    0.01     205    122385  买盘
```

```
2887   09:31:02   5.96   -0.01    195    116220   卖盘
2888   09:30:59   5.97    --      441    263277   买盘
2889   09:30:56   5.97    --       73     43581   买盘
2890   09:30:53   5.97   -0.01     86     51342   买盘
2891   09:30:50   5.98    0.02     83     49634   买盘
2892   09:30:47   5.96   -0.01    740    441040   卖盘
2893   09:30:44   5.97   -0.01     91     54327   中性盘
2894   09:30:41   5.98    0.02    263    157274   买盘
2895   09:30:38   5.96   -0.02     61     36356   卖盘
2896   09:30:35   5.98    0.02    140     83720   买盘
2897   09:30:32   5.96   -0.02      7      4172   卖盘
2898   09:30:28   5.98    0.02     67     40066   买盘
2899   09:30:26   5.96   -0.02    231    137676   卖盘
2900   09:30:22   5.98    0.02     95     56810   买盘
2901   09:30:20   5.96   -0.01    767    457132   卖盘
2902   09:30:16   5.97    --      344    205368   买盘
2903   09:30:13   5.97    --      681    406557   卖盘
2904   09:30:10   5.97    0.01    942    562374   买盘
2905   09:30:07   5.96   -0.01   1109    660964   卖盘
2906   09:30:04   5.97    --     1431    854307   买盘
2907   09:30:01   5.97   -0.02    377    225069   卖盘
2908   09:28:46   5.99    --        0         0   买盘
2909   09:25:01   5.99    5.99   4048   2424752   买盘
[2910 rows x 6 columns]
```

可以看到，Tushare获取价格数据的方法非常简单。

2. Tushare功能介绍

实际上，Tushare的功能非常强大，下面逐一介绍。

（1）版本查看。

```
import tushare
print(tushare.__version__)
```

（2）历史行情数据获取。获取个股历史交易数据（包括均线数据），可以通过参数设置获取日K线、周K线、月K线，以及5分钟、15分钟、30分钟和60分钟K线数据。本接口只能获取近3年的日线数据，如果需要全部历史数据，则调用下一个函数get_h_data()，命令如下。

```
get_k_data(code=None, start='', end='', ktype='D', autype='qfq',
index=False, retry_count=3, pause=0.001)
```

参数说明如下：

- code:股票代码,即 6 位数字代码,或者指数代码(sh=上证指数,sz=深圳成指,hs300=沪深 300 指数,sz50=上证 50,zxb=中小板,cyb=创业板)。
- start:开始日期,格式为 YYYY-MM-DD。
- end:结束日期,格式为 YYYY-MM-DD。
- ktype:数据类型,D=日(K 线),W=周,M=月,5=5 分钟,15=15 分钟,30=30 分钟,60=60 分钟,默认为 D。
- retry_count:网络异常时的重试次数,默认为 3。
- pause:重试时停顿秒数,默认为 0。

返回值:返回 Pandas 的 DataFrame 类型,参数说明如下。

- date:日期。
- open:开盘价。
- high:最高价。
- close:收盘价。
- low:最低价。
- volume:成交量。
- price_change:价格变动。
- p_change:涨跌幅。
- ma5:5 日均价。
- ma10:10 日均价。
- ma20:20 日均价。
- v_ma5:5 日均量。
- v_ma10:10 日均量。
- v_ma20:20 日均量。
- turnover:换手率(注:指数无此项)。

利用下列代码获取北京银行的 K 线数据:

```
In [7]: df=ts.get_k_data("601169")
In [8]: df
Out[8]:
        date     open   close  high   low    volume    code
0   2015-09-21  5.628  5.687  5.694  5.595  724540.0  601169
1   2015-09-22  5.674  5.760  5.859  5.661  983489.0  601169
2   2015-09-23  5.713  5.647  5.746  5.641  656678.0  601169
```

3	2015-09-24	5.647	5.674	5.727	5.641	463634.0	601169
4	2015-09-25	5.654	5.713	5.740	5.588	653094.0	601169
5	2015-09-28	5.674	5.674	5.694	5.621	269899.0	601169
6	2015-09-29	5.634	5.647	5.687	5.615	405526.0	601169
7	2015-09-30	5.661	5.680	5.720	5.634	451635.0	601169
8	2015-10-08	5.799	5.786	5.865	5.773	688157.0	601169
9	2015-11-19	6.367	6.367	6.367	6.367	1094401.0	601169
10	2015-11-20	6.400	6.512	6.611	6.367	3209676.0	601169
11	2015-11-23	6.499	6.459	6.584	6.380	1170127.0	601169
12	2015-11-24	6.426	6.367	6.459	6.347	1759615.0	601169
13	2015-11-25	6.367	6.334	6.446	6.268	1344986.0	601169
14	2015-11-26	6.367	6.281	6.406	6.268	935509.0	601169
15	2015-11-27	6.281	6.037	6.301	5.997	866903.0	601169
16	2015-11-30	6.050	6.116	6.182	5.991	906189.0	601169
17	2015-12-01	6.129	6.103	6.162	6.030	576835.0	601169
18	2015-12-02	6.109	6.716	6.716	6.076	3444889.0	601169
19	2015-12-03	6.637	6.749	6.927	6.532	3057770.0	601169
20	2015-12-04	6.644	6.571	6.670	6.545	1339527.0	601169
21	2015-12-07	6.565	6.604	6.762	6.538	964584.0	601169
22	2015-12-08	6.565	6.532	6.624	6.492	963190.0	601169
23	2015-12-09	6.565	6.696	6.875	6.565	1684518.0	601169
24	2015-12-10	6.650	6.637	6.914	6.611	1207370.0	601169
25	2015-12-11	6.637	6.696	6.782	6.551	887476.0	601169
26	2015-12-14	6.650	6.848	6.914	6.578	1227798.0	601169
27	2015-12-15	6.835	6.703	6.848	6.670	1075629.0	601169
28	2015-12-16	6.723	6.617	6.743	6.591	821572.0	601169
29	2015-12-17	6.690	6.710	6.749	6.604	994220.0	601169
..	...	...	...	...	...	...	...
611	2018-05-22	6.900	6.890	6.910	6.850	191732.0	601169
612	2018-05-23	6.880	6.820	6.880	6.810	188427.0	601169
613	2018-05-24	6.840	6.800	6.840	6.780	183538.0	601169
614	2018-05-25	6.820	6.800	6.830	6.760	225282.0	601169
615	2018-05-28	6.800	6.790	6.820	6.740	239524.0	601169
616	2018-05-29	6.750	6.720	6.780	6.700	235013.0	601169
617	2018-05-30	6.690	6.590	6.700	6.570	303035.0	601169
618	2018-05-31	6.650	6.620	6.680	6.570	499046.0	601169
619	2018-06-01	6.630	6.650	6.660	6.600	167654.0	601169
620	2018-06-04	6.650	6.620	6.670	6.600	290237.0	601169
621	2018-06-05	6.620	6.490	6.620	6.440	618761.0	601169
622	2018-06-06	6.480	6.470	6.480	6.390	492474.0	601169
623	2018-06-07	6.460	6.460	6.480	6.380	810013.0	601169
624	2018-06-08	6.420	6.310	6.420	6.250	647739.0	601169
625	2018-06-11	6.280	6.260	6.280	6.210	517037.0	601169

```
626  2018-06-12  6.240  6.220  6.250  6.160  569445.0  601169
627  2018-06-13  6.190  6.130  6.190  6.120  374088.0  601169
628  2018-06-14  6.100  6.150  6.170  6.080  323897.0  601169
629  2018-06-15  6.140  6.200  6.230  6.130  370466.0  601169
630  2018-06-19  6.170  6.000  6.170  5.950  603183.0  601169
631  2018-06-20  6.000  6.030  6.060  6.000  335950.0  601169
632  2018-06-21  6.030  6.020  6.080  5.980  322231.0  601169
633  2018-06-22  6.020  6.050  6.060  5.970  234827.0  601169
634  2018-06-25  6.080  6.000  6.090  5.950  340356.0  601169
635  2018-06-26  5.990  5.970  6.000  5.840  406932.0  601169
636  2018-06-27  5.920  5.910  5.970  5.880  250239.0  601169
637  2018-06-28  5.850  5.980  5.990  5.850  334696.0  601169
638  2018-06-29  5.990  6.030  6.040  5.960  203575.0  601169
639  2018-07-02  6.010  5.940  6.020  5.870  282541.0  601169
640  2018-07-03  5.920  6.000  6.010  5.910  287883.0  601169

[641 rows x 7 columns]
```

可以看到，从 2015 年 9 月 12 日到 2018 年 7 月 3 日的 K 线数据都被获取。注意与前面示例的分时数据不同，这里获取的数据是每天的数据积累，而前面分时数据是指定日期当天的股票变化情况（分时数据）。在高频交易中，我们可以利用分时数据发现机会；而在投资决策中，K 线数据可以帮助我们发现股票的长期走势。

（3）实时行情数据获取。

```
ts.get_today_all()
```

作用：一次获取所有当前交易所有股票的行情数据（如果是节假日，则为上一交易日，结果显示速度取决于用户的网速）。

返回值说明如下：

- code：代码。
- name：名称。
- changepercent：涨跌幅。
- trade：现价。
- open：开盘价。
- high：最高价。
- low：最低价。
- settlement：昨日收盘价。
- volume：成交量。

- turnoverratio：换手率。
- amount：成交额。
- per：市盈率。
- pb：市净率。
- mktcap：总市值。
- nmc：流通市值。

利用以下代码获取当天所有股票的实时数据。通常金融市场的研究者会根据这些数据判断市场情况，构建市场指数。

```
In [16]: df=ts.get_today_all()
[Getting data:]##############################################################
In [17]: df
Out[17]:
      code    name  changepercent   trade    open    high    low  \
0   603999  读者传媒          2.586    5.95    5.81    5.97    5.79
1   603998  方盛制药          1.429    8.52    8.49    8.58    8.36
2   603997  继峰股份          0.000   10.87    0.00    0.00    0.00
3   603996  中新科技         10.019   11.75   11.05   11.75   11.05
4   603993  洛阳钼业          0.163    6.15    6.15    6.19    5.96
5   603991  至正股份          1.761   23.11   22.71   23.18   22.52
6   603990  麦迪科技          1.541   33.60   32.98   33.67   32.78
7   603989  艾华集团         -2.328   21.40   21.85   22.09   21.22
8   603988  中电电机          4.466   14.97   14.04   15.55   13.75
9   603987   康德莱          1.476   10.31   10.18   10.35   10.12
10  603986  兆易创新          5.236  113.16  107.20  116.50  105.38
11  603985  恒润股份         -0.050   20.02   19.90   20.28   19.48
12  603980  吉华集团          1.563   16.24   16.05   16.31   15.87
13  603979   金诚信          1.896    8.60    8.30    8.63    8.30
14  603978  深圳新星          2.598   33.96   33.03   34.25   32.70
15  603977  国泰集团          2.552    8.84    8.64    8.86    8.51
16  603976  正川股份          6.662   16.97   16.07   17.36   15.95
17  603970  中农立华          0.324   18.56   18.46   18.64   17.60
18  603969  银龙股份          1.792    6.25    6.15    6.28    6.09
19  603968  醋化股份          0.947   18.12   17.89   18.15   17.66
20  603966  法兰泰克          1.990    9.74    9.68    9.82    9.43
21  603963  大理药业          1.450   28.69   28.20   28.72   27.51
22  603960  克来机电          2.219   30.87   30.13   31.31   29.03
23  603959  百利科技          3.545   18.40   17.41   18.57   17.41
24  603958  哈森股份          2.136   10.04    9.81   10.15    9.74
25  603955  大千生态          2.495   20.13   19.60   20.17   19.51
```

26	603939	益丰药房	0.000	59.72	0.00	0.00	0.00
27	603938	三孚股份	5.737	26.54	25.19	26.56	25.02
28	603937	丽岛新材	2.518	18.73	18.40	18.76	17.77
29	603936	博敏电子	3.626	19.15	18.31	19.34	18.10
...	...	...	...	...	...	...	...
3570	600421	ST 仰帆	2.381	6.02	5.97	6.09	5.86
3571	600408	*ST 安泰	2.424	1.69	1.65	1.71	1.65
3572	600401	*ST 海润	0.000	0.87	0.00	0.00	0.00
3573	600399	*ST 抚钢	0.000	5.50	0.00	0.00	0.00
3574	600397	*ST 安煤	2.151	1.90	1.86	1.93	1.85
3575	600321	*ST 正源	-1.676	1.76	1.79	1.84	1.75
3576	600311	荣华实业	0.680	2.96	2.91	2.97	2.87
3577	600301	ST 南化	0.794	5.08	5.04	5.13	5.00
3578	600289	*ST 信通	1.575	2.58	2.63	2.63	2.52
3579	600275	ST 昌鱼	0.321	3.13	3.10	3.16	3.09
3580	600265	ST 景谷	2.867	24.76	25.27	25.27	24.49
3581	600247	*ST 成城	0.786	5.13	5.10	5.17	5.04
3582	600242	中昌数据	0.364	13.78	13.75	13.98	13.56
3583	600238	*ST 椰岛	0.306	6.56	6.56	6.64	6.45
3584	600234	ST 山水	-2.485	6.67	6.80	6.83	6.51
3585	600228	ST 昌九	-1.160	8.52	8.86	8.86	8.42
3586	600217	中再资环	0.000	6.13	0.00	0.00	0.00
3587	600209	*ST 罗顿	-1.357	5.09	5.14	5.19	4.97
3588	600202	*ST 哈空	2.251	3.18	3.11	3.18	3.11
3589	600198	*ST 大唐	2.419	6.35	6.20	6.36	6.05
3590	600193	*ST 创兴	1.181	2.57	2.56	2.60	2.54
3591	600163	中闽能源	0.587	3.43	3.38	3.43	3.37
3592	600150	*ST 船舶	2.860	9.71	9.49	9.75	9.46
3593	600149	ST 坊展	2.878	5.72	5.53	5.75	5.53
3594	600145	*ST 新亿	0.000	1.87	0.00	0.00	0.00
3595	600091	ST 明科	2.216	3.69	3.61	3.73	3.61
3596	600087	退市长油	0.000	0.00	0.00	0.00	0.00
3597	600074	*ST 保千	-1.948	1.51	1.52	1.54	1.46
3598	600071	凤凰光学	10.036	12.06	10.95	12.06	10.87
3599	600069	银鸽投资	-0.980	4.04	3.99	4.07	3.93

注意：上述输出还有其他信息，本书没有全部列出，你可以用该命令自己体会。

（4）历史分笔数据获取。

通常，我们还需要获取个股以往交易的分笔数据明细，通过分析分笔数据可以大致判断资金的进出情况。在使用过程中，对于获取股票某一阶段的历史分笔数据，需要通过参与交易日参数并添加到一个 DataFrame 中，或者直接添加到本地同一个文件中。这里需要注意的是：历史分笔接口只能获取当前交易日之前的数据，当日分笔历史数据可调用 get_today_ticks()接口或者在当日 18 点后通过本接口获取。命令如下：

```
get_tick_data(code=None, date=None, retry_count=3, pause=0.001, src='sn')
```

功能：获取分笔数据。

参数说明如下：

- code：股票代码，即 6 位数字代码。
- date：日期，格式为 YYYY-MM-DD。
- retry_count：int，默认为 3，网络等问题重复执行的次数。
- pause：int，默认为 0，重复请求数据过程中暂停的秒数，防止出现请求间隔时间太短的问题。

返回值说明如下：

- DataFrame：用于显示当日所有股票交易数据。
- 属性：成交时间、成交价格、价格变动、成交量、成交额（元）、买卖类型。

利用以下代码获取指定日期的股票数据（代码：601169）：

```
In [18]: df = ts.get_tick_data('601169',date='2016-03-08')
    ...: df.head(10)
    ...:
Out[18]:
       time  price  change  volume    amount  type
0  15:00:00  10.40    0.02       0         0    买盘
1  15:00:00  10.38   -0.02    2004   2080152    卖盘
2  14:59:58  10.40    0.02     513    533520    买盘
3  14:59:52  10.38   -0.02     600    622800    卖盘
4  14:59:47  10.40    0.01     236    245440    买盘
5  14:59:43  10.39      --    2676   2780364    买盘
6  14:59:37  10.39   -0.02     644    669116   中性盘
7  14:59:32  10.41      --    2110   2196510    买盘
8  14:59:28  10.41    0.01     501    521541    买盘
9  14:59:22  10.40    0.01    2263   2353520    买盘
```

（5）实时分笔数据获取。

在量化投资实盘操作时，获取实时分笔数据尤其重要，这可以实时取得股票当前报价和成交信息。其中一种场景是写一个 Python 定时程序来调用本接口（可每三秒执行一次，性能与行情软件基本一致），然后通过 DataFrame 的矩阵计算实现交易监控，以实时监测交易量和价格的变化。

```
get_realtime_quotes(symbols=None)
```
功能：获取实时交易数据，用于跟踪交易情况。

命令中的参数说明如下。

```
symbols : string, array-like object (list, tuple, Series).
```

用于返回 DataFrame 实时交易数据值，如表 4-5 所示。

表 4-5 交易数据值说明

属性	说明	投资名词说明
0	name	股票名字
1	open，	今日开盘价
2	pre_close	昨日收盘价
3	price	当前价格
4	high	今日最高价
5	low	今日最低价
6	bid	竞买价，即"买一"报价
7	ask	竞卖价，即"卖一"报价
8	volumn	成交量
9	amount	成交金额（元）
10	b1_v	委买一（笔数）
11	b1_p	委买一（价格）
12	b2_v	委买二（笔数）
13	b2_p	委买二（价格）
14	b3_v	委买三（笔数）
15	b3_p	委买三（价格）
16	b4_v	委买四（笔数）
17	b4_p	委买四（价格）
18	b5_v	委买五（笔数）
19	b5_p	委买五（价格）
20	a1_v	委卖一（笔数）
21	a1_p	委卖一（价格）
30	date	日期
31	time	时间

以下代码用于获取实时分笔数据（股票代码：601169）：

```
In [22]: df = ts.get_realtime_quotes('601169')
    ...: df[['code','name','price','bid','ask','volume','amount','time']]
```

```
   ...:
Out[22]:
    code  name  price  bid   ask   volume    amount       time
0  601169 北京银行 6.000  5.990 6.000 28788384  171704222.000 15:00:00
```

说明：因为示例中运行的时间并非交易时间，所以返回的是当天最后一笔的数据。

（6）当日历史分笔数据获取。

获取当前交易日（交易进行中使用）已经产生的分笔明细数据。

get_today_ticks(code=None, retry_count=3, pause=0.001)

功能：获取当日分笔明细数据。

参数值说明如下：

- code：股票代码，即 6 位数字代码。
- retry_count：int，默认为 3，网络等问题重复执行的次数。
- pause：int，默认为 0，重复请求数据过程中暂停的秒数，防止出现请求间隔时间太短的问题。

返回值说明如下：

- DataFrame：当日所有股票交易数据（DataFrame）。
- 属性：成交时间、成交价格、价格变动、成交量、成交额（元）、买卖类型。

利用以下代码获取股票（股票代码：601169）的当日历史分笔数据：

```
In [24]: df = ts.get_today_ticks('601169')
   ...: df.head(10)
   ...:
[Getting data:]###################################################Out[24]:
     time     price  pchange  change  volume  amount  type
0  15:00:00   6.00   +1.01    0.00    0       0       买盘
1  15:00:00   6.00   +1.01    0.00    0       0       买盘
2  15:00:00   6.00   +1.01    0.01    29      17400   买盘
3  14:59:57   5.99   +0.84    0.00    73      43727   卖盘
4  14:59:51   5.99   +0.84    -0.01   3       1797    卖盘
5  14:59:48   6.00   +1.01    0.01    20      12000   买盘
6  14:59:42   5.99   +0.84    0.00    94      56306   卖盘
7  14:59:39   5.99   +0.84    0.00    113     67687   卖盘
8  14:59:33   5.99   +0.84    0.00    118     70682   卖盘
9  14:59:30   5.99   +0.84    0.00    70      41930   卖盘
```

（7）大盘指数实时行情列表获取。

大盘指数实时行情列表以表格的形式展示大盘指数的实时行情。

get_index()

功能：获取大盘指数行情。

返回 DataFrame，参数说明如下。

- code：指数代码。
- name：指数名称。
- change：涨跌幅。
- open：开盘点位。
- preclose：昨日收盘点位。
- close：收盘点位。
- high：最高点位。
- low：最低点位。
- volume：成交量（手）。
- amount：成交额（亿元）。

利用以下代码获取大盘指数数据后的前 10 行数据：

```
In [27]: df.head(10)
Out[27]:
     code   name   change    open   preclose    close      high  \
0  000001  上证指数    0.41  2774.5701  2775.5570  2786.8878  2786.8878
1  000002   A股指数    0.41  2905.5912  2906.6232  2918.4954  2918.4954
2  000003   B股指数    0.33   291.3100   291.4612   292.4374   292.5390
3  000008  综合指数    0.79  2466.7019  2466.6468  2486.1313  2486.6078
4  000009  上证380    0.73  4686.4282  4689.4363  4723.5747  4723.8152
5  000010  上证180    0.13  7341.2073  7336.9394  7346.7178  7362.8683
6  000011  基金指数    0.13  5749.5071  5744.5216  5751.7125  5756.1735
7  000012  国债指数    0.06   165.5454   165.5298   165.6285   165.6301
8  000016   上证50    0.11  2389.3604  2386.3765  2388.9763  2395.0801
9  000017   新综指    0.41  2342.4923  2343.3276  2352.8998  2352.8998

       low     volume     amount
0  2722.4485  142498466  1616.6803
1  2850.9361  142334511  1615.4896
2   288.0962     163954     1.1907
3  2433.6927   34363110   341.1387
4  4591.0560   36026812   400.0843
5  7168.5648   55430354   721.7351
6  5692.5725   49048000   316.7912
7   165.5311     243453     2.3856
```

```
8  2331.8404   29074680   417.3489
9  2298.4071  141186006  1600.3196
```

(8)大单交易数据获取。

在获取大单交易数据时,默认为大于等于400手。

get_sina_dd(code=None, date=None, vol=400, retry_count=3, pause=0.001)

功能:获取sina大单数据。

参数说明如下:

- code:股票代码,即6位数字代码。
- date:日期,格式为YYYY-MM-DD。
- vol:手数,默认为400手,输入数值型参数。
- retry_count:int,默认为3,网络等问题重复执行的次数。
- pause:int,默认为0,重复请求数据过程中暂停的秒数,防止出现请求间隔时间太短的问题。

返回值说明如下:

- code:代码。
- name:名称。
- time:时间。
- price:当前价格。
- volume:成交量。
- preprice:上一笔价格。
- type:买卖类型——买盘、卖盘和中性盘。

利用以下代码获取新浪财经提供的大单数据:

```
In [48]: df = ts.get_sina_dd('601169', date='2018-07-02',vol=300)
In [49]: df.head(10)
Out[49]:
     code   name      time   price  volume  preprice  type
0  601169  北京银行  14:59:56   5.94    50000     5.94   买盘
1  601169  北京银行  14:59:44   5.94   106900     5.94   买盘
2  601169  北京银行  14:59:38   5.94    63400     5.94   卖盘
3  601169  北京银行  14:59:32   5.94    66700     5.94   卖盘
4  601169  北京银行  14:59:14   5.93    62000     5.94   卖盘
5  601169  北京银行  14:59:11   5.94    47379     5.94   买盘
6  601169  北京银行  14:58:38   5.94   104760     5.95   卖盘
7  601169  北京银行  14:58:35   5.95   421200     5.94   买盘
```

```
8  601169  北京银行  14:58:32  5.94  60020  5.94  卖盘
9  601169  北京银行  14:58:29  5.94  52300  5.95  卖盘
```

（9）存款利率获取。

```
ts.get_deposit_rate()
```

返回值说明如下：

- date：变动日期。
- deposit_type：存款种类。
- rate：利率（%）。

利用以下代码获取存款利率，相应的结果显示如下。

```
         date         deposit_type                        rate
0   2014-11-22    定活两便(定期)                          --
1   2014-11-22    定期存款整存整取(半年)              2.55
2   2014-11-22    定期存款整存整取(二年)              3.35
3   2014-11-22    定期存款整存整取(三个月)            2.35
4   2014-11-22    定期存款整存整取(三年)              4.00
5   2014-11-22    定期存款整存整取(五年)              4.75
6   2014-11-22    定期存款整存整取(一年)              2.75
7   2014-11-22    活期存款(不定期)        0.35
8   2014-11-22    零存整取、整存零取、存本取息定期存款(三年)   2.80
9   2014-11-22    零存整取、整存零取、存本取息定期存款(五年)   3.00
10  2014-11-22    零存整取、整存零取、存本取息定期存款(一年)   2.60
```

（10）贷款利率获取。

```
ts.get_loan_rate()
```

返回值说明如下：

- date：执行日期。
- loan_type：存款种类。
- rate：利率（%）。

结果显示如下：

```
        date         loan_type                    rate
0  2014-11-22    短期贷款(六个月以内)        5.60
1  2014-11-22    短期贷款(六个月至一年)      5.60
2  2014-11-22    中长期贷款(三至五年)        6.00
3  2014-11-22    中长期贷款(五年以上)        6.15
4  2014-11-22    中长期贷款(一至三年)        6.00
5  2014-11-22    贴现(贴现)                   --
6  2014-11-22    优惠贷款(扶贫贴息贷款)       --
```

```
 7   2014-11-22    优惠贷款(老少边穷发展经济贷款)        --
 8   2014-11-22    优惠贷款(民政部门福利工厂贷款)        --
 9   2014-11-22    优惠贷款(民族贸易及民族用品生产贷款)   --
10   2014-11-22    优惠贷款(贫困县办工业贷款)          --
```

(11) 存款准备金率获取。

`ts.get_rrr()`

返回值说明如下:

- date：变动日期。
- before：调整前存款准备金率（%）。
- now：调整后存款准备金率（%）。
- changed：调整幅度（%）。

结果显示如下:

```
        date      before   now    changed
0    2012-05-18   20.50   20.00   -0.50
1    2012-02-24   21.00   20.50   -0.50
2    2011-12-05   21.50   21.00   -0.50
3    2011-06-20   21.00   21.50    0.50
4    2011-05-18   20.50   21.00    0.50
5    2011-04-21   20.00   20.50    0.50
6    2011-03-25   19.50   20.00    0.50
7    2011-02-24   19.00   19.50    0.50
8    2011-01-20   18.50   19.00    0.50
9    2010-12-20   18.00   18.50    0.50
10   2010-11-29   17.50   18.00    0.50
```

(12) 货币供应量获取。

`ts.get_money_supply()`

返回值说明如下:

- month：统计月份。
- m2：货币和准货币（广义货币M2）（亿元）。
- m2_yoy：货币和准货币（广义货币M2）同比增长（%）。
- m1：货币（狭义货币M1）（亿元）。
- m1_yoy：货币（狭义货币M1）同比增长（%）。
- m0：流通中现金（M0）（亿元）。
- m0_yoy：流通中现金（M0）同比增长（%）。

- cd：活期存款（亿元）。
- cd_yoy：活期存款同比增长（%）。
- qm：准货币（亿元）。
- qm_yoy：准货币同比增长（%）。
- ftd：定期存款（亿元）。
- ftd_yoy：定期存款同比增长（%）。
- sd：储蓄存款（亿元）。
- sd_yoy：储蓄存款同比增长（%）。
- rests：其他存款（亿元）。
- rests_yoy：其他存款同比增长（%）。

结果显示如下：

```
      month  m2         m2_yoy  m1         m1_yoy  m0        m0_yoy  cd
0     2014.12  1228374.81  12.20  348056.41  3.20  60259.53  2.90  287796.88
1     2014.11  1208605.95  12.30  335114.13  3.20  58438.53  3.50  276675.60
2     2014.10  1199236.31  12.60  329617.73  3.20  57691.64  3.80  271926.09
3     2014.9   1202051.41  12.90  327220.21  4.80  58844.99  4.20  268375.22
4     2014.8   1197499.08  12.80  332023.23  5.70  57997.61  5.60  274025.62
5     2014.7   1194249.24  13.50  331347.32  6.70  57346.50  5.40  274000.81
6     2014.6   1209587.20  14.70  341487.45  8.90  56951.05  5.30  284536.39
7     2014.5   1182300.32  13.40  327835.25  5.70  58051.11  6.70  269788.46
8     2014.4   1168812.67  13.20  324482.52  5.50  58615.54  5.40  265866.98
9     2014.3   1160687.38  12.10  327683.74  5.40  58329.30  5.20  269354.44
10    2014.2   1131760.83  13.30  316625.11  6.90  62320.95  3.30  254304.16
```

（13）货币供应量（年底余额）获取。

```
ts.get_money_supply_bal()
```

返回值说明如下：

- Year：统计年度。
- m2：货币和准货币（亿元）。
- m1：货币（亿元）。
- m0：流通中现金（亿元）。
- cd：活期存款（亿元）。
- qm：准货币（亿元）。
- ftd：定期存款（亿元）。
- sd：储蓄存款（亿元）。

- rests：其他存款（亿元）。

结果显示如下：

```
    year        m2         m1        m0         cd         qm        ftd  \
0   2013  1106525.0  337291.10  58574.40  278716.60  769233.90  232696.60
1   2012   974159.5  308673.00  54659.80  254013.20  665486.50  195946.30
2   2011   851590.9  289847.70  50748.50  239099.20  561743.20  166616.00
3   2010   725774.1  266621.30  44628.20  221993.20  459152.70  105858.70
4   2009   606225.0  220001.50  38246.00  181758.50  386219.10   82284.90
5   2008   475166.6  166217.10  34219.00  131998.20  308949.50   60103.10
6   2007   403442.2  152560.10  30375.20  122184.90  250882.10   46932.50
7   2005   298755.7  107278.80  24031.70   83247.10  191476.90   33100.00
8   2004   254107.0   95969.70  21468.30   74501.40  158137.20   25382.20
9   2003   221222.8   84118.60  19746.00   64372.60  137104.30   20940.40
10  2002   185007.0   70881.80  17278.00   53603.80  114125.20   16433.80
```

（14）国内生产总值（年度）获取。

```
ts.get_gdp_year()
```

返回值说明如下：

- year：统计年度。
- gdp：国内生产总值（亿元）。
- pc_gdp：人均国内生产总值（元）。
- gnp：国民生产总值（亿元）。
- pi：第一产业（亿元）。
- si：第二产业（亿元）。
- industry：工业（亿元）。
- cons_industry：建筑业（亿元）。
- ti：第三产业（亿元）。
- trans_industry：交通运输仓储邮电通信业（亿元）。
- lbdy：批发零售贸易及餐饮业（亿元）。

结果显示如下：

```
   year        gdp    pc_gdp        gnp         pi         si  industry  \
0  2014  636463.00       NaN        NaN   58332.00  271392.00       NaN
1  2013  588019.00  41907.59        NaN   55322.00  256810.00  210689.42
2  2012  519470.10  38459.47        NaN   52373.63  235161.99  199670.66
3  2011  473104.05  35197.79        NaN   47486.21  220412.81  188470.15
4  2010  401202.00  29992.00  403260.00   40533.60  187581.42  160867.01
```

```
5    2009   340902.80   25608.00   341401.50   35226.00   157638.80   135239.90
6    2008   314045.40   23708.00   315274.70   33702.00   149003.40   130260.20
7    2007   265810.30   20169.00   266411.00   28627.00   125831.40   110534.90
8    2006   216314.43   16499.70   215904.41   24040.00   103719.54    91310.94
9    2005   184937.37   14185.36   183617.37   22420.00    87598.09    77230.78
10   2004   159878.34   12335.58   159453.60   21412.73    73904.31    65210.03
```

（15）国内生产总值（季度）获取。

ts.get_gdp_quarter()

返回值说明如下：

- quarter：统计季度。
- gdp：国内生产总值（亿元）。
- gdp_yoy：国内生产总值同比增长（%）。
- pi：第一产业增加值（亿元）。
- pi_yoy：第一产业增加值同比增长（%）。
- si：第二产业增加值（亿元）。
- si_yoy：第二产业增加值同比增长（%）。
- ti：第三产业增加值（亿元）。
- ti_yoy：第三产业增加值同比增长（%）。

结果显示如下：

```
     quarter        gdp   gdp_yoy         pi   pi_yoy          si   si_yoy  \
0     2014.4   636463.00     7.40   58332.00     4.10   271392.00     7.30
1     2014.3   419908.00     7.40   37996.00     4.20   185787.00     7.40
2     2014.2   269044.09     7.42   19812.00     3.90   123871.33     7.41
3     2014.1   128212.71     7.36    7775.68     3.50    57587.49     7.34
4     2013.4   568845.21     7.67   56957.00     4.00   249684.42     7.85
5     2013.3   387100.24     7.68   35669.00     3.40   175117.83     7.85
6     2013.2   248024.45     7.59   18622.00     3.00   116955.37     7.62
7     2013.1   118862.08     7.74    7427.00     3.40    54528.34     7.75
8     2012.4   519470.10     7.65   52373.63     4.55   235161.99     7.92
9     2012.3   353741.55     7.56   33085.87     4.25   165316.31     7.90
10    2012.2   228003.09     7.68   17469.87     4.35   110785.17     8.16
```

（16）三大需求对 GDP 的贡献获取。

ts.get_gdp_for()

返回值说明如下：

- year：统计年度。

- end_for：最终消费支出贡献率（%）。
- for_rate：最终消费支出拉动（百分点）。
- asset_for：资本形成总额贡献率（%）。
- asset_rate：资本形成总额拉动（百分点）。
- goods_for：货物和服务净出口贡献率（%）。
- goods_rate：货物和服务净出口拉动（百分点）。

结果显示如下：

```
    year  end_for  for_rate  asset_for  asset_rate  goods_for  goods_rate
0   2013     50.0       3.9       54.4         4.2       -4.4        -0.3
1   2012     55.1       4.2       47.0         3.6       -2.1        -0.1
2   2011     56.5       5.3       47.7         4.4       -4.2        -0.4
3   2010     43.1       4.5       52.9         5.5        4.0         0.4
4   2009     49.8       4.6       87.6         8.1      -37.4        -3.5
5   2008     44.2       4.2       47.0         4.5        8.8         0.9
6   2007     39.6       5.6       42.4         6.0       18.0         2.6
7   2006     40.4       5.1       43.6         5.5       16.0         2.
8   2005     38.7       4.4       38.5         4.3       22.8         2.6
9   2004     39.5       4.0       54.5         5.5        6.0         0.6
10  2003     35.8       3.6       63.2         6.3        1.0         0.1
```

（17）三大产业对 GDP 的拉动获取。

ts.get_gdp_pull()

返回值说明如下：

- year：统计年度。
- gdp_yoy：国内生产总值同比增长（%）。
- pi：第一产业拉动率（%）。
- si：第二产业拉动率（%）。
- industry：其中工业拉动率（%）。
- ti：第三产业拉动率（%）。

结果显示如下：

```
   year  gdp_yoy   pi   si  industry   ti
0  2013      7.7  0.4  3.7       3.1  3.6
1  2012      7.7  0.4  3.7       3.1  3.5
2  2011      9.3  0.4  4.8       4.2  4.1
3  2010     10.4  0.4  5.9       5.1  4.1
4  2009      9.2  0.4  4.8       3.7  4.0
5  2008      9.6  0.6  4.7       4.2  4.3
```

```
6   2007   14.2  0.4  7.2   6.2  6.6
7   2006   12.7  0.6  6.3   5.4  5.7
8   2005   11.3  0.6  5.8   4.9  4.9
9   2004   10.1  0.8  5.3   4.8  4.0
10  2003   10.0  0.3  5.9   5.2  3.8
```

（17）三大产业贡献率获取。

`ts.get_gdp_contrib()`

返回值说明如下：

- year：统计年度。
- gdp_yoy：国内生产总值。
- pi：第一产业贡献率（%）。
- si：第二产业贡献率（%）。
- industry：其中工业贡献率（%）。
- ti：第三产业贡献率（%）。

结果显示如下：

```
    year  gdp_yoy   pi    si   industry   ti
0   2013    100    4.88  48.28   39.86   46.84
1   2012    100    5.72  48.71   40.59   45.56
2   2011    100    4.61  51.61   44.67   43.77
3   2010    100    3.85  56.84   48.54   39.32
4   2009    100    4.48  51.94   40.01   43.58
5   2008    100    5.73  49.25   43.40   45.02
6   2007    100    2.99  50.70   44.03   46.31
7   2006    100    4.80  50.00   42.40   45.20
8   2005    100    5.60  51.10   43.40   43.30
9   2004    100    7.90  52.20   47.70   39.90
10  2003    100    3.40  58.50   51.90   38.10
```

（18）居民消费价格指数获取。

`ts.get_cpi()`

返回值说明如下：

- month：统计月份。
- cpi：价格指数。

结果显示如下：

```
    month     cpi
0   2014.12   101.51
1   2014.11   101.44
```

```
2   2014.10  101.60
3    2014.9  101.63
4    2014.8  101.99
5    2014.7  102.29
6    2014.6  102.34
7    2014.5  102.48
8    2014.4  101.80
9    2014.3  102.38
10   2014.2  101.95
```

（19）工业品出厂价格指数获取。

```
ts.get_ppi()
```

返回值说明如下：

- month：统计月份。
- ppiip：工业品出厂价格指数。
- ppi：生产资料价格指数。
- qm：采掘工业价格指数。
- rmi：原材料工业价格指数。
- pi：加工工业价格指数。
- cg：生活资料价格指数。
- food：食品类价格指数。
- clothing：衣着类价格指数。
- roeu：一般日用品价格指数。
- dcg：耐用消费品价格指数。

结果显示如下：

```
    month  ppiip    ppi     qm    rmi     pi     cg   food  clothing  \
0  2014.12  96.68  95.71  86.80  93.64  97.49  99.84  99.71    100.57
1  2014.11  97.31  96.51  89.35  95.31  97.75  99.87  99.85    100.50
2  2014.10  97.76  97.05  91.13  96.32  97.95 100.04 100.17    100.51
3   2014.9  98.20  97.61  93.32  97.28  98.17 100.11 100.35    100.65
4   2014.8  98.80  98.35  95.56  98.52  98.55 100.24 100.62    100.67
5   2014.6  98.89  98.47  96.00  98.54  98.69 100.23 100.69    100.79
6   2014.5    NaN  98.05    NaN  97.96  98.38 100.17 100.41    100.82
7   2014.4  98.00  97.39  93.94  96.94  97.93  99.94 100.08    100.73
8   2014.3  97.70  97.05  93.34  96.19  97.79  99.79  99.78    100.83
9   2014.2  97.98  97.46  94.67  96.78  98.03  99.67  99.70    100.77
10  2014.1  98.36  97.95  95.95  97.52  98.34  99.65    NaN    100.72
```

第 5 章

识别金融业务中的欺诈行为

欺诈行为常常给金融企业带来巨大的损失,如银行业的信用卡交易欺诈、保险业的车险欺诈等。本章主要介绍识别这些行为的深度学习技术。

5.1 金融欺诈介绍

金融中的欺诈行为会带来很多危害,如下:
(1)浪费金融企业的成本,包括财务成本和时间成本,最终增加企业的负担。
(2)使得企业为正常行为所付出的服务质量下降,从而在一定程度上影响其他正常金融交易客户的体验。
(3)扰乱市场秩序,误导监管方向。

常见的欺诈行为如下:
(1)信用卡欺诈。一般来说信用卡欺诈有以下 3 种形式:

- 失卡冒用:也就是信用卡脱离持有人,被其他人使用进行交易。这种失卡一般有 3 种情况:① 发卡银行在向持卡人寄卡时丢失,即未达卡;② 持卡人自己保管不善丢失;③ 被不法分子窃取。
- 假冒申请:就是欺诈实施者利用他人资料申请信用卡,或故意填写虚假资料,在获取信用卡后通过信用卡获得收益。
- 伪造信用卡：在大多数信用卡诈骗案件中都涉及伪造信用卡诈骗，甚至具有团伙性质。这些欺诈行为实施者从盗取信用卡资料、制造假卡、贩卖假卡到用假卡作案，形成了完整的诈骗链条。

（2）信贷欺诈。信贷欺诈是指通过虚假信用信息来获取贷款，甚至将贷款用于非法用途。信贷欺诈的实施者可能是自然人，也可能是企业和组织，这就使得欺诈的识别变得更加复杂。

（3）公司财务欺诈。公司财务欺诈是指在会计活动中相关当事人为了达到逃避纳税、获取高额红利等目的，事前经过周密安排而故意制造虚假会计信息的行为，是一种从本质上故意提供误导性财务报表的行为。

（4）保险欺诈。

保险欺诈常常是指"骗保"行为，也就是在保险责任条款不予赔付的情况下，实施者通过欺诈手段获得赔偿。大多数保险欺诈都发生在医疗保险和财产保险中。

5.2 欺诈识别

欺诈识别一直是科技公司给金融企业提供的主要服务之一，在这些服务中，科技公司使用的方法包括传统的计量方法、规则库方法以及机器学习方法，但有些方法在市场不断发展过程中逐渐失效，原因在于，欺诈识别的对象是"智能个体"，这导致很多隐含的欺诈特征不能被传统方法所捕捉。

下面分别介绍不平衡数据处理、信用卡欺诈识别和保险欺诈识别。

5.2.1 不平衡数据处理

不平衡数据处理是后续其他章节中深度学习都需要的基础工程技术，针对的是这样的问题：深度学习中需要大量的标注样本，也就是所谓的（X，Y）数据，但是现实中的很多样本通常是不平衡的——即标注的各类样本之间差异较大，如可能有100万条数据都是正常交易，欺诈交易只有几十条。

如果使用这样不平衡的数据进行训练则会导致模型出现一定的"倾向性"，这很容易理解，因为正常数据过多。在金融领域中这样的问题非常普遍。

解决不平衡数据的问题，本质上就是让数据实现平衡，也就是让数量差别较大的各类样本数据近似相同，这通常有以下两种途径。
- 上采样（upsampling）：让样本数小的类对应的样本数量增加。
- 下采样（downsampling）：让样本数大的类对应的样本数量减少。

采样是信号处理中的名词，也用于图像处理，它们的含义如下：
- 下采样是对信号抽取的频率小于信号的原始频率，这会产生比原始数据少的数据量。对应刚才的例子，就是对样本数大的类进行下采样可以获得更少的样本数量，这样就会接近样本数小的类的样本数量。
- 上采样是下采样的逆过程，也称过采样（oversampling）或内插（Interpolating）。很显然，上采样会获得比原始数据更多的数据，对应前面的例子就是对样本数小的类进行上采样后，样本数量会大幅度增加，逐渐接近样本数大的类。

1. 下采样实践

下面通过一个案例来说明下采样的实践方法，代码如下。

```
In [1]: import numpy as np
   ...: import pandas as pd
In [4]: def lower_sample_data(df, ratio=1):
   ...:     # 多数类别样本数量相对于少数类别样本数量的比例
   ...:     data1=df[df['Label']==1]# 将多数类别的样本放在data1中
   ...:     data0 =df[df['Label']==0]# 将少数类别的样本放在data0中
   ...:     index = np.random.randint(
len(data1),size=ratio*(len(df).len(data1)))# 随机给定下采样取出样本的序号
   ...:     lower_data1 =data1.Iloc[list(index)]# 下采样
   ...:     return(pd.concat([lower_data1, data0]))

In [5]: np.random.seed(28)
   ...: arr1= np.random.randint( 6,size=(100, 6))
   ...: arr2= np.random.randint(1000, 1010, size=(10,6))
   ...: columns=['A','B','C','D','E','F']
   ...: df1= pd.DataFrame(arr1, columns=columns)
   ...: df1['Labe']= 1
   ...: df2= pd.DataFrame(arr2, columns=columns)
   ...: df2['Label']=0
   ...: df= pd.concat([df1, df2])
   ...: print(lower_sample_data(df))
   ...;
    A  B  C  D  E  F  Label
39  1  5  2  2  2  1    1
13  4  1  4  5  4  1    1
24  4  2  5  5  3  1    1
```

```
90  5     3     3     3     2     0     1
38  4     0     4     0     5     2     1
15  0     4     3     4     4     4     1
78  1     0     2     4     4     0     1
85  3     5     0     5     3     4     1
91  1     1     1     3     3     2     1
63  0     1     3     4     1     4     1
0   1004  1006  1002  1000  1002  1005  0
1   1007  1003  1006  1009  1009  1002  0
2   1003  1005  1009  1003  1009  1005  0
3   1006  1004  1002  1008  1004  1007  0
4   1001  1007  1008  1004  1007  1000  0
5   1009  1000  1005  1009  1009  1003  0
6   1003  1005  1009  1001  1004  1003  0
7   1003  1003  1009  1005  1009  1004  0
8   1006  1006  1002  1001  1004  1007  0
9   1007  1002  1004  1009  1009  1002  0
```

可见，通过下采样方法，我们在 100 条样本中随机选取 10 条，这样与既有的 10 条分类为 0 的样本数量相同，理论上就可以进行训练了。当然，由于深度学习需要大量的数据，考虑到下采样会降低样本数量，因此除非样本数量非常多，这样进行下采样后的数据才能满足深度学习的需要。

注意，上述下采样的方式是随机给出选取序号的方式。另外一种方式是对整个需要下采样的类别样本进行洗牌（shuffle）操作，然后按照固定步长提取。这两种方式的效果等价，用户可以自行实践。

实际上，Pandas 利用 sample() 函数具有下采样的功能，代码如下。

```
In [11]: df3=df1. sample(frac=0.1)
In[12]: df3. shape
out[12]: (10,7)
In[13]: df3
out[13]:
      A   B   C   D   E   F   Label
  97  0   5   1   2   4   0   1
  72  0   1   4   4   3   3   1
  14  3   2   1   5   4   4   1
  88  2   5   1   1   1   3   1
  27  2   3   0   3   1   1   1
  70  1   4   4   5   0   1   1
  48  4   0   0   0   4   2   1
  98  2   0   3   5   0   3   1
```

```
77    4    1    4    4    3    4    1
37    1    4    5    5    3    4    1
```

其中 frac 表示抽样的比例，即设定为 0.1，也就是从 100 个样本中抽取 10 个样本。

2．上采样的复制方法

如何增加样本数小的样本数量是上采样的核心。复制方法就是直接将样本数小的样本不断复制，直到达到需要的数量为止，代码如下。

```
In [14]: df4=pd.concat([df2,df2,df2,df2,df2,df2,df2,df2,df2,df2])
In [15]: df4.shape
Out[15]:(100,7)
In [16]: from sklearn utils import shuffle
    ...: df4=shuffle(df4)
```

这里将数量少的样本 df2 复制了 10 次，得到的 df4（分类为 0）就有 100 个样本，和分类为 1 的 df1 相同（100 个）。

在进行复制的时候，一般需要利用 shuffle 进行重排，如深度学习中的随机梯度训练，避免参数无法更新。

3．上采样的随机方法

这种方法比较简单，应用效果也非常好，比后面的 SMOTE 算法不差，但需要用户对数据和工程有足够的经验，这些经验主要体现在以什么样的幅度确定随机范围、在哪些维度上进行随机使用等，实际上这等于是在过往经验中形成"隐含特征"的预置，代码如下。

```
In [69]: df5=df2
In [70]: tempdf=df2
In [71]: for i in df2.columns[0: 5]:
    ...:     tempdf[i]=df2[i]+np,random.rand()
    ...:     df5=pd.concat((df5, tempdf))
    ...:

In [72]: df5.shape
Out[72]:(60,7)

In[73]:df5.head()
Out[73]:
          A            B         C         D         E         F       Label
0    1005.476659    1006.0    1002.0    1000.0    1002.0    1005      0
1    1008.476659    1003.0    1006.0    1009.0    1009.0    1002      0
2    1004.476659    1005.0    1009.0    1003.0    1009.0    1005      0
3    1007.476659    1004.0    1002.0    1008.0    1004.0    1007      0
```

```
4  1002.476659    1007.0    1008.0    1004.0    1007.0   1000           0
```

在上述代码中,对每一个维度(列)加一个随机数,这样就将数据增加了6倍,达到60。一般来说,数据增加的量不应过大,同时要对一些特定维度进行控制。

通过随机方法获得的上采样数据,样本之间的数据一般不同,要比简单复制好很多,但使用它需要用户有很丰富的经验。

很多实践也体现出随机上采样的问题:随机上采样采取简单复制样本的策略来增加少数类样本的数量,容易产生模型过拟合,即这会让模型学习到的信息过于特别而不够泛化。

4.使用 SMOTE 算法进行上采样

SMOTE(Synthetic Minority Oversampling Technique,合成少数类上采样技术)是基于随机上采样算法的一种改进方案,利用了紧邻分析,以获得最能体现数据本身特征的"增加样本"。

这里先介绍 SMOTE 算法的原理和过程。

SMOTE 算法的基本思想是对少数类样本进行分析,并根据少数类样本进行人工合成新样本,并添加到数据集中。流程如下:

(1)对于少数类中的每一个样本 x,以欧氏距离为标准计算它到少数类样本集中所有样本的距离,得到其近邻 k。

(2)根据样本不平衡比例,设置一个采样比例以确定采样倍率 N,对于每一个少数类样本 x,从其近邻 k 中随机选择若干个样本,假设选择的近邻为 $\bar{x}$。

(3)对于每一个随机选出的近邻 $\bar{x}$ 分别与原样本按照线性加权的方式构建新样本,权重可以取随机值,构建示意如图 5-1 所示。

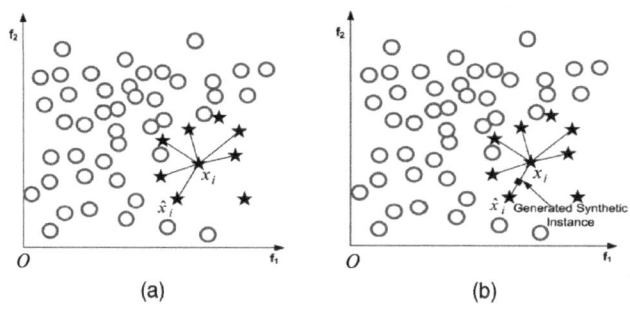

图 5-1　SMOTE 算法构建新样本示例

下面我们构建一个 Smote 类,其中使用了 sklearn 的紧邻算法,代码如下。

```
n [75]: import random
```

```
...:from sklearn neighbors import Nearestneighbors
...:import numpy as np
...:class smote:
...:   def init_(self,samples, N=10,k=5);
...:        self.n_ samples, self.n_attrs=samples. shape
...:        self, N=N
...:        self, k=k
...:        self, samples=samples
...:        self,newindex=o
...:   def over_sampling(self):
...:        N=int(self.N/100)
...:        self,synthetic=np,zeros((self.n_samples*N,self.n_attrs))
...:        neighbors=NearestNeighbors(n_neighbors=self. k).fit(self .samples)
...:        print('neighbors',neighbors)
...:        for i in range (len(self .samples));
...:        nnarray=neighbors.kneighbors(self, samples[i], reshape(1, -1),return_distance=False) [0]
...:        self_ populate(N, i, nnarray)
...:     return self , synthetic
...:   def _populate(self,N, i, nnarray):
...:        for j in range(N);
...:            nn=random randint(0, self. k-1)
...:            dif=self, samples[nnarray[nn]]-self. Samples[i]
...:         gap=random.random()
...:         self. synthetic[self. newindex]=self. samples [i]+gap*dif
...:         self.newindex+=1
```

然后，生成一个 array 进行测试，代码如下。

```
In [76]: temp=np. random. rand(10,3)
In[77]: temp
Out[77]:
array([[0.50502135, 0.35390471, 0.1082582 ],
       [0.37307661, 0.71212477, 0.58720455],
       [0.84555761, 0.38046435, 0.1095328 ],
       ...,
       [0.64408971, 0.01726925, 0.27697311],
       [0.61254442, 0.21426906, 0.25419236],
       [0.93257416, 0.48980307, 0.76139667]])
```

生成 10 个新的 sample 和生成 100 个新的 sample，Smote 中的 N 为生成数量×10，代码如下，你可以自行测试更多的例子。

```
In    [83]: s=Smote(temp, N=100)
In    [84]: tempresult=s. over_sampling()
neighbors NearestNeighbors(algorithm='auto',leaf_size=30, metric='minkowski',
metric_params=None, n_jobs=l, n_neighbors=5, p=2, radius=l ,0)
```

```
In  [85]: tempresult,shape
Out[85]:(10,3)
In  [86]: s=Smote(temp, N=1000)
In  [87]: tempresult=s. over_sampling()
neighbors NearestNeighbors(algorithm='auto',leaf_size=30,metric='minkowski',
metric_params=None, n_jobs=1, n_neighbors=5, p=2, radius=1 ,0)
In  [88]: tempresult shape
Out[88]:(100,3)
In  [89]: tempresult[1: 10]
Out[89]:
array( [ [0.53859155, 0,32537044, 0.12350361],
        [0.75523787, 0.14122363, 0.22223883],
        [0.57103901, 0,29779048, 0.13833109],
        ...,
        [0.70404327, 0,18473844, 0.19891826],
        [0.50502135, 0,35390471, 0.1082582] ] )
```

需要说明的是，在实际使用时，如果读取的数据是 Pandas 形式的 DataFrame，则需要将其转换为 array 形式再使用，用户也可以将上述算法改写成适用于 DataFrame 的算法。当然，大多数深度学习的输入都需要使用 array。

5.2.2 信用卡欺诈识别

信用卡欺诈实践使用的数据是 UCI 的信用卡欺诈数据集（具体可参考"金融数据获取"章节内容），该数据大约有 28 万条，可以想象，其中的欺诈样本占比极小，需要使用上一节的上采样技术，同时因为数据维度没有超过 30 维，所以在这里尝试使用一个全连接+Dropout 的网络来捕捉欺诈特征。

1. 数据预处理部分

首先对数据进行预处理，代码如下。

```
In [4]: data=df.drop(['Time'],axis=1)
In [5]: data=data.drop(['Class'],axis=1)
In [6]: x=np.array(data)
In [7]: data.shape
Out[7]: (284807, 29)
In [8]: label=df['Class']
In [9]: label.shape
Out[9]: (284807,)
In [10]: label=np.array(label)
In [11]: label.shape
Out[11]: (284807,)
```

```
In [12]: label=np.split(label,284807)
In [13]: y=np.array(label)
In [14]: y.shape
Out[14]: (284807, 1)
In [15]: x.shape
Out[15]: (284807, 29)
```

2．构建深度网络

然后进行构建深度网络，该网络如图 5-2 所示。

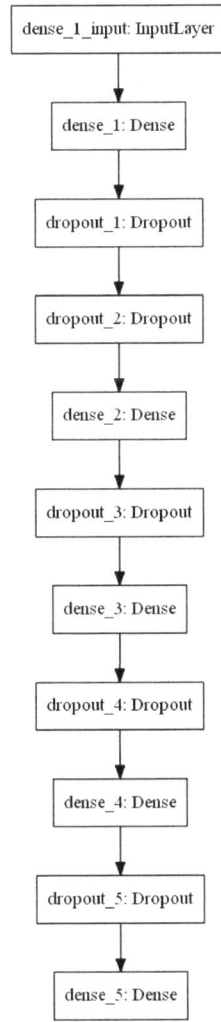

图 5-2　构建的深度网络

这是一个 5 层的深度网络，同时采用了 Dropout 层来防止过拟合，代码如下。

```
model=Sequential()
   ...: model.add(Dense(58,input_dim=29,activation='relu'))
   ...: model.add(Dropout(0.5))
   ...: model.add(Dropout(0.5))
   ...: model.add(Dense(116,activation='relu'))
   ...: model.add(Dropout(0.5))
   ...: model.add(Dense(58,activation='relu'))
   ...: model.add(Dropout(0.5))
   ...: model.add(Dense(29,activation='relu'))
   ...: model.add(Dropout(0.5))
   ...: model.add(Dense(1,activation='sigmoid'))
   ...: model.compile(loss='binary_crossentropy',optimizer='rmsprop',metrics=['accuracy'])
```

3．利用模型直接训练

模型训练是其中关键的一步，即一个深度网络通过训练才能固定所提取到的不同层次的特征，并将其保留，也就相当于将"欺诈"特征记忆下来，下次就可以直接调用了；或者说带有训练完参数的网络就是一个大的"规则"。模型训练的代码如下：

```
model.fit(x,y,epochs=10,batch_size=128)
Epoch 1/10
284807/284807 [==============================] - 15s - loss: 0.0400 - acc: 0.9928
Epoch 2/10
284807/284807 [==============================] - 12s - loss: 0.0279 - acc: 0.9983
Epoch 3/10
284807/284807 [==============================] - 12s - loss: 0.0279 - acc: 0.9983
Epoch 4/10
284807/284807 [==============================] - 11s - loss: 0.0279 - acc: 0.9983
Epoch 5/10
284807/284807 [==============================] - 12s - loss: 0.0279 - acc: 0.9983
Epoch 6/10
284807/284807 [==============================] - 12s - loss: 0.0279 - acc: 0.9983
Epoch 7/10
284807/284807 [==============================] - 11s - loss: 0.0279 - acc:
```

```
0.9983
    Epoch 8/10
    284807/284807 [==============================] - 10s - loss: 0.0279 - acc:
0.9983
```

分析上述训练过程可以看到，当 loss 降到 0.0279 时就停止不动了，这意味着整体有可能陷入了局部极值点。为了验证结果是否如此，我们需要考虑带有验证集合的训练。这里我们指定 20%的数据用于验证集，重新训练。

```
    In [25]: model.fit(x,y,epochs=10,batch_size=128,validation_split=0.2)
    Train on 227845 samples, validate on 56962 samples
    Epoch 1/10
    227845/227845 [===]-10s - loss: 0.0295 - acc: 0.9982 - val_loss: 0.0212 - val_acc: 0.9987
    Epoch 2/10
    227845/227845 [===]-10s - loss: 0.0295 - acc: 0.9982 - val_loss: 0.0212 - val_acc: 0.9987
    Epoch 3/10
    227845/227845 [===]-10s - loss: 0.0295 - acc: 0.9982 - val_loss: 0.0212 - val_acc: 0.9987
    Epoch 4/10
    227845/227845 [===]-12s - loss: 0.0295 - acc: 0.9982 - val_loss: 0.0212 - val_acc: 0.9987
    Epoch 5/10
    227845/227845 [===]-11s - loss: 0.0295 - acc: 0.9982 - val_loss: 0.0212 - val_acc: 0.9987
    Epoch 6/10
    227845/227845 [===]-10s - loss: 0.0295 - acc: 0.9982 - val_loss: 0.0212 - val_acc: 0.9987
    Epoch 7/10
    227845/227845 [===]-10s - loss: 0.0295 - acc: 0.9982 - val_loss: 0.0212 - val_acc: 0.9987
    Epoch 8/10
    227845/227845 [===]-10s - loss: 0.0295 - acc: 0.9982 - val_loss: 0.0212 - val_acc: 0.9987
    Epoch 9/10
    227845/227845 [===]-10s - loss: 0.0295 - acc: 0.9982 - val_loss: 0.0212 - val_acc: 0.9987
    Epoch 10/10
    227845/227845 [===]-10s - loss: 0.0295 - acc: 0.9982 - val_loss: 0.0212 - val_acc: 0.9987
```

可以看到，经过 10 个周期的训练，样本精度和验证集精度都得到很好的结果。但是要注意，此时验证集 acc 不再变化，而验证损失停滞不前，这是一种过拟合的信号。该模型可能并没有很好地捕捉到我们需要的特征。

上述训练是笔者特别选取的用来说明"过拟合"的训练过程，可以进行实际验证，代码如下。

```
In [26]: model.predict(x[1:2,])
Out[26]: array([[ 0.]], dtype=float32)
In [27]: model.predict(x[5:12,])
Out[27]:
array([[ 0.],
[ 0.],
[ 0.],
[ 0.],
[ 0.],
[ 0.],
[ 0.]], dtype=float32)

In [28]: model.predict(x[19:300,])
Out[28]:
array([[ 0.],
[ 0.],
[ 0.],
...,
[ 0.],
[ 0.],
[ 0.]], dtype=float32)

In [29]: model.predict(x[540:545,])
Out[29]:
array([[ 0.],
[ 0.],
[ 0.],
[ 0.],
[ 0.]], dtype=float32)
```

从深度网络结构来看，尽管参数数量低于样本数量，但是样本的不均衡很有可能产生过拟合，以上的测试结果也说明了这一点。

除这种情况外，大多数的时候是因为 acc 停滞不前。另外，训练过程也不会一帆风顺，由于随机梯度算法的特点，因此训练会经常陷入局部极值点。

基于这种情况，我们需要调整参数重新训练，代码如下。

```
model.fit(newx,newy,batch_size=256,epochs=5)
Epoch 1/5
```

```
536711/536711 [==========================] - 12s - loss: 7.5785 - acc: 0.5297
Epoch 2/5
536711/536711 [==========================] - 12s - loss: 7.5783 - acc: 0.5297
Epoch 3/5
536711/536711 [==========================] - 11s - loss: 6.5528 - acc: 0.5695
Epoch 4/5
536711/536711 [==========================] - 12s - loss: 0.1433 - acc: 0.9501
Epoch 5/5
536711/536711 [==========================] - 11s - loss: 0.0898 - acc: 0.9702
```

在上述过程中 acc 从 0.53 变为 0.97，表示训练结果提升得很快，已接近需要的理想模型。保存模型并进行实际预测验证，代码如下。

```
In [72]: model.predict(x[1:10,])
Out[72]:
array([[ 1.47615503e-06],
 [ 1.22021161e-11],
 [ 8.79145784e-11],
 [ 1.26965821e-03],
 [ 9.41107373e-06],
 [ 3.90124023e-06],
 [ 1.03782678e-14],
 [ 7.43537708e-21],
 [ 2.55734312e-06]], dtype=float32)
```

可以看到，结果能够捕捉特征并给出了一个概率判断。下面考虑含有欺诈样本的一个真实测试，其中 x[541] 是一个欺诈样本，代码如下。

```
In [73]: model.predict(x[540:545,])
Out[73]:
array([[ 7.35378762e-06],
 [ 1.00000000e+00],
 [ 1.33094957e-07],
 [ 3.99818130e-11],
 [ 6.28638098e-32]], dtype=float32)
```

5.3　保险欺诈识别

从严格意义上说，保险欺诈比保险犯罪的含义更广，因为保险当事人双方都可能构成保险欺诈。

（1）保险关系投保人一方不遵守诚信原则，故意隐瞒有关保险标的的真实情况，诱使保险人承保，或者利用保险合同内容，故意制造或捏造保险事故造成保险公司利益受损，以谋取保险赔付金的，均属于投保方欺诈。例如，车险欺诈就属于投保人一方实施的保险欺诈。

（2）保险人在缺乏必要偿付能力或未经批准擅自经营业务，并利用拟订保险条款和保险费率的机会，或夸大保险责任范围诱导、欺骗投保人和被保险人的，也属于保险欺诈，叫作保险人欺诈。

可见，保险欺诈一经实施，必然造成相应的危害结果，有必要严加防范。

下面利用历史投保保单数据进行欺诈识别，而在这些数据中，只有少量是欺诈数据，占比低于 0.05%，因此仍然要进行不平衡数据的处理。

表 5-1 所示就是典型的投保信息数据的字段名称和描述，这只是其中的一部分，实际上一条数据所涉及的维度高达上千种。

表 5-1 部分投保信息数据维度

字 段 名 称	字 段 描 述	字 段 名 称	字 段 描 述
Registno	报案号	TotalClaimTimes	历史索赔总次数
TotalClaimAmount	历史索赔总次数	LastClaimAmount	去年索赔总额
LastClaimAmount	最近索赔总额	IsDriver	报案人是否为驾驶员

对数据处理后，我们利用这些数据进行模型训练，首先引入相关的模块，代码如下。

```
Import os'
import pandas as pd
import numpy as np
from keras.models import Sequential
from keras.layers import Dense
from keras.callbacks import ModelCheckpoint
from keras.layers import Dropout
```

然后进行模型的定义和训练，代码如下。

```
Def ysdltrain(file,epochtimes=5,proportion=1):
# 深度网络训练
# input is csv file with path
# 默认为分类标签,字段为 Class
# 默认模型文件目录为 zn
df=pd.read_csv(file)
dfshape=df.shape#---->(292560,85)
# getshape
print("Dimensionis",dfshape)
# Findmissingdata
```

```python
print("Missing data:",df.isnull().values.any()) # 选择任意一行出现空值的数据
frauddata=df[df['Class']==1] # 从样本中取出全部为欺诈数据的样本
fraudtimes=df.shape[0]/frauddata.shape[0] #frauddata.shape[0]--79条欺诈数据
# df.shape[0]-->292560 frauddata.shape-->(79,85)
newdata=df
for i in range(1,round(fraudtimes)):
    newdata=pd.concat([newdata,frauddata]) #---->数据合并与重塑
print("The new shape is:",newdata.shape) #(,85)[597658 rows x 85 columns]
# whether or not random training
newdata=newdata.sample(frac=proportion) #-->[597658 rows x 85 columns]
data=newdata.drop(['Class'],axis=1)
x=np.array(data)
label=newdata['Class']
label=np.array(label)
label=np.split(label,label.shape[0])
y=np.array(label)
# constructing
# get the basicdim and input_dim
basicdim=data.shape[1] #-->84
model=Sequential()
model.add(Dense(basicdim*2,input_dim=basicdim,activation='relu'))
model.add(Dropout(0.5))
model.add(Dense(basicdim*4,activation='relu'))
model.add(Dropout(0.5))
model.add(Dense(basicdim*2,activation='relu'))
model.add(Dropout(0.5))
model.add(Dense(basicdim,activation='relu'))
model.add(Dropout(0.5))
model.add(Dense(1,activation='sigmoid'))
model.compile(loss='binary_crossentropy',optimizer='rmsprop',metrics=['accuracy'])
checkpoint=ModelCheckpoint(filepath,monitor='val_acc',verbose=1,save_best_only=True,mode='max')
callbacks_list=[checkpoint]
model.fit(x,y,validation_split=0.2,epochs=epochtimes,batch_size=256,callbacks=callbacks_list,verbose=0)
model.save('yingshuo_dl_model.h5')
YSDLTrain=ysdltrain('data_Standard-01.csv',epochtimes=6,proportion=1)
```

我们可以构造一个前端页面，这样通过页面调整参数就可以让后端自动训练，初步实现在页面选择输入参数值，选择要训练的模型。利用 Django 框架可以实现这个简单的 Web 网站功能，其中的 HTML 页面与后端交互的代码如下所示。

（1）HTML 页面：index.html，代码如下。

```html
<!DOCTYPE html>
<html lang="en">
<head>
    <meta charset="UTF-8">
    <title>Insurwit</title>
</head>
<body>
    <form action="/show/ysdltrain/" method="post" enctype="multipart/form-data">
        <input type="number" name="epochtimes" placeholder="请输入epochtimes的值">
        <input type="number" name="validation_split" placeholder="请输入validation_split的值">
        <input type="number" name="batch_size" placeholder="请输入batch_size的值">
        <input type="file" name="fafafa">
        <input type="submit">
    </form>
    <form action="/show/ysxgbtrain/" method="post" enctype="multipart/form-data">
        <input type="number" name="max_depth" placeholder="请输入max_depth的值">
        <input type="number" name="eta" placeholder="请输入eta的值">
        <input type="number" name="silent" placeholder="请输入silent的值">
        <input type="file" name="fafafa">
        <input type="submit">
    </form>
    <form action="/show/ysmltrain/" method="post" enctype="multipart/form-data">
        <input type="number" name="n_estimators" placeholder="请输入n_estimators的值">
        <input type="number" name="min_samples_split" placeholder="请输入min_samples_split的值">
        <input type="number" name="random_state" placeholder="请输入random_state的值">
        <input type="file" name="fafafa">
        <input type="submit">
    </form>
</body>
</html>
```

(2)后端 views.py 代码如下。

```python
import os
os.environ['TF_CPP_MIN_LOG_LEVEL'] = '2'
from django.shortcuts import render, redirect, reverse, HttpResponse
import xgboost as xgb
import pandas as pd
import numpy as np
from keras.models import Sequential
from keras.layers import Dense
from keras.callbacks import ModelCheckpoint
from keras.layers import Dropout
from sklearn.ensemble import RandomForestClassifier
from sklearn.ensemble import ExtraTreesClassifier
from sklearn.tree import DecisionTreeClassifier
from sklearn.model_selection import cross_val_score
import pickle
from django.http import StreamingHttpResponse
import sys
sys.path.Append(os.path.abspath("../"))
# Create your views here.
def index(request):
    # 显示选择参数训练页面
    return render(request, 'show/index.html')

def ysdltrain(request):
    obj = request.FILES.get('fafafa')
    proportion = 1
    epochtimes = request.POST.get('epochtimes')
    validation_split = request.POST.get('validation_split')
    batch_size = request.POST.get('batch_size')
    print(epochtimes, validation_split, batch_size)
    df = pd.read_csv(obj)
    dfshape = df.shape
    print("Dimension is ", dfshape)
    # Find missing data
    print("Missing data:", df.isnull().values.any())
    frauddata = df[df['Class'] == 1]
    fraudtimes = dfshape[0]/frauddata.shape[0]
    newdata = df
    for i in range(1, round(fraudtimes)):
        newdata = pd.concat([newdata, frauddata])
    print("The new shape is :", newdata.shape)
    # whether or not random training
```

```python
    newdata = newdata.sample(frac=proportion)
    data = newdata.drop(['Class'], axis=1)
    x = np.array(data)
    label = newdata['Class']
    label = np.array(label)
    label = np.split(label, label.shape[0])
    y = np.array(label)
    basicdim = data.shape[1]
    model = Sequential()
    model.add(Dense(basicdim*2, input_dim=basicdim, activation='relu'))
    model.add(Dropout(0.5))
    model.add(Dense(basicdim*4, activation='relu'))
    model.add(Dropout(0.5))
    model.add(Dense(basicdim*2, activation='relu'))
    model.add(Dropout(0.5))
    model.add(Dense(basicdim, activation='relu'))
    model.add(Dropout(0.5))
    model.add(Dense(1, activation='sigmoid'))
    model.compile(loss='binary_crossentropy', optimizer='rmsprop', metrics=['accuracy'])
    # training
    filepath = 'yingshuo'
    checkpoint = ModelCheckpoint(filepath, monitor='val_acc', verbose=1, save_best_only=True, mode='max')
    callbacks_list = [checkpoint]
    model.fit(x, y, validation_split=validation_split, epochs=epochtimes, batch_size=batch_size, callbacks=callbacks_list, verbose=0)
    model.save('yingshuo_dl_model.h5')
    return redirect('/show/file_download/1/')
```

第 6 章

金融非结构化客户信息识别

当前,人工智能在金融领域的重要应用场景之一就是进行客户信息识别。在传统意义下,客户信息是指各类常见的 Excel 数据,这些数据也被称为结构化数据;但在数据时代,除了这些数据,客户还在金融机构"留下"了大量非结构化数据,如手写签名的照片、各类验证的视频甚至语音信息等。这些信息中蕴含了重要价值,需要用人工智能来进行识别和提取。

本章主要介绍金融中常用的非结构化数据的获取,包括手写信息的识别和分类、图片内容的理解以及人脸识别技术等。

下面我们通过几个实践场景来学习,如下:

(1)客户手写信息识别。该场景在金融中广泛存在,如各类合同上的签名和手写数字,以及申请信用卡和贷款中的数字和文本填写(如额度需求、地址等)。

(2)图片信息理解。它一般应用在金融相关的各类图片、照片、视频处理的场景中,通过对这些非结构化数据的处理,可以获知相应的"语义",如照片中出现了什么物体、视频监控中出现了什么人等。

(3)客户人脸识别。在金融领域中经常需要进行身份验证,这就依赖于人脸识别技术。金融机构可以在远程进行客户身份验证,这使得客户在办理许多业务时,不必再到银行的实体网点,大大提升了金融机构的服务效率。

6.1 手写信息识别

手写信息识别可以作为深度学习的第一课，它能够充分体现使用深度学习所需要的步骤和基本概念。在这里，我们使用 Keras 来进行手写数字识别，它主要用于金融机构的支票自动验证和合同文书的文档化处理等。

其搭建深度学习模型一般有如下几个步骤：

（1）选择模型：对 Keras 来说主要考虑模型是序贯式还是函数式，在以下例子中使用的是序贯式模型。

（2）构建网络层：对以上模型用不同的网络层构建，在以下例子中使用了卷积网络层和 Dropout（丢弃层）。

（3）编译：编译相当于进行搭建，你可以根据以下代码体验其相应的功能（model.compile()函数）。

（4）训练：计算出模型的所有参数，对应的函数是 model.fit()，这是一个非常耗费时间的过程。

（5）预测：这是使用模型的过程，具体用来解决问题。例如，一个用来识别花朵的深度学习，在输入新的花朵图片后，显示该花朵的分类结果，这就是对应的预测功能。

在进行深度学习之前，人们常常通过定义很多特征来识别手写字体，如对于手写数字来说，带有两个封闭区域的，其很大概率就是 8。

这些方法是通过大量的相关特征进行总结的结果，在一定程度上准确率可以达到 90%。在手写识别场景中，这个结果是可以使用的，如果识别错误，再重新手写即可。

但当识别的类别非常多的时候，如从 10 个数字增加到 3900 个汉字时，识别率的提升就需要耗费巨大的工作量，同时提升准确度的难度也加大很多倍。

在引入深度学习后，手写识别就变为一项简单的工作，这里的简单是指构建过程变得容易，而不是说工程量降低，因为在深度学习中，标注样本也需要很大的工作量。

对于手写数字来说，所谓标注样本，就是将各个手写图片（图 6-1）标注成具体数字，这个过程需要人来进行识别、标注，并建立起类似的对应关系（表 6-1）。

图 6-1　手写数字图片

表 6-1　图片标注

图　片	标　注
	0
	2
	4
	2
	9

由于这里我们要处理的是手写数字的图片数据，因此使用深度学习中的卷积深度网络（Convolutional Neutral Network，CNN）。而深度学习需要的学习样本，这里使用的是 MINST 数据集，这也是许多深度学习应用中最常使用的数据集之一。它是一个手写数字数据库，有 60 000 个训练样本集和 10 000 个测试样本集，每个样本图像的大小都为 28 像素×28 像素。

需要注意的是，此数据集是以二进制存储的，不能直接以图像格式查看，不过很容易找到将其转换成图像格式的工具。

本书用简单的代码来说明下载数据、构建网络并进行训练。尽管此过程简单，但你可以以此进行更深入的探索，灵活应用，并在打下牢固基础后用它解决更多的问题。

在以下的例子中，你可以对一些参数进行调整，代码如下。

```
from __future__ import print_function
import keras
# 引入 Keras 模块
from keras.datasets import mnist
# 引入数据库函数，因为在国内访问亚马逊云的速度慢，所以可以直接下载本书配套数据，那么这句可以不用
from keras.models import Sequential
# 这里使用 Keras 的序贯式模型
```

```python
from keras.layers import Dense, Dropout, Flatten
# 引入相应的层，在这里使用的是稠密层、Dropout 层和压平层
from keras.layers import Conv2D, MaxPooling2D
# 引入核心层，二维的卷积
from keras import backend as K
batch_size = 128
# 每个训练批次的大小，可以调整并观察效果。数值越大，训练越快
num_classes = 10
# 分类的数量，因为 0 到 9 一共有 10 个手写数字，所以最终分类就是 10；如果是手写英文字母，则分类就是 26
epochs = 12
# 训练周期，可以调整周期观察效果。训练周期越大，训练时间越长
img_rows, img_cols = 28, 28
# 图片长和宽的像素数
(x_train, y_train), (x_test, y_test) = mnist.load_data(path="D: \\mnist.npz")
# 如果你访问亚马逊云的速度够快，则可以用 (x_train, y_train), (x_test, y_test) = mnist.load_data()来自动下载数据，这里是已经将数据下载到本地，假设存在 D 盘根目录下，需要注意的是，为了和 Linux 兼容，Windows 下路径的反斜杠 "\" 都要写成 "\\"
# 同时上述命令将数据分为训练集和验证集，注意无论训练集还是验证集都要有输入 x 和输出 y
if K.image_data_format() == 'channels_first':
    x_train = x_train.reshape(x_train.shape[0], 1, img_rows, img_cols)
    x_test = x_test.reshape(x_test.shape[0], 1, img_rows, img_cols)
    input_shape = (1, img_rows, img_cols)
else:
    x_train = x_train.reshape(x_train.shape[0], img_rows, img_cols, 1)
    x_test = x_test.reshape(x_test.shape[0], img_rows, img_cols, 1)
    input_shape = (img_rows, img_cols, 1)
# 上述是针对不同的后台，因为 Theano 和 TensorFlow 定义的图片格式不同，你可以不考虑
x_train = x_train.astype('float32')
x_test = x_test.astype('float32')
x_train /= 255
x_test /= 255
print('x_train shape:', x_train.shape)
print(x_train.shape[0], 'train samples')
print(x_test.shape[0], 'test samples')
# 上述命令给出训练集和测试集的维度，输出如下：
# x_train shape: (60000, 28, 28, 1)
# 60000 train samples
# 10000 test samples
y_train = keras.utils.to_categorical(y_train, num_classes)
y_test = keras.utils.to_categorical(y_test, num_classes)
# 上述将训练样本和验证样本（测试样本）的类别转换成 Keras 支持的模式
# 以下代码用于构建卷积深度网络
```

```python
model = Sequential()
model.add(Conv2D(32, kernel_size=(3, 3),
            activation='relu',
            input_shape=input_shape))
model.add(Conv2D(64, (3, 3), activation='relu'))
model.add(MaxPooling2D(pool_size=(2, 2)))
model.add(Dropout(0.25))
model.add(Flatten())
model.add(Dense(128, activation='relu'))
model.add(Dropout(0.5))
model.add(Dense(num_classes, activation='softmax'))
# 上述卷积深度网络包括两个卷积层，输出如下：
# WARNING:TensorFlow:From C:\Python\WinPython-64bit-3.6.1.0Qt5\Python-
# 3.6.1.amd64\lib\site-packages\keras\backend\TensorFlow_backend.py:
1062: calling
# reduce_prod (from TensorFlow.Python.ops.math_ops) with keep_dims is
deprecated and will #be removed in a future version.
#Instructions for updating:
# keep_dims is deprecated, use keepdims instead
# 是一条警告命令，版本不同可能警告也不同，主要提示使用的一些命令可能在后续版本中不予支持
model.compile(loss=keras.losses.categorical_crossentropy,
            optimizer=keras.optimizers.Adadelta(),
            metrics=['accuracy'])
# 以上代码用于网络的具体搭建
# 一般输出也会有如上的类似警告信息
model.fit(x_train, y_train,
        batch_size=batch_size,
        epochs=epochs,
        verbose=1,
        validation_data=(x_test, y_test))
# 上述代码进行模型训练，训练时长根据配置不同而不同
```

以下给出对应的训练过程，其中训练时间、准确率等一般都不一样。当你自行编写代码时，不必纠结于数字的不同，掌握相应的方法即可。代码如下：

```
Train on 60000 samples, validate on 10000 samples
Epoch 1/12
60000/60000 [==============================] - 131s - loss: 0.3303 - acc: 0.8998 - val_loss: 0.0758 - val_acc: 0.9766
Epoch 2/12
60000/60000 [==============================] - 9s - loss: 0.1106 - acc: 0.9676 - val_loss: 0.0522 - val_acc: 0.9825
Epoch 3/12
```

```
    60000/60000 [==============================] - 9s - loss: 0.0831 - acc: 
0.9746 - val_loss: 0.0405 - val_acc: 0.9870
    Epoch 4/12
    60000/60000 [==============================] - 9s - loss: 0.0677 - acc: 
0.9798 - val_loss: 0.0360 - val_acc: 0.9873
    Epoch 5/12
    60000/60000 [==============================] - 9s - loss: 0.0595 - acc: 
0.9821 - val_loss: 0.0353 - val_acc: 0.9875
    Epoch 6/12
    60000/60000 [==============================] - 10s - loss: 0.0556 - acc: 
0.9837 - val_loss: 0.0327 - val_acc: 0.9891
    Epoch 7/12
    60000/60000 [==============================] - 12s - loss: 0.0481 - acc: 
0.9855 - val_loss: 0.0292 - val_acc: 0.9896
    Epoch 8/12
    60000/60000 [==============================] - 14s - loss: 0.0453 - acc: 
0.9860 - val_loss: 0.0299 - val_acc: 0.9897
    Epoch 9/12
    60000/60000 [==============================] - 17s - loss: 0.0420 - acc: 
0.9868 - val_loss: 0.0297 - val_acc: 0.9899
    Epoch 10/12
    60000/60000 [==============================] - 17s - loss: 0.0395 - acc: 
0.9878 - val_loss: 0.0289 - val_acc: 0.9904
    Epoch 11/12
    60000/60000 [==============================] - 17s - loss: 0.0376 - acc: 
0.9885 - val_loss: 0.0278 - val_acc: 0.9914
    Epoch 12/12
    60000/60000 [==============================] - 15s - loss: 0.0357 - acc: 
0.9885 - val_loss: 0.0268 - val_acc: 0.9909
    <keras.callbacks.History at 0x206c7414dd8>
```

可以看到，在训练过程中，首先确定训练和验证用的样本，然后就是每个训练周期的训练进展，包括花费的实践、损失、acc、验证样本的损失和验证样本的acc。代码如下：

```
    score = model.evaluate(x_test, y_test, verbose=0)
    print('Test loss:', score[0])
    # 对模型进行评估，即评估该模型的效果，通过总损失表示
```

在笔者的电脑（CPU为英特尔酷睿i5处理器，内存16GB，显卡为英伟达GTX 1050TI）上，该训练样本的分数如下。

```
    Test loss: 0.0268492490485
```

不同的配置和训练过程会导致总损失不同，你可以自己进行实践。

卷积深度网络在手写数字识别方面已经能够获得较高的准确率,但当前深度学习可以在这类问题上做得更好,如使用残差网络。它在进行手写数字识别时,训练时间更短,获得的准确率也更高,下一节我们将用它来处理更加复杂的"图像识别"问题。

6.2 图片信息理解

残差网络其实是对卷积深度网络的改进,在这里先介绍它改进的思想,你可以简单理解。

首先,看一下卷积深度网络可能存在的问题。通常,为了能够提取图像的各种特征,我们会增加卷积深度网络的层数,因为这意味着深度网络能够提取到不同层的丰富特征。但对于一个卷积深度网络,如果单纯地增加层数,则会导致梯度弥散或梯度爆炸。技术上对于该问题的解决方法是正则化初始化和构建中间的正则化层(Batch Normalization),这样可以训练几十层的网络。但同时这些方法又会带来退化问题,即随着网络层数的增加,在训练集上的准确率却无法提升,甚至出现下降的现象。这和深度学习中的过拟合不同,因为它的表现是在训练集上表现更好。

残差网络就是为了解决退化问题:如果深层网络后面那些层是恒等映射,那么模型就退化为一个浅层网络。现在要解决的就是学习恒等映射函数,但直接让一些层去拟合一个潜在的恒等映射函数 $H(x) = x$,这非常困难,这也是深层网络难以训练的原因。但如果把网络设计为 $H(x) = F(x) + x$,则就转换为学习一个残差函数 $F(x) = H(x) - x$。只要 $F(x)=0$,就构成了一个恒等映射 $H(x) = x$,而且拟合残差肯定更加容易。

这相当于搭建了一个"高速公路",可以让误差传递,类似于图 6-2 所示。

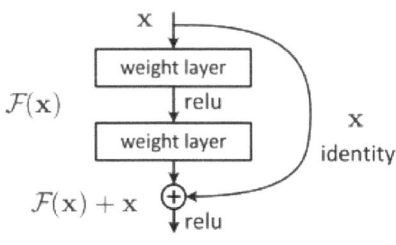

图 6-2 残差网络示意图

下面我们具体实践残差网络,需要说明的是,上一节中的手写数字识别可以直接使用下面的残差网络来进行,只需将输入的 train_x, train_y 替换为手写数字的图片和识别后的

Label 即可。

为了说明残差网络的能力,我们使用一个更大、更复杂的训练数据集 Cifar10,你也可以将它换成更大的 Cifar100 或其他数据集测试。

Cifar10 数据集共有 60 000 张彩色图片,图片大小为 32 像素×32 像素,分为 10 个类(所以叫作 Cifar10),每类有 6000 张,数据集的部分图片如图 6-3 所示。这实际上是人工智能项目的一个提示,要想识别一类数据,该类数据的数量应该在 5000 以上,如果没有这么多数据,怎么办?这被称为小样本学习问题,你可以在后面章节中学到相应的处理方法。

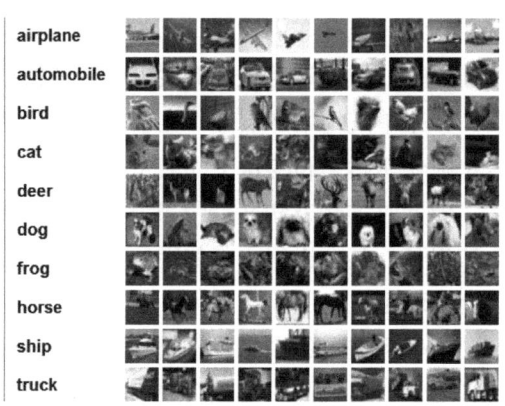

图 6-3 Cifar10 数据集

接下来,我们训练残差网络来识别这 10 类物体。

(1) 引入所需要的模块,代码如下。

```
In[60]: import keras
   ...: from keras, datasets import cifar10
   ...: from keras, layers import Dense, Conv2D, MaxPooling2D, Flatten, AveragePooling2D, Dropout,BatchNormalization, Activation
   ...: from keras. models import Model, Input
   ...: from keras. optimizers import Adam
   ...: from keras. callbacks import LearningRateScheduler
   ...: from keras. callbacks import ModelCheckpoint
   ...: from math import ceil
   ...: import os
   ...: from keras, preprocessing. image import ImageDataGenerator
```

(2) 定义残差网络,代码如下。

```
In [62]: def MiniModel(input_shape):
```

```
    ...:         images = Input(input_shape)
    ...:         net=Conv2D(filters=32,kernel_size=[3,3],strides=[1,1],
    padding="same")(images)
    ...:         net= Unit (net, 32)
    ...:         net= Unit (net, 32)
    ...:         net= Unit (net, 32)
    ...:         net= Unit (net, 32)
    ...:         net= Unit(net, 64, pool=True)
    ...:         net= Unit(net, 64)
    ...:         net=Unit(net, 64)
    ...:         net =Unit(net, 128, pool=True)
    ...:         net= Unit(net 128)
    ...:         net =Unit (net, 128)
    ...:         net= Unit(net, 256, pool=True)
    ...:         net= Unit(net, 256)
    ...:         net= Unit(net, 256)
    ...:         net=BatchNormalization()(net)
    ...:         net= Activation("relu")(net)
    ...:         net= Dropout(0. 25)(net)
    ...:         net= AveragePooling2D(pool_size=(4, 4))(net)
    ...:         net= Flatten()(net)
    ...:         net =Dense(units=10, activation="softmax")(net)
    ...:         model= Model(inputs=images, outputs=net)
    ...:         return model
```

（3）构造训练数据（train_x,train_y），代码如下。

```
In [63]: #load the cifar 10 dataset
    ...: (train_x, train_y),(test_x, test_y)= cifar10,.load_ data()
    ...: # normalize the data
    ...: train_x = train_x. astype('float32')/255
    ...:  test_x= test_x, astype('float32')/ 255
    ...: # subtract the mean image from both train and test set
    ...:  train_x = train_x- train_x, mean()
    ...:  test_x = test_x- test_x mean()
    ...: # Divide by the standard deviation
    ...:  train_x= train_x/train_x.std(axis=0)
    ...: test_x= test_x/ test_x. std(axis=0)
    ...:  datagen= ImageDataGenerator( rotation_range=10,
    ...:                  width_shift_ranges=5. /32,
    ...:                  height_shift_range=5. /32,
    ...:                  horizontal_flip=True)
    ...: # Compute quantities required for featurewise normalization
    ...: # (std, mean, and principal components if ZCA whitening is Applied).
```

```
   ...:    datagen.fit(train_x)
   ...:
Downloading data from http: //www.. cs.toronto. edu/-kriz/cifar-10-python,
tar.gz
Untaring file...
```

上述代码是直接下载数据,如果下载有问题,可以在网站下载好再进行安装。

(4)接下来,构造训练数据和测试数据的标签,代码如下。

```
In [64]: #Encode the labels to vectors
    ...: train_y= keras. utils. to_categorical(train_y,10)
    ...: test_y keras, utils, to_categorical(test_y, 10)
```

(5)准备输入并构建模型,代码如下。

```
In [65]: #define a common unit
    ...: input_shape =(32, 32, 3)
    ...: model= MiniModel(input_shape)
```

这里可以画出残差网络的结构图,代码如下。

```
In [66]: from keras. utils import plot_model
In [67]: plot_model(model, to_files='model_res.png')
```

也可以用 model.summary()函数给出残差网络的结构,注意由于其结构较大,这里只是选取开始部分和最后部分,代码如下。

```
In[68]:#print a Summary of the model
    ...:model summary()
Layer (type)                    Output Shap      Param#   Connected to
=================================================================
input 11 (InputLayer)           (None,32,32,3)       0
conv2d 92 (Conv2D)              (None,32,32,32)     896
batch_normalization_1(BatchNorm (None, 32, 32, 32)  128
activation_1(Activation)        (None,32,32,32)      0
conv2d 93(Conv2D)               (None,32,32,32)    9248
batch_normalization 2 (BatchNorm (None, 32, 32, 32) 128
activation_2(Activation)        (None,32,32,32)      0
batch_normalization_25(BatchNorm (None, 4, 4, 256) 1024
activation_25(Activation)       (None, 4, 4, 256)    0
dropout 4(Dropout)              (None, 4, 4, 256)    0
average_pooling2d_1(AveragePool) (None, 1, 1, 256)   0
flatten_4(Flatten)              (None, 256)          0
dense_1(Dense)                  (None, 10)        2570
=================================================================
Total params: 4,374,538.0
```

```
Trainable params: 4,368,714.0
Non-trainable params: 5,824.0
```

(6)接下来编译该残差网络并训练,代码如下。

```
In [69]: #Specify the training components
    ...:model.compile(optimizer=Adam(0.001),loss="categorical_crossentropy",metrics=[accuracy"1)

In [70]: epochs =20
    ...: steps_per_epoch= ceil(50000/128)
    ...: # Fit the model on the batches generated by catagen.flow().
    ...:model. fit_generator(datagen. Flow(train x, train_y, batch size=128).
    ...:           validation data=[test_ x, test_ y],
    ...:                epochs=epochs, steps_ per epoch=steps_per_ epoch, verbose=1, workers=4)

 Epoch 1/20
 391/391[=======]-121s-loss:1.2919-acc:0.5302-val_loss:1.4153-val_acc:0.5508
 Epoch 2/20
 391/391[=======]-112s-loss:0.8858-acc:0.6850-val_ loss: 0.8657-val_acc:0.7197
 Epoch 3/20
 391/391[=======]-111s.-loss:0,7252-acc:0.7447-val_loss:0.8022-val_acc:0.7287
 Epoch 4/20
 391/391[=======]-111s.-loss:0,6326-acc:0.7819-val_loss:0. 7120-val_acc:0.7628
 Epoch 5/20
 391/391[=======]-112s-loss:0.5750-acc:0.8002-val_loss:0.7249-val_acc:0.7632
 Epoch 6/20
 391/391[=======]-110s-loss:0,5268-acc:0.8152-val_loss:0.6462-val_acc:0.7842
 Epoch 7/20
 391/391[=======]-111s-loss:0.4841-acc:0.8320-val_loss:0.7697-val_acc:0.7581
 Epoch 8/20
 391/391[=======]-110s-loss:0.4513-acc:0.8433-val_loss:0.5034-val_acc:0.8300
 Epoch 9/20
 391/391[=======]-111s-loss:0.4283-acc:0.8496-val_loss:0.4315-val_acc:0.8564
 Epoch 10/20
 391/391[=======]-110s-loss:0.3983-acc:0.8620-val_loss:0.4873-val_acc:0.8440
 Epoch 11/20
 391/391[=======]-110s-loss:0.3738-acc:0.8696-val_loss:0.4472-val_acc:0.8492
 Epoch 12/20
 391/391[=======]-111s-loss:0.3578-acc:0.8738-val_loss:0.5541-val_acc:0.8251
 Epoch 13/20
 391/391[=======]-110s-loss:0.3406-acc:0.8812-val_loss:0.4519-val_acc:0.8518
```

```
Epoch 14/20
391/391[======]-111s-loss:0.3237-acc:0.8880-val_loss:0.4091-val_acc:0.8636
 Epoch 15/20
391/391[======]-111s-loss:0.3120-acc:0.8903-val_loss:0.4260-val_acc:0.8679
 Epoch 16/20
391/391[======]-112s-loss:0.2997-acc:0.8950-val_loss:0.4177-val_acc:0.8210
Epoch 17/20
391/391[======]-110s-loss:0.2881-acc:0.8990-val_loss:0.5584-val_acc:0.8210
Epoch 18/20
391/391[======]-110s-loss:0.2765-acc:0.9028-val_loss: 0.4495-val_acc:0.8609
Epoch 19/20
391/391[======]-110s-loss:0.2674-acc:0.9054-val_loss: 0.4202-val_acc:0.8676
Epoch 20/20
391/391[======]-111s-loss:0.2519-acc:0.9107-val_loss: 0.3623-val_acc:0.8827
Out[70]: <keras. callbacks. History at 0x210bb422da0>
```

以上结果给出了 20 个 epochs 的训练结果，准确率都在 90%左右。下面我们评估并保存该模型，以备下次使用。

```
In [71] : # Evaluate the accuracy of the test dataset
   ...: accuracy =modeL ,evaluate(x=test_x, y=test_y, batch_size=128)
   ...: modeL, save("model_ res.h5")
   ...:
9984/10000[==================>,]-ETA: 0s
```

保存结果如图 6-4 所示。

图 6-4 保存的文件

从图 6-4 中可以看到该模型有 51MB 左右，大约有上千万个参数。

结合前面深度学习的内容，我们大致知道深度学习模型一般都很大，也正因为如此，才能容纳足够多的参数，使其具有较大的泛化能力。

6.3 客户人脸识别

人脸识别技术应用于金融领域有一定的技术门槛，这一点和其他许多行业不同。例如，在考勤中人脸识别的错误率达到 10%也是可以接受的，但在金融领域中人脸识别的错误率要接近亿分之一才能够用于支付。当然，人脸识别用于支付还需要其他许多辅助验证手段，但单纯的客户身份验证已可以借助人脸识别完成。常见的场景如下：

（1）证券开户。当前我们已经可以使用证券公司的 App 或网上银行通过人脸识别来进行身份验证，从而实现开户操作。根据规定，当前每个公民可以开 3 个证券公司的股票账户。

（2）银行卡支付绑定。我们可以在一些特定的 App 中关联银行卡直接进行支付，此时借助于人脸识别可以明确是否为个人真实的意愿。

（3）人脸支付。借助于更加精准的人脸识别技术，每个人的脸相当于一个新的生物 ID，如同指纹一样，此时人脸信息相当于一张银行卡，通过云平台的账户管理，实现直接扣款和支付。

当前，人脸识别已进入成熟期，国内做人脸识别的企业既包括百度、腾讯、阿里巴巴等互联网巨头，也包括商汤科技、旷视科技等人工智能新兴企业。

这里，我们介绍人脸识别的基础知识，同时提供一个利用深度学习进行人脸识别的实践案例。

那么，人脸识别到底是依靠什么"秘密武器"呢？

人在很短的时间内就可以记住另一个人的样子，并在下次遇到他（她）的时候说出这个人的名字；但对计算机来说，像人类一样识别人脸是很困难的事情。在深度学习应用之前，有很多技术尝试让计算机实现"识别"人脸的功能，但效果都不尽如人意。

人脸识别遵从这样的规律：任何识别过程都是识别了不同的个体所对应的脸部特征，然后根据这些特征进行甄别。

在深度学习应用之前，人们发现了许多特征并用来区分不同个体的"人脸信息"。在这些特征中，直方图及基于直方图的特征应用较为广泛，而且有关它的一些新发展现在仍然在行业中应用。

6.3.1 直方图

直方图（Histogram），也称为质量分布图，是统计中经常使用的图表之一，是由统计学家卡尔·皮尔逊（Karl Pearson）首先提出的。

直方图使用一系列高度不等的纵向条纹或线段表示数据分布的情况，一般用横轴表示数据区间，纵轴表示分布情况。它是数值数据分布的精确图形。

一般来说，构建直方图的步骤如下：

(1) 将数据范围进行划分,即将整个数值的范围分成一系列相连的区间。
(2) 然后计算每个区间中有多少个取值。
(3) 该区间的纵轴表示取值数量的占比,即

$$区间的纵轴 = \frac{该区间的数值数量}{数值总数量}$$

注意,间隔必须相邻,并且通常是(但不是必须)相等的大小。

下面通过一个班级某门考试的成绩来熟悉直方图的构建方法,所使用的数据如表 6-2 所示。

表 6-2 成绩分布

学 号	成绩/分	学 号	成绩/分
1	76	11	80
2	88	12	80
3	86	13	72
4	65	14	90
5	64	15	62
6	83	16	90
7	67	17	72
8	68	18	61
9	79	19	78
10	87	20	90

可以看到,成绩分布在 60 到 100 分的区间内,假设学校按照如下方式划分成绩等级,优:90～100 分;良:80～89 分;中:70～79 分;及格:60～69 分。

这相当于将[60,100]这个大区间划分成 4 个小区间,此时可以用直方图来看一下分布情况。你可以先自己动手统计,然后学习用 Python 生成直方图,代码如下。

```
In [1]: import pandas as pd
# 导入 Pandas 模块
In [3]: data=pd.read_excel('grade.xlsx',header=0)
In [4]: data.shape
Out[4]: (20, 2)
In [5]: data['成绩'].hist(bins=4)
# 指定成绩列来画直方图,bins 是指定分成几部分
```

绘制的结果如图 6-5 所示。

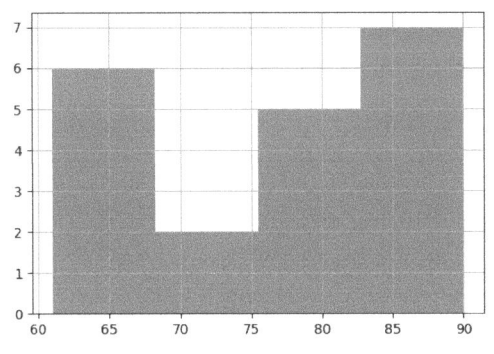

图 6-5 成绩分布直方图

该直方图反映这个班级关于成绩的重要特征。想象这样的场景：

某一所学校对于不同的班级，都建立了类似的成绩直方图。在考试后，如果学校依据成绩来对不同的班级分类，则教务处只需使用 4 个参数（即优、良、中、及格各自的数量），就可以对它们进行大致分类，无须比较每个班级所有同学的考试成绩。

如果有两个班级成绩分布相同，那么这 4 个参数就不足以识别这两个班级，则需要挖掘更深入的特征。

一般来说，人脸识别都是通过采集的脸部照片进行识别的，对于一张含有人脸的图片来说，它的颜色分布（或者灰度分布）形成了直方图，而不同的人脸颜色分布直方图是不同的。下面我们对此进行详细介绍。

6.3.2 图像、距离与灰度直方图

人脸识别的基础是计算机已经获得了"需要识别对象的人脸照片"，这些照片存储在计算机中，一般以".jpg"作为结尾。当然除了 jpg 格式，图片文件还有其他格式。

存储在计算机中的图片是通过 RGB 三原色来显示色彩的，其中，R 表示红色（Red）；G 表示绿色（Green）；B 表示蓝色（Blue）。

一般来说，人眼能够分辨的颜色都可以通过这三种颜色生成，这也是三原色的名称来源。换句话说，通过调整这三种颜色的比例，计算机就可以存储和显示世界上千变万化的颜色。

如果图片没有彩色信息，则称为灰度图像。存储该图片无须 RGB 通道，只需要一个表示黑白的表（矩阵）就可以把它表示出来。这时 0 表示纯黑，255 表示纯白，而中间的数值表示介于纯黑和纯白之间的灰度。

彩色图片可以直接变成灰度图，但这种变换不是直接的加权平均，而是通过一个通用的f()函数进行的，它可以完成如下的转换工作：

$$Gray(x,y)=f(r(x,y),g(x,y),b(x,y))$$

这里，gray(x,y)表示坐标为（x,y）的点的灰度；

r(x,y)表示坐标为（x,y）的点的R通道强度（比例）；

r(x,y)表示坐标为（x,y）的点的G通道强度（比例）；

r(x,y)表示坐标为（x,y）的点的B通道强度（比例）。

在Python中，有许多模块可以显示图片并进行转换，这里使用的是PIL模块。

如果没有安装PIL模块，则需要先在命令行模式下使用pip install进行安装。

```
Pip install PIL
```

通过以下命令调用PIL的Image组件。

```
In [13]: from PIL import Image
In [14]: im=Image.open('obama.jpg')
# 打开图片
In [15]: im.show()
# 显示图像
In [16]: grayim=im.convert('L')
# 将图像转换为灰度图
In [17]: grayim.show()
# 显示灰度图
```

该命令可以将图像转换成数组，下面具体看一下图像中的数据。Python的NumPy模块是处理数组的模块。所谓数组就是顺序排列的一系列数，在Python中，数组用下列形式表示：

$$[x_1,x_2,\cdots,x_n]$$

注意，这里的 x_i（$1 \leqslant i \leqslant n$）还可以是数组。

```
In [18]: import numpy as np
    # 使用NumPy包
In [19]: imarray=np.array(im)
# 将图像转换成数组
In [20]: imarray
# 显示图像的数据
Out[20]:
array([[[ 28, 38, 27],
[ 28, 38, 27],
[ 28, 38, 27],
```

```
...,
...,
[ 82, 86, 113],
[ 84, 88, 115],
[ 82, 86, 113]]], dtype=uint8)
In [21]: imarray.shape
# 给出图像数据的维度
Out[21]: (2333, 1654, 3)
```

从上述代码中可以看到,当图像转换成数组后,数据有长、宽、通道三个维度。需要注意的是,这时候每一个坐标(长,宽)对应三个值,这三个值分别是 RGB 三原色的强度,这与前面提到的通道形式稍有不同,相当于把三个通道对应位置的数提取出来组成了一个新数组。

6.3.3 人脸识别实践

在进行人脸识别之前,还需要有一个人脸检测的过程。这是因为获取包括人脸的照片后(例如通过照相机、摄像头、视频裁剪等方式),计算机一般还需要对照片进行裁剪,只保留脸部的图片信息,方便比对。

人脸检测的目的是减少后期比对的工作量,因为有了裁剪后的照片,计算机就不必进行整个图片的匹配,而只需考虑脸部信息即可,如图 6-6 所示。

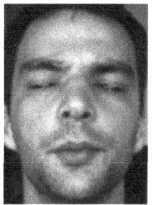

图 6-6 脸部检测和裁剪

脸部检测技术一般利用 Harr-like 特征,其可分为如下 4 类:
(1)边缘特征。
(2)线特征。
(3)中心环绕特征。
(4)对角线特征。
这 4 类特征都是图像局部区域像素分布的描述,然后特定算法通过对图片区域扫描,获取与人脸特征类似的区域,最终实现人脸检测,如图 6-7 所示。

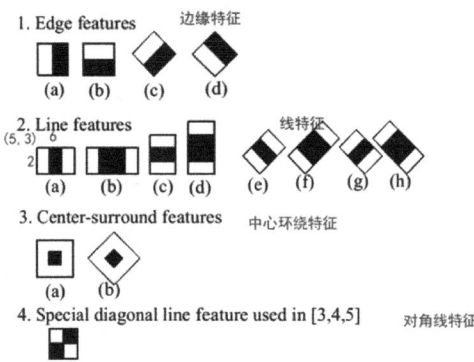

图 6-7　4 类像素分布特征

既然获得的特征构成了非常多的人脸属性,那么许多机器学习方法就可以对应用进行分类,这里的分类如下:

(1)属于人脸。

(2)非人脸。

其训练过程如下:

输入图像→图像预处理→提取特征→训练分类器(二分类)→得到训练好的模型。

脸部检测过程如下:

输入图像→图像预处理→提取特征→导入训练好的模型→二分类(是不是人脸)。

在传统模式下,上面训练好的模型是机器学习模型,如使用基于决策树的 Adaboost 方法,但也可以采用深度学习模型。

从上面描述的过程可以看出,人脸检测在一定程度上也可以用于人脸识别,此时分类任务变成以下两类:

(1)是某个人。

(2)不是某个人。

这里人脸检测无须使用上面提到的烦琐过程,可以借用成熟的软件包 OpenCV 实现。

以下命令是在 Python 环境中加载 OpenCV 模块[①],代码如下。

```
import cv2
# 引入 OpenCV 模块
faceClassifier=cv2.CascadeClassifier('haarcascade_frontalface_default.xml')
```

---

① 相关图片来自公开人脸识别数据库 BioID Face Database —— FaceDB。

```
# 构建 OpenCV 模块提供的脸部分类器，可以看到它是用 Harr 特征来检测脸部的
objImage=cv2.imread('facedetect.jpg')
# 读取要进行人脸检测的图片
cvtImage=cv2.cvtColor(objImage,cv2.COLOR_BGR2GRAY)
# 将图片转换为灰度图像（Gray）
foundFaces=faceClassifier.detectMultiScale(objImage,scaleFactor=1.3,minNeighbors=9,minSize=(50,50),flags = cv2.cv.CV_HAAR_SCALE_IMAGE)
# 返回检测到的脸部，脸部都会给出左上角的坐标和长、宽。相当于描述了一个方框，将脸部圈起来
facenumbers=len(foundFaces)
# 发现检测到的脸部数量
for (x,y,w,h) in foundFaces:
    cv2.rectangle(objImage,(x,y),(x+w,y+h),(0,0,255),2)
# 按照返回结果画出红框
cv2.imshow(objImage)
# 显示标注脸部识别结果的图片
```

你可以对以上命令灵活使用，拓展其应用场景，如利用摄像头实时捕捉人脸并检测，同时还可以将检测到的人脸信息利用返回的红框进行截图保留，方便后面进行人脸识别。

下面，讲解如何使用开源的 face-recognition 模块来实现人脸识别。

该模块需要在命令行下安装开源包：

```
pip install face-recognition
```

模块 face-recognition 也可以完成上面的人脸检测，它可以在一张图片中检测人脸个数并圈出人脸，代码如下。

```
In [32]: import face_recognition
# 引入 face_recognition 模块
    ...: from skimage import draw, io
# 和前面不同，这里用 skimage 来显示和存储图像
In [34]: image = face_recognition.load_image_file('facedetect.jpg')
# 引入要进行人脸检测的图片
In [35]: face_locations = face_recognition.face_locations(image)
# 确定每个人脸的位置，为后面画出方框做准备
In [38]: len(face_locations)
Out[38]: 11
# 说明有 11 个人脸被检测出来
In [39]: for face_location in face_locations:
    ...: # 每个人脸的坐标
    ...: top, right, bottom, left = face_location
    ...: # 为每个人脸画四边形的四个位置，可以看出分别是四边形的上、右、下、左
```

```
   ...: rr, cc = draw.polygon_perimeter([top, top, bottom, bottom], [left,
right, right, left])
   ...: # 用polygon_perimeter绘制不填充的多边形
   ...: draw.set_color(img, [rr, cc], [255, 0, 0])
   ...: # 设置颜色为红色
   ...: io.imsave('F:result.jpg', img)
   ...: # 保存
```

原始的 facedetect.jpg 图像包含很多人的照片，为了避免版权纠纷，本书不再详细说明。你可以在任何一张群体照片中应用该方法，进而识别具体的某个人或某几个人。

而 result.jpg 的图像与上述原始群体照片的差别在于：每个检测出来的人脸都会被打上一个矩形框，为避免版权纠纷，这里也不再说明，你可以通过实践来获得直接认识。

使用 face_recognition 进行人脸识别非常容易，具体过程如下：

（1）准备好已经标注姓名或者 ID 的人脸照片。

（2）利用 face_recognition 将其编码。

（3）读入待识别的照片。

（4）将待识别的照片编码。

（5）调用函数进行识别，结果通过 True 或 False 给出。

以下是利用该过程进行人脸识别，具体代码如下：

```
In [41]: import face_recognition
# 引入模块
In [42]: targetface=face_recognition.load_image_file("targetface.jpg")
# 读入已知姓名或者ID的图片，这里已经知道该照片是×××
In [44]: toberecognized=face_recognition.load_image_file("toberecognized.jpg")
# 读入待人脸识别的照片
In [46]: faceencoding=face_recognition.face_encodings(targetface)[0]
# 对已知ID的照片进行编码
In [47]: toberecognizedencoding=face_recognition.face_encodings(toberecognized)[0]
# 对待识别的照片进行编码
In [49]: knownfaces=[faceencoding]
# 因为识别是将一张照片与一组已经标识ID的照片对比，所以即使只有一张也需要变成一个组
In [50]: results=face_recognition.compare_faces(knownfaces,toberecognizedencoding)
# 给出结果
In [51]: results
Out[51]: [True]
# 结果为真，说明待检测的照片是目标人脸，这就完成了人脸识别
```

库中标准人脸照片（即 targetface.jpg）如图 6-8 所示。

待检测照片（即 toberecognized.jpg）如图 6-9 所示。

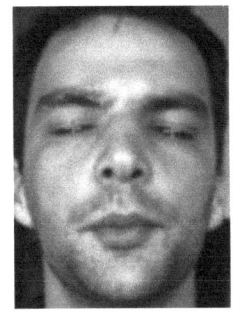 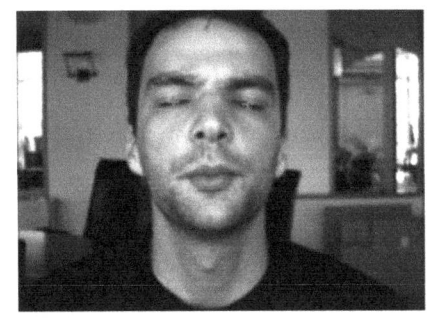

图 6-8 标准人脸照片　　　　图 6-9 待检测照片

识别过程可以更加场景化，在此过程中加入新的 ID 图片，例如：

（1）Lisi.jpg 保存的是李四的脸部照片。

（2）Wangwu.jpg 保存的是王五的脸部照片。

这样更适合真实场景，实现多个人的检测。代码如下。

```
In [71]: import face_recognition
# 引入模块
In [72]: targetface=face_recognition.load_image_file("targetface.jpg")
In [73]: lisiface=face_recognition.load_image_file("Lisi.jpg")
In [74]: wangwuface=face_recognition.load_image_file("Wangwu.jpg")
# 读入已知姓名或者 ID 的图片，这里分别是 Lisi, Heuliu 和 Wangwu
In [75]: toberecognized=face_recognition.load_image_file("toberecognized.jpg")
# 读入待人脸识别的照片
In [76]: targetencoding=face_recognition.face_encodings(target_face)[0]
In [77]: lisiencoding=face_recognition.face_encodings(Lisiface)[0]
In [78]: wangwuencoding=face_recognition.face_encodings(wangwuface)[0]
# 对已知 ID 的照片进行编码
In [79]: toberecognizedencoding=face_recognition.face_encodings(toberecognized)[0]
# 对待识别的照片进行编码
In [80]: knownfaces=[targetencoding,lisiencoding,wangwuencoding]
# 因为识别是将一张照片与一组已经标识 ID 的照片对比，所以这里需要将三个已知 ID 的图片编码构成一个组，用来比较识别
In [81]: results=face_recognition.compare_faces(knownfaces,toberecognizedencoding)
# 给出结果
In [82]: results
Out[82]: [True, False, False]
# 结果第一个为真，说明待检测的照片是目标对象
```

第 7 章

金融安全中的深度学习

金融是国民经济的命脉，金融安全是经济安全的重要组成部分。本章介绍金融安全的一些知识以及深度学习技术在其中的应用。

金融解决的是资金融通问题，其在某种程度上是经济运行的循环系统，在整个经济体系中处于非常重要的地位。对个体来说，金融意味着货币和资产，稍有风险就可能会影响正常的生活。

7.1 金融安全

金融安全（Financial security）是指货币资金融通的安全和整个金融体系的稳定。金融安全是金融经济学研究的基本问题，在经济全球化加速发展的今天，金融安全在国家经济安全中的地位和作用日益加强。

金融安全和金融风险、金融危机紧密联系在一起，人们既可以用风险和危机状况来解释和衡量安全程度，也可以用安全来解释和衡量风险与危机状况。安全程度越高，风险就越小；反之，风险越大，安全程度就越低；危机是风险大规模积聚爆发的结果，是严重不安全，是金融安全中的一种极端现象。

这里所说的金融信息安全是金融安全的一个重要部分，主要涉及与金融有关的信息传输、保存、获取的安全。当前，人工智能技术的进步已经在以下两个方面影响了金融信息

的安全:
(1) 人工智能技术对既有的金融信息安全体系发起了挑战。
(2) 人工智能技术能帮助现有的金融信息系统发现漏洞,防范恶意识别。

可以看到,人工智能作为一种工具,既可以做好事,也可以做坏事。

这里,我们用两个实践来讲解金融信息安全。

(1) RSA 加密算法,这是区块链技术的基础。

(2) 金融机构网站和 App 上常用的验证码识别。

为什么以这两个实践作为研究对象?因为对金融信息安全来说,我们经常接触的就是"证书"(CA 证书)和验证码:在首次登录网上银行时,会要求安装证书,这个证书就是由 RSA 加密算法的密钥生成的,然后在每次登录时还会有一个图形验证码,我们需要识别验证码的正确数字(或文字),并正确填写后才能登录。金融机构通过这种方式来防止程序自动登录网站,因为频繁登录网站就可以进行密码破译,这是非常不安全的。

7.2 RSA 加密算法

在 2018 年和人工智能一样火的是区块链技术,其一方面连接着计算机技术,另一方面连接着金融。很多金融机构声称已经使用区块链技术实现了许多功能——建立信用数据区块链,如 Facebook(脸书)在 2019 年 6 月 18 日发布的加密货币 Libra,就是使用了区块链技术。简单来说,我们在金融机构的每一次交易都被存储在区块链中,永远不会丢失且无法被篡改。

实际上,区块链的核心技术是加密,这些加密的方法也可以用于我们每天的通信、银行转账等领域:我们不希望私人通话被他人听到,当然也不希望转账被其他人领取,如银行的柜员机能够准确识别取钱的银行卡是不是持有者本人的等。

现在,我们来认识一下加密的两种思路,即对称加密体系和非对称加密体系。

7.2.1 对称加密体系

对称加密体系非常简单,就是我们有一个私有的密码,然后对称加密体系可以用这个密码将信息加密,解密的时候重新用密码反向运算即可,简单的数学描述如下:

$$f(x, password) = y$$

f 是加密操作，它用 password 来加密信息 x，然后得到加密的信息 y。解密则是进行如上操作的逆向操作：

$$f^{-1}(y, \text{password}) = x$$

其实，对称加密也叫作单钥密码系统，它认为同一个密钥可以同时用作信息的加密和解密。

我们用一个简单的例子说明这种思想。

甲和乙是商业上的合作伙伴，住在不同的城市。现在因为生意上的需要，他们之间要经常邮寄重要的开发原型物品，这些原型可能涉及很多知识产权，对他们非常重要。为了保证它的安全，两个人商定制作一个保险箱，并打造两把钥匙分别保管。这样在需要邮寄开发原型物品的时候，就将物品放入保险箱中邮寄，收到的一方可以用钥匙打开保险箱。这样，只要两个人都保管好钥匙，那么就算有人获得了保险箱，也无法顺利打开。这就是典型的对称加密，因为密钥只有一把（虽然钥匙是两把，但是相同的）。

该思想也用于现代计算机通信的信息加密中，在典型的对称加密信息传输中，数据发送方将明文（原始数据）和加密密钥一起经过特殊加密算法处理，使其变成复杂的加密密文发送出去。接收方收到密文后，若想解读原文，只有使用加密密钥及相同算法的逆算法对密文进行解密，才能使其恢复成可读的明文。在对称加密算法中，使用的密钥只有一个，发送和接收信息的双方都使用这个密钥对数据进行加密和解密。

对称加密看起来比较美妙，但也有潜在的问题，那就是密钥怎么给对方，或者说实现该体系就需要双方有非常好的先期联系（不被窃听的情况下）。而在现实中，我们经常给陌生人发送信息，这时不可能要求他有一个和我们一样的密钥。在计算机通信中更是如此，网络动态持续变化，许多链接都是根据需求动态产生的，那么这时如何保障它们的通信安全？

这时，就需要用到非对称加密体系。

7.2.2 非对称加密体系

非对称加密需要公钥和私钥。很明显，与对称加密相比，这里的公钥和私钥是不同的，而且非对称加密是用公钥加密，获得加密信息的正确对象可以用私钥解密。每个人的公钥都是公开的，可以像电话号码一样被查阅，计算机程序可以公开传播这些公钥。

公钥与私钥的作用：用公钥加密的内容只能用私钥解密，用私钥加密的内容只能用公钥解密。

下面用电子邮件来说明这一过程。

安全的电子邮件发送包括两项内容：

第一，发送邮件的内容必须加密，在邮件的传输过程中不能被别人看到。

第二，保证确实是发送人发送的邮件，不是别人冒充发送的。

我们可以通过网站或公开信息获得接收方的公钥。这个公钥就可以用来加密，并有验证接收方的用途。对应的是我们各自的私钥，必须非常小心地保存，因为最终要用它来解密，并完成签章。

在获得对方公钥后，我们用公钥给这个邮件加密，这样就保证这个邮件不被别人看到，而且保证邮件在传送过程中不被修改。

在邮件发送后，接收方获得邮件，然后用他的私钥就可以解密邮件内容，非常方便。而且邮件即使被别人截取，由于没有私钥，截取的人没有办法将加密的电子邮件解密，即无法获取邮件的正文内容。

这听起来是不是很完善？但这个加密解密的过程其实也非常麻烦，因为这实际上是在做一道数学题，即寻求一种方法，它"保证"由已知加密密钥（公钥，每个人都可以知道）推导出解密密钥（私钥），或者在既有的计算能力上无法被顺利破解。

于是，就出现了一种新的算法——RSA 加密算法，它是一种非对称加密算法。1973 年，在英国政府通信总部工作的数学家克利福德·柯克斯（Clifford Cocks）在一个内部文件中提出了该算法，但由于他的发现被列入机密，一直到 1997 年才被外界所知。换句话说，RSA 算法应该叫作 Clifford 算法。

1977 年，麻省理工学院的罗恩·里夫斯特（Ron Rivest）、阿迪·沙米尔（Adi Shamir）和莱纳德·阿德尔曼（Leonard Adleman）一起提出 RSA 算法，RSA 就是由他们三个人姓氏开头的字母拼在一起组成的。1983 年，麻省理工学院在美国为 RSA 算法申请了专利，直到 2000 年 9 月 21 日失效。事实上，很多国家认为该算法在申请专利前就已经被发表了，因此并不承认该专利。

RSA 算法实际上是利用了一个数学上的难题，也就是对极大整数做因数分解的难度，该问题的难度决定了 RSA 算法的可靠性。换句话说，对一极大整数做因数分解越困难，RSA 算法就越可靠。假如有人能找到一种快速因数分解的算法，那么用 RSA 加密的信息的可靠性就会快速下降。

现在，人们认为找到这种算法的可能性非常小，只有短的 RSA 钥匙才可能通过强力方式被破解。到目前为止，世界上还没有任何一种可靠的、能有效地攻击 RSA 算法的方法出现。

由此我们可以认为,只要其钥匙的长度足够长,用 RSA 加密的信息实际上是不能被破解的。

RSA 算法是第一个能同时用于加密和数字签名的算法,而且易于理解和操作。RSA 算法是被研究的最广泛的公钥算法,从提出到如今的 40 多年里,经历了各种攻击的考验,也逐渐被人们接受。截至 2017 年,它仍被普遍认为是最优秀的公钥方案之一。

在金融交易中,我们经常看到证书的概念,这些证书遵从通信中权威的 SET(Secure Electronic Transaction)协议,该协议要求 CA 证书采用 2048 bits 长的密钥,其他实体使用 1024 bits 的密钥,很显然 RSA 密钥的长度随着保密级别的提高而加长,也就是说破解难度也在迅速增加。

表 7-1 列出了 SET 不同安全级别所对应的密钥长度。

表 7-1 不同安全级别所需的密钥长度

保密级别	对称密钥长度(bits)	RSA 密钥长度(bits)	ECC 密钥长度(bits)	截止的保密年限
80	80	1024	160	2010
112	112	2048	224	2030
128	128	3072	256	2040
192	192	7680	384	2080
256	256	15360	512	2120

这里简单描述一下 RSA 算法,其中涉及素数和求模操作、最大公约数操作 gcd 以及最小公倍数操作 lcm,方法如下。

首先是秘钥的生成。

第一步,生成两个随机大素数 p 和 q,计算 $n=pq$。

第二步,生成一个数 e,e 小于 $\varphi(n)=(p-1)\times(q-1)$,且满足 $gcd(e,n)=1$,然后 e 和 n 就为公钥对。

第三步,计算 d,满足 $e^d \bmod \varphi(n) = 1$,将 d 和 n 作为私钥对。

这里 $\varphi(n) = n \cdot \prod_{i}(1-\frac{1}{p_i})$ 是欧拉函数,欧拉函数是小于或等于 n 的正整数中与 n 互质的数的个数,此式中 p_i 是 n 的素因子。上述函数看起来很复杂,实际上它有一个很好的性质,那就是当 n 是两个质数的乘积的时候,例如 $n=pq$,则有 $\varphi(n)=(p-1)(q-1)$。

其次是加密过程,非常简单。

$$c \equiv m^e \bmod n$$

这里 m 是需要加密的信息（明文），c 是加密后的信息（密文），e,n 是公开的公钥对。最后是解密过程，也很简单。

$$m \equiv c^d \bmod n$$

其中 d,n 是私钥对，m 得到恢复。

这里给出了一个数论上的证明，你可以查看：

$$m \equiv c^d \equiv (m^e)^d \equiv (m^e)^{e^{-1} \bmod \varphi(n)} \equiv m^{k\varphi(n)+1} \equiv m^{k\varphi(n)} \cdot m \equiv 1 \bmod n$$

那么，如何说明"破解"该算法很难呢？即说明 RSA 算法是安全的，也就是说，在不知道私钥的情况下，已知密文 c 是无法解密成正确的明文 m 的。

如果有人想根据加密公式：

$$c \equiv m^e \bmod n$$

通过对 c 开 e 次方求 m 的值是不可行的，因为这是在模 n 的群上开方，和在实数域上开方相比，其计算难度有质的差别，数学上证明这是一个 NP 困难的问题。如果有人想通过计算 d 来解出 m，那么根据公式：

$$d \equiv e^{-1} \bmod \varphi(n)$$

则必须先计算出 $\varphi(n)$，而根据 $\varphi(n)$ 的计算公式，必须先知道 n 的分解才行。但大数质因子分解在当前也是一个计算难题，就是说我们可以轻易地通过两个质数算出它们的积，但知道了积很难反推出这两个质数。

使用 Python 来实现 RSA 算法的最简单的做法就是直接使用，这时需要用 pip install rsa 来安装 RSA 算法包，代码如下。

```
In[213]: import rsa
In[214]:  key=rsa, newkeys(3000)# 生成机密钥
    ...: privateKey = key[1]# 私钥
    ...: publicKey=key[0]# 公钥
    ...: message='金融机构正在面临着越来越多的互联网公司挑战'
    ...: print('加密前:',message)
    ...: message = message. encode()
    ...: cryptedMessage = rsa. encrypt(message, publicKey)
    ...: print('加密后:\n', cryptedMessage)
    ...: message = rsa, decrypt(cryptedMessa, privateKey)
    ...:  message = message. decode()
...:  print('解密后:', message)
    ...:
```

我们会看到加密前的内容是"金融机构正在面临着越来越多的互联网公司挑战"，加

密后出现相应的结果，代码如下。

```
b'\x88+\xe9/xf4ZIC\xe2G\xla\xadx02N"\xceN\xf4x92\xc8x85\xb9xadx81\x18h\H
xC9\x10\xd1\x9cn\xc5\xee\xd5-<]\xd4\xle7\x7f\xc8\xler8\xabaN\xe2\x8c6\xldxld
\xb4z\x03\xbe\x95\x95\ra\x93j\xae\x9f\x93\xleD85\x1b\n\xd7\xb77\xce\x93\xade
\x9eP\xe5N\x92\xcdEeK\xbc\x83I\xade\xd6\x81\xe6A\x07\xf2U\xlawbc\xf2.\xecn]\
x916g\x00\x93\x17\xec\xf6\n"7\xa05\x9c\xff\x10\1\x86+\xbc\xf4xd2\xfaKcae\xb1-
m\xcsxec\xa7B\xdd?\x8a\xddT\xc0\x91\xf4\x91\xaf<%+@\'\xlaI\xe5x99\xe9\x04\r\x
f8xf61)\xdf\xd5\xd1_\xf1\xd7\x7f(\x7fy]xda\xbf\xa3ss\xf3\xc2\xBa\x13y\xda\xf8
\x1b\x11t6\xfe\x91\xe9t\xecx11Bv\xe8\xa3wx92\xd4xbd\xec\xfc(xda,4n\xf5\x02.\x
f6\xb5"c*x06\xf2C*N"\xfs\xe5x\x6e\xeb\x94\x13\xd7\x81\x92\xa2\x98%0w\xb7{[9e\
xb3\xab5x10\x1b\xbc4\x1bx18xd4\xc1\x81\xd70\x92\xal\xcc\x89\x16\xfb\xccX
```

然后经过解密后出现的内容是"金融机构正在面临着越来越多的互联网公司挑战"。

当然，我们也可以自己编写 RSA 算法，具体操作如下：

第一步，选择 p，q 两个超级大的质数，这里用 1024 位。

第二步，$n = p \times q$，并取 $\varphi(n) = (p-1) \times (q-1)$，这是计算与 n 互质的整数的个数。

第三步，取 $e \in 1 < e < \varphi(n)$，这样(n，e)就作为公钥对，一般正式环境中取 65 537。用户打开任意一个被认证过的 https 证书，都可以看到。

第四步，令 $e^d \mod \varphi(n) = 1$，计算 d，(n，d)作为私钥对。其中 d 利用扩展欧几里的算法进行计算。

第五步，销毁 p，q。

在加密时，令密文 = 明文^e mod n。

而在解密时，明文 = 密文^d mod n。

加密和解密都可以利用反复平方法计算，具体的代码如下：

```
# -*- coding: utf-8 -*-
"""
Created on Mon Jan 21 21:32:42 2019
@author: math
"""
import random
def fastExpMod(b, e, m):
    result = 1
    while e != 0:
        if (e&1) == 1:
            # ei = 1, then mul
            result = (result * b) % m
        e >>= 1
        # b, b^2, b^4, b^8, ... , b^(2^n)
```

```python
            b = (b*b) % m
    return result

def primeTest(n):
    q = n - 1
    k = 0
    #Find k, q, satisfied 2^k * q = n - 1
    while q % 2 == 0:
        k += 1;
        q /= 2
    a = random.randint(2, n-2);
    #If a^q mod n= 1, n maybe is a prime number
    if fastExpMod(a, q, n) == 1:
        return "inconclusive"
    #If there exists j satisfy a ^ ((2 ^ j) * q) mod n == n-1, n maybe is a prime number
    for j in range(0, k):
        if fastExpMod(a, (2**j)*q, n) == n - 1:
            return "inconclusive"
    #a is not a prime number
    return "composite"

def findPrime(halfkeyLength):
    while True:
        #Select a random number n
        n = random.randint(0, 1<<halfkeyLength)
        if n % 2 != 0:
            found = True
            #If n satisfy primeTest 10 times, then n should be a prime number
            for i in range(0, 10):
                if primeTest(n) == "composite":
                    found = False
                    break
            if found:
                return n

def extendedGCD(a, b):
    #a*xi + b*yi = ri
    if b == 0:
        return (1, 0, a)
    #a*x1 + b*y1 = a
    x1 = 1
```

```python
        y1 = 0
        #a*x2 + b*y2 = b
        x2 = 0
        y2 = 1
        while b != 0:
            q = a / b
            #ri = r(i-2) % r(i-1)
            r = a % b
            a = b
            b = r
            #xi = x(i-2) - q*x(i-1)
            x = x1 - q*x2
            x1 = x2
            x2 = x
            #yi = y(i-2) - q*y(i-1)
            y = y1 - q*y2
            y1 = y2
            y2 = y
        return(x1, y1, a)

def selectE(fn, halfkeyLength):
    while True:
        #e and fn are relatively prime
        e = random.randint(0, 1<<halfkeyLength)
        (x, y, r) = extendedGCD(e, fn)
        if r == 1:
            return e

def computeD(fn, e):
    (x, y, r) = extendedGCD(fn, e)
    #y maybe < 0, so convert it
    if y < 0:
        return fn + y
    return y

def keyGeneration(keyLength):
    #generate public key and private key
    p = findPrime(keyLength/2)
    q = findPrime(keyLength/2)
    n = p * q
    fn = (p-1) * (q-1)
    e = selectE(fn, keyLength/2)
```

```
        d = computeD(fn, e)
        return (n, e, d)

def encryption(M, e, n):
    #RSA C = M^e mod n
    return fastExpMod(M, e, n)

def decryption(C, d, n):
    #RSA M = C^d mod n
    return fastExpMod(C, d, n)
```

7.3 验证码识别

在生活中，验证码非常普遍，几乎与金融有关的网上登录都会使用验证码。使用验证码的目的非常简单，就是识别登录的是人还是自动的程序（机器人）。人具有机器人所不具备的能力——能够认出模糊混淆图片中的数字，这是因为人的视觉认知能力更加强大的缘故。

但在今天，深度学习技术已经可以在许多视觉任务中战胜人类，对于验证码来说，也是如此。

7.3.1 利用深度学习训练卷积网络

下面就用深度学习训练一个卷积网络，该网络可以很好地识别验证码，这实际上对金融信息安全提出了挑战。

1. 思路

在深度学习实践中，最大的问题就是数据，特别是标注的数据。而这里，我们有一个非常好的思路，那就是利用验证码生成的 Python 库，该库本来是为了 Python 编写网站程序添加验证码，类似于某金融机构用该模块来构建验证码，从而识别登录的是人还是程序。

我们利用它，是因为当请求一个验证码的时候，会同时获得它的标注信息——验证码的真实文字，这些文字和验证码图片正好一一对应。这是一个天然的标注数据库，深度学习的卷积网络就利用它进行训练。

2. 引入模块

下面先引入需要的模块，代码如下。

```
In [4]: from Captcha image import ImageCaptcha
   ...: import matplotlib.pyplot as plt
   ...: import numpy as np
   ...: import random
   ...:
```

然后利用 Captcha 模块生成验证码，并显示出来，代码如下。

```
In [5]: import string
   ...: characters= string.digits+ string,ascii_uppercase
   ...: print(characters)
   ...: width, height, n_len, n_class= 170,80, 4,len(characters)
   ...: generator ImageCaptcha(width=width, height=height)
   ...: random_str=''.join([random,choice(characters) for j in range(4)])
   ...: img= generator.generate_image( random_str)
   ...: plt.imshow(img)
   ...: plt.title(random_str)
   ...:
0123456789ABCDEFGHIJKLMNOPQRSTUWWXYZ
Out[5]:<matplotlib.text.Text at 0x20f867d9940>
```

输出结果如图 7-1 所示。

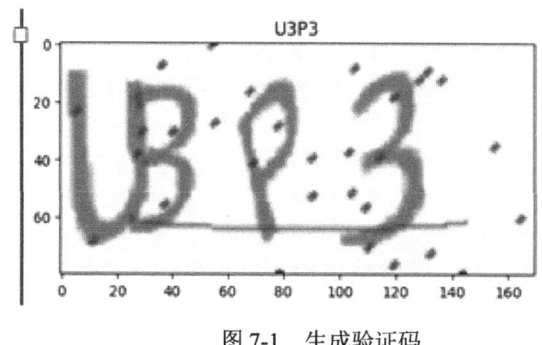

图 7-1　生成验证码

上述 U3P3 就是识别的验证码，可以看出验证码图片识别起来还是有很大难度的。

3. 构建训练数据

为了构建训练用的数据，也就是 X 和 Y，我们采用生成器（Generate）模块，该模块如同一个数据管道，可以为训练不断地提供 X,Y，对应的好处是它无须事先将数据加载到内存中，可以根据需要生成相应的数据，实际上是一个迭代器。下面简单介绍迭代器和生成器，你可以据此理解下述代码并灵活应用。

（1）迭代器。迭代器是 Python 最强大的功能之一，是访问集合元素的一种方式。根据设定，迭代器是一个可以记住遍历位置的对象。通常，迭代器对象从集合的第一个元素开始访问，直到所有的元素被访问完才结束。迭代器只能往前不会后退。迭代器对象有两个基本的（内置）方法：iter()和 next()。其中，字符串、列表或元组对象都可用于创建迭代器。迭代器的使用，代码如下。

```
In[39] : list=[1,2,3,4]
    ...: it=iter(list) # 创建迭代器对象
    ...: print (next(it) )# 输出迭代器的下一个元素
    ...:
1
In[40]: print (next(it) )
2
```

（2）生成器。在 Python 中，使用 yield()函数的被称为生成器。跟普通函数不同的是，生成器是一个返回迭代器的函数，只能用于迭代操作，也就是说生成器就是一个迭代器。在调用生成器运行的过程中，每次遇到 yield()函数会暂停并保存当前所有的运行信息，返回 yield 的值，并在下一次执行 next() 方法时从当前位置继续运行。这样看，生成器就像一个数据管道，因此在这里我们用它来构建训练数据。

下面生成一个斐波那契（Fibonacci）数列，代码如下。

```
In[41]: def fibonacci(n):# 生成器函数——构建斐波那契数列
    ...:    a,b, counter=0,1,0
    ...:    while True:
    ...:        if (counter> n):
    ...:            return
    ...:         yield a
    ...:       a,b= b, a+b
    ...:      counter += 1
    ...:    f= fibonacci(10)# f 是一个迭代器，由生成器返回生成
    ...:

 In [42]: next(f)
out[42]: 0
 In [43]: next(f)
Out[43]:1
 In [44]: next(f)
Out[44]:1
```

```
In [45]: next(f)
Out[45]:2
In [46]: next(f)
out[46]:3
In [47]: next(f)
Out[47]:5
```

下面我们用如下的生成器构建训练用的数据管道，并根据需要不断调用生成 X,Y（注意 yield 的用法）。

```
In [6]: def gen(batch_size=32):
   ...:   x= np.zeros((batch_size, height, width, 3), dtype=np.uint8)
   ...:   y= [np.zeros((batch_size, n_class, dtype=np.uint8) for i in range(n_len)]
   ...:   generator= ImageCaptcha(width=width, height=height)
   ...:       while True:
   ...:           for i in range(batch_size):
   ...:               random_str=' ',join([random,choice(characters) for j in range(4)])
   ...:               x[i]= generator,generate_image(random_str)
   ...:               for j, ch in enumerate(random_str):
   ...:                   y[j][i,:]=0
   ...:                   y[j][i,characters.find(ch)]=1
   ...:           yield x,y
In [7]: def decode(y):
   ...:     y= np,argmax(np,array(y), axis=2)[:,0]
   ...:     return ' '.join([characters[x] for x in y])
   ...:
```

上述[6]为生成器，[7]是显示验证码的结果，也就是解码后的验证码，该验证码是调用生成验证码图片时的"索引"，并不是识别的结果，代码如下。

```
In [8]: x, y= next(gen(1))
   ...: plt.imshow(X[0])
   ...: plt title(decode(y))
   ...:
Out[8]: <matplotlib.text.Text at 0x20f868ba5c0>
```

训练完成后，识别结果如图 7-2 所示。

[8] 给出了生成器的使用，可以看到生成器可以根据需要生成验证码图片和验证码。在下面构建深度卷积网络时，图片就是数据 X，验证码就是对应标注的 Label，也就是说上述数据中"229Z"就是标注结果，相当于 Y。

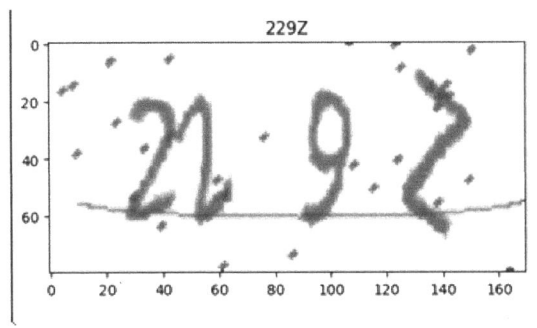

图 7-2 识别的训练结果

4．构建卷积网络

我们先试着构建一个卷积网络，其是四组的组合方式，每组都由卷积层和 Pooling 层组成，代码如下。

```
In [30]: input_tensor= Input((height, width, 3))
    ...: x= input_tensor
    ...: for i in range(4):
    ...: x= Convolution2D(32*2**i, 3, 3, activations'relu')(x)
    ...: x= MaxPooling2D((2, 2))(x)
    ...: x=Flatten()(x)
    ...: x= Dropout(0.25)(x)
    ...: x=[Dense(n_class, activation ='softmax', name='c%d'%(i+1))(x) for i in range(4)]
    ...: model= Model(input=input_tensor, output=x)
    ...: model.compile(loss=' categorical _crossentropy',
    ...:            optimizer='adadelta",
    ...:            metrics=['accuracy'])
    ...:
__main__: 4: UserWarning: Update your 'Conv 2D' call to the Keras 2 API:
'Conv2D(32,(3,3).
    Activations="relu")'
__main__: 4: UserWarning: Update yourConv2D' call to the Keras 2 API:
'Conv2D(64, (3, 3).
    activation="relu")'
__main__ 4: UserWarning: Update your 'Conv2D' call to the Keras 2 API:
'Conv2D(128,(3,3),
    activation="relu")'
__main __ 4: UserWarning: Update your 'Conv2D'call to the Keras 2 API:
Conv2D(256.(3.3).
    activation="relu")
```

```
__main__: 9: UserWarning: Update your 'Model' call to the Keras 2 API:
'Model(inputs=Tensor("in....
    outputs=[<tf. Tenso...)
```

上述之所以出现许多警告信息，是因为代码中的函数没有使用最新版本（本书是为了保持兼容性）。

在通常情况下，我们需要知道该卷积网络具体的构造情况。这时，可以利用 Keras 的 plot_model 来绘制网络构造图，代码如下。

```
In [31]: from keras. utils import plot_ model
    ...: plot_ model(model, to_ files='model2.png')
    ...:
```

[31]运行后，会在当前目录生成"model2.png"文件，它绘制了网络的结构图，如图 7-3 所示。

接下来是训练该网络，Keras 训练有两种形式：一种是 model.fit，直接用 *X,Y* 数据来训练；另一种是利用生成器来训练。在这里，我们选用的训练函数是 model.fit_generator()。

使用的参数分别如下：

- Gen()：定义好的生成器。
- Samples_per_epoch：每个 epoch 训练的样本数，相当于更新一次网络参数。
- Epochs=20：多少个 epoch。
- Validation_data：验证数据来源，可以与 gen()函数不同，但格式要保持一致。
- Validation_steps：验证数据的次数。

继续训练，代码的前 6 行如下。

```
In [33I: history=nodel.fit_generator( gen(), samples_per_epoch=512,
epochs=20, validation_data=gen( ),validation_steps=32 )
    __main__:1:userwarning:The semantics of zhe Keras 2 argument 'steps_per_
epoch' is not zhe same as zhe  Keras 1 argument 'steps_per_epoch' ,
'steps_per_epoch' is zhe number of batches to  draw from zhe generator at each
epoch. update your method calls accordingly,
    __main__:1:userwarning: update your 'fit_generator' call to the Koras 2 API:
'fit_generator' (<generator...,
    epoch=20, validation_data=<generator...,validation_steps=32  ,steps_per_
epoch=512)
```

为了节省篇幅，我们省略了中间的过程。可以看到训练到最后，四个验证码字符的准确率没有丝毫提升，这固然和随机梯度方法有关，即导致每次结果不同，但准确率一点没有提升说明网络设计一定有问题，剩余代码如图 7-4 所示。

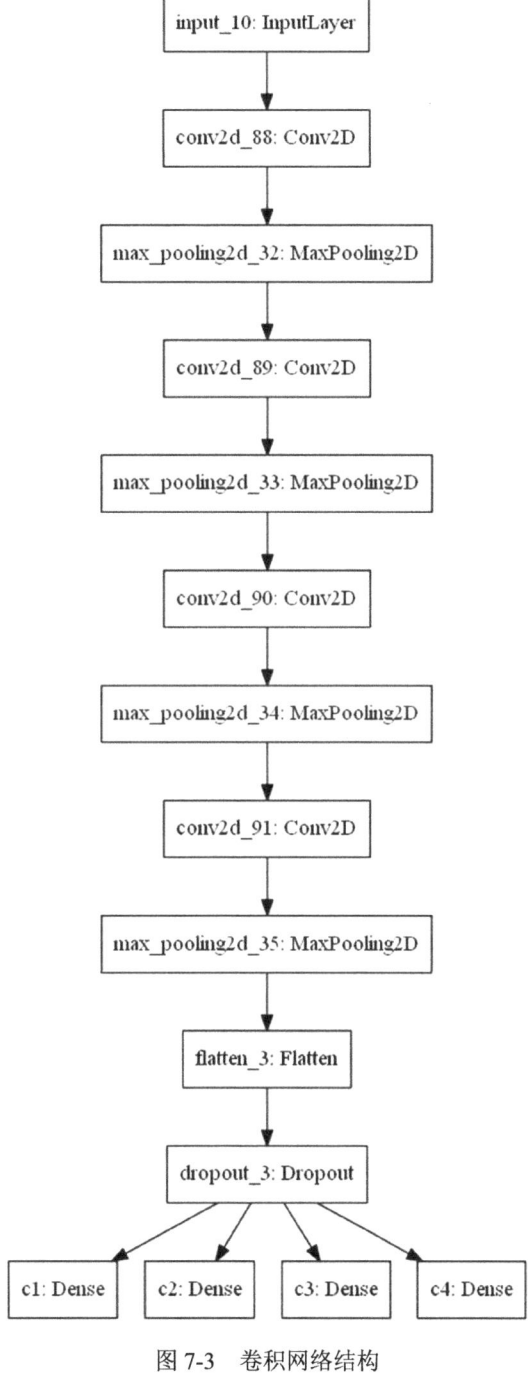

图 7-3　卷积网络结构

```
Epoch 16/20
512/512 [==============================] - 59s - loss: 62.6888 - c1_loss: 15.6518 - c2_loss: 15.6902 -
c3_loss: 15.6695 - c4_loss: 15.6774 - c1_acc: 0.0289 - c2_acc: 0.0266 - c3_acc: 0.0278 - c4_acc: 0.0273 -
val_loss: 62.5835 - val_c1_loss: 15.6301 - val_c2_loss: 15.6931 - val_c3_loss: 15.6144 - val_c4_loss: 15.6459
 - val_c1_acc: 0.0303 - val_c2_acc: 0.0264 - val_c3_acc: 0.0312 - val_c4_acc: 0.0293
Epoch 17/20
512/512 [==============================] - 58s - loss: 62.6927 - c1_loss: 15.6911 - c2_loss: 15.6744 -
c3_loss: 15.6695 - c4_loss: 15.6577 - c1_acc: 0.0265 - c2_acc: 0.0275 - c3_acc: 0.0278 - c4_acc: 0.0286 -
val_loss: 62.5993 - val_c1_loss: 15.6774 - val_c2_loss: 15.6301 - val_c3_loss: 15.5829 - val_c4_loss: 15.7088
 - val_c1_acc: 0.0273 - val_c2_acc: 0.0303 - val_c3_acc: 0.0332 - val_c4_acc: 0.0254
Epoch 18/20
512/512 [==============================] - 57s - loss: 62.7911 - c1_loss: 15.7010 - c2_loss: 15.6921 -
c3_loss: 15.7275 - c4_loss: 15.6705 - c1_acc: 0.0259 - c2_acc: 0.0264 - c3_acc: 0.0242 - c4_acc: 0.0278 -
val_loss: 62.4734 - val_c1_loss: 15.6774 - val_c2_loss: 15.7246 - val_c3_loss: 15.5200 - val_c4_loss: 15.5514
 - val_c1_acc: 0.0273 - val_c2_acc: 0.0244 - val_c3_acc: 0.0371 - val_c4_acc: 0.0352
Epoch 19/20
512/512 [==============================] - 55s - loss: 62.6396 - c1_loss: 15.6449 - c2_loss: 15.6439 -
c3_loss: 15.6843 - c4_loss: 15.6665 - c1_acc: 0.0294 - c2_acc: 0.0294 - c3_acc: 0.0269 - c4_acc: 0.0280 -
val_loss: 62.8511 - val_c1_loss: 15.6144 - val_c2_loss: 15.7403 - val_c3_loss: 15.7246 - val_c4_loss: 15.7718
 - val_c1_acc: 0.0312 - val_c2_acc: 0.0234 - val_c3_acc: 0.0244 - val_c4_acc: 0.0215 0.0283 - c4_acc: 0.0271
Epoch 20/20
512/512 [==============================] - 55s - loss: 62.6544 - c1_loss: 15.6803 - c2_loss: 15.6439 -
c3_loss: 15.6675 - c4_loss: 15.6626 - c1_acc: 0.0272 - c2_acc: 0.0294 - c3_acc: 0.0280 - c4_acc: 0.0283 -
val_loss: 62.8039 - val_c1_loss: 15.7561 - val_c2_loss: 15.5200 - val_c3_loss: 15.7875 - val_c4_loss: 15.7403
 - val_c1_acc: 0.0225 - val_c2_acc: 0.0371 - val_c3_acc: 0.0205 - val_c4_acc: 0.0234
```

图 7-4 其他部分代码

考虑到验证码整体识别有一定的难度，一层卷积加一层 Maxpooling 提取特征也有难度，这里可考虑利用 VGG16 的结构来识别任务，该结构已经在许多识别任务上取得了很好的成绩，你可以按照下面的代码构建 VGG16，并仔细体会它的用法。

```
In[48]: def VGG_16(weights_path=None):
   ...:     model=Sequential()
   ...:     model.add[ZeroPadding2D((1, 1), input_shape=(3, 224, 224)])
   ...:     model.add[Convolution2D(64, 3, 3, activation='relu')]
   ...:     model.add[ZeroPadding2D((1, 1))]
   ...:     model.add[Convolution2D(64, 3, 3, activation='relu')]
   ...:     model.add[Maxpooling2D( (2,2),strides=(2,2) )]
   ...:     model.add[ZeroPadding2D((1, 1))]
   ...:     model.add[Convolution2D(128, 3, 3, activation='relu')]
   ...:     model.add[ZeroPadding2D((1, 1))]
   ...:     model.add[Convolution2D(128, 3, 3, activation='relu')]
   ...:     model.add[Maxpooling2D( (2,2),strides=(2,2) )]
   ...:     model.add[ZeroPadding2D((1, 1))]
   ...:     model.add[Convolution2D(256, 3, 3, activation='relu')]
   ...:     model.add[ZeroPadding2D((1, 1))]
   ...:     model.add[Convolution2D(256, 3, 3, activation='relu')]
   ...:     model.add[ZeroPadding2D((1, 1))]
   ...:     model.add[Convolution2D(256, 3, 3, activation='relu')]
   ...:     model.add[Maxpooling2D( (2,2),strides=(2,2) )]
   ...:     model.add[ZeroPadding2D((1, 1))]
   ...:     model.add[Convolution2D(512, 3, 3, activation='relu')]
   ...:     model.add[ZeroPadding2D((1, 1))]
   ...:     model.add[Convolution2D(512, 3, 3, activation='relu')]
```

```
...: model.add[ZeroPadding2D((1, 1))]
...: model.add[Convolution2D(512, 3, 3, activation='relu')]
...: model.add[Maxpooling2D( (2,2),strides=(2,2) )]
...: model.add[ZeroPadding2D((1, 1))]
...: model.add[Convolution2D(512, 3, 3, activation='elu')]
...: model.add[ZeroPadding2D((1, 1))]
...: model.add[Convolution2D(512, 3, 3, activation='relu')]
...: model.add[ZeroPadding2D((1, 1))]
...: model.add[Convolution2D(512, 3, 3, activation='relu')]
...: model.add[Maxpooling2D( (2,2),strides=(2,2) )]
...: model.add[Flatten( )]
...: model.add[Dense(4096,activation='reul')]
...: model.add[Dropout(0,5)]
...: model.add[Dense(4096,activation='reul')]
...: model.add[Dropout(0,5)]
...: model.add[Dense(1000,activation='softmax')]
```

在上述代码中，我们借鉴两层卷积加一层 Maxpooling 的方法，后面的部分可以直接使用，最后形成用来识别验证码的卷积深度网络，代码如下。

```
In [9]: from keras, models import *
   ...: from keras, layers import *
   ...: input _data =Input((height, width, 3))
   ...: x =input _data
   ...: for i in range(4):
   ...: x= Convolution 2D(32*2**i, 3, 3, activation='relu')(x)
   ...: x= Convolution 2D(32**2*i, 3, 3, activation='relu')(x)
   ...: x= MaxPooling2D((2, 2))(x)
   ...: x= Flatten()(x)
   ...: x= Dropout(0. 25)(x)
   ...: x=[Dense(n_ class, activation='softmax', name='c%d'%(i+1))(x) for i in range(4)]
   ...: model= Model(input=input_ data, output=x)
   ...: model.compile(loss' categorical_ crossentropy',
   ...:         optimizer='adadelta',
   ...:         metrics=['accuracy'])
   ...:
Using TensorFlow backend.
C: \WinPython\python-3.6.1. amd64\lib\site-packages\h5py_ init_ py: 34: FutureWarning Conversion of the second argument of issubdtype from'float'to'np. floating' is deprecated. In future, it will be treated as 'np. float64 == np. dtype(float). type' . from. _conv import register_ converters as_ register_ converters
__ main__ :6: Userwarning: Update your 'Conv2D' call to the Keras 2 API:
```

```
      Conv2D(32, (3, 3),activation=" relu")'
    __main__:7: Userwarning: Update your ' Conv2D' call to the Keras 2 API:
'Conv2D(32,(3.3), activation=" relu")"
    __main__:6: Userwarning: Update your' Conv2D' call to the Keras 2 API:
'Conv2D(64, (3, 3),activation=" relu")"
    __main__: 7: Userwarning: update your' Conv2D' call to the Keras 2 API:
'Conv2D(64, (3, 3),activation="relu")
    __main__: 6: Userwarning: update your' Conv2D' call to the Keras 2 API: '
Conv2D(128, (3, 3), activation=" relu").
    __main__: 7: Userwarning: Update your'Conv2D' call to the Keras 2 API: '
Conv2D(128,(3,3),activation=relu")
    __main__:6: Userwarning: Update your' Conv2D' call to the Keras 2 API:
'Conv20(256. (3. 3),activation=" relu")
    __main__: 7: Userwarning: Update your' Conv2D' call to the Keras 2 API:'
Conv2D(256,(3,3), activation="relu")
    WARNING: tensorflow: Fron C:\WinPython\python-3.6. 1. and64\lib\site-
package\keras\bac kend
   \tensorflow_ backend. py: 1062: calling reduce_ prod (from tensorflow.
python, ops, math_ ops) with keep_dims is deprecated and will be removed in a
future version,
    Instructions for updating:
    keep_dims is deprecated, use keepdims instead
    WARNING: tensorflow: From C:\Win Python\python-3.6. 1. and64\lib\site-pac
kages\keras\backend
```

用户同样可以绘制该网络的结构图,代码如下。

```
In [10]: from keras. utils import plot_model
    ...: plot_model(model, to _file='model. Png')
    ...:
```

7.3.2 绘制网络结构图

下面继续绘制其网络结构图,如图 7-5 所示。

接下来继续训练该网络,代码如下。

```
In [14]: model. fit_generator(gen(),samples_per_epoch=512, epochs=20)
    __main__: 1: Userwarning: The semantics of the Keras 2 argunent 'steps_
per_ epoch' is not the same as the Keras 1 argument
'samples_per_epoch','steps_per_epoch' is the number of batches to draw from the
generator at each epoch, Update you method calls accordingly.
    __main__: 1: UserWarning: Update your 'fit_generator ' call to the Keras
2 API: 'fit_generator(<generator...,
      epochs=20, steps_per_epoch=512)'
```

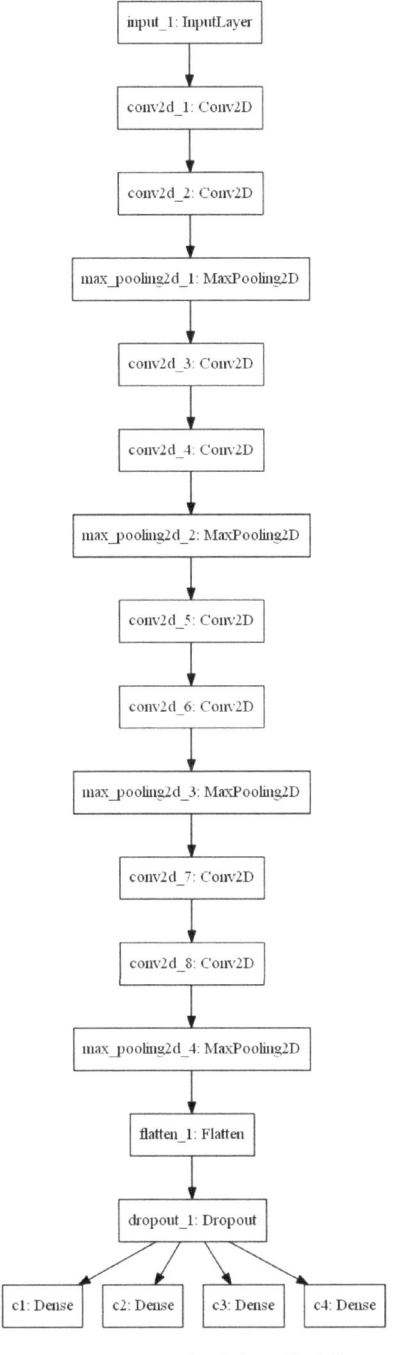

图 7-5 改进后的卷积网络结构

训练过程如图 7-6 所示。

```
Epoch 1/20
512/512 [==============================] - 62s - loss: 14.4188 - c1_loss: 3.6051 - c2_loss: 3.6076 - c3_loss: 3.6014 - c4_loss: 3.6046 - c1_acc: 0.0295 - c2_acc: 0.0264 - c3_acc: 0.0277 - c4_acc: 0.0291
Epoch 2/20
512/512 [==============================] - 55s - loss: 14.3361 - c1_loss: 3.5840 - c2_loss: 3.5844 - c3_loss: 3.5837 - c4_loss: 3.5840 - c1_acc: 0.0274 - c2_acc: 0.0267 - c3_acc: 0.0294 - c4_acc: 0.0275
Epoch 3/20
512/512 [==============================] - 55s - loss: 14.3347 - c1_loss: 3.5837 - c2_loss: 3.5836 - c3_loss: 3.5837 - c4_loss: 3.5837 - c1_acc: 0.0294 - c2_acc: 0.0316 - c3_acc: 0.0288 - c4_acc: 0.0279
Epoch 4/20
512/512 [==============================] - 61s - loss: 14.3346 - c1_loss: 3.5838 - c2_loss: 3.5835 - c3_loss: 3.5835 - c4_loss: 3.5838 - c1_acc: 0.0290 - c2_acc: 0.0280 - c3_acc: 0.0278 - c4_acc: 0.0291
Epoch 5/20
512/512 [==============================] - 58s - loss: 14.3354 - c1_loss: 3.5840 - c2_loss: 3.5837 - c3_loss: 3.5837 - c4_loss: 3.5840 - c1_acc: 0.0284 - c2_acc: 0.0273 - c3_acc: 0.0268 - c4_acc: 0.0280
Epoch 6/20
...
Epoch 13/20
512/512 [==============================] - 54s - loss: 2.6572 - c1_loss: 0.4912 - c2_loss: 0.6567 - c3_loss: 0.8167 - c4_loss: 0.6925 - c1_acc: 0.8992 - c2_acc: 0.8345 - c3_acc: 0.7941 - c4_acc: 0.8550
Epoch 14/20
512/512 [==============================] - 60s - loss: 2.4661 - c1_loss: 0.4500 - c2_loss: 0.5987 - c3_loss: 0.7518 - c4_loss: 0.6656 - c1_acc: 0.9088 - c2_acc: 0.8516 - c3_acc: 0.8109 - c4_acc: 0.8644
Epoch 15/20
512/512 [==============================] - 58s - loss: 2.3059 - c1_loss: 0.4338 - c2_loss: 0.5555 - c3_loss: 0.6999 - c4_loss: 0.6166 - c1_acc: 0.9147 - c2_acc: 0.8670 - c3_acc: 0.8291 - c4_acc: 0.8735
Epoch 16/20
512/512 [==============================] - 56s - loss: 2.1612 - c1_loss: 0.4065 - c2_loss: 0.5346 - c3_loss: 0.6553 - c4_loss: 0.5648 - c1_acc: 0.9236 - c2_acc: 0.8749 - c3_acc: 0.8391 - c4_acc: 0.8906
Epoch 17/20
512/512 [==============================] - 56s - loss: 2.0215 - c1_loss: 0.3847 - c2_loss: 0.5053 - c3_loss: 0.6047 - c4_loss: 0.5268 - c1_acc: 0.9278 - c2_acc: 0.8843 - c3_acc: 0.8524 - c4_acc: 0.8947
Epoch 18/20
512/512 [==============================] - 56s - loss: 1.9379 - c1_loss: 0.3804 - c2_loss: 0.4786 - c3_loss: 0.5799 - c4_loss: 0.4991 - c1_acc: 0.9312 - c2_acc: 0.8922 - c3_acc: 0.8613 - c4_acc: 0.9037
Epoch 19/20
512/512 [==============================] - 56s - loss: 1.8810 - c1_loss: 0.3646 - c2_loss: 0.4554 - c3_loss: 0.5643 - c4_loss: 0.4966 - c1_acc: 0.9344 - c2_acc: 0.9023 - c3_acc: 0.8654 - c4_acc: 0.9070
Epoch 20/20
512/512 [==============================] - 56s - loss: 1.8623 - c1_loss: 0.3728 - c2_loss: 0.4525 - c3_loss: 0.5394 - c4_loss: 0.4975 - c1_acc: 0.9359 - c2_acc: 0.9042 - c3_acc: 0.8771 - c4_acc: 0.9064
Out[14]: <keras.callbacks.History at 0x20f8caa1b70>
```

图 7-6 训练的部分代码

应该说该训练过程与结果都令人欣喜,在 20 个 epoch 训练完成后,四个字符的准确率都达到了 90%。在实际使用中,一般需要多次实践,其中 epochs 参数可以适当增大。为了获得更好的结果,sample_per_epoch 的数值也可以设置的很大,如 5120 甚至 51 200 等。

接下来,我们看一下该模型的效果,这里使用的是 model.predict()函数,代码如下。

```
In [16]: x, y=next(gen(1))
    ...: y_pred=model.predictplt (x)
    ...:plt.title('real:% s\np red: %s'%(decode(y), decode(y_pred)))
    ...:plt.imshow(X[0], cmap='gray')
    ...:
Out[16]: <matplotlib.image. AxesImage at 0x20f9d4737b8>
                    real:UBH7
                    pred: UBB7
```

训练完成后,结果如图 7-7 所示。

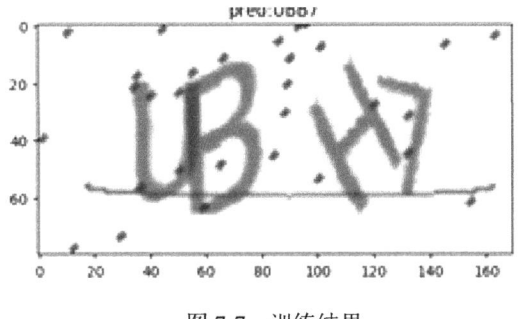

图 7-7 训练结果

从图 7-7 中可以看出,效果相当不错,这时保存该模型就成了非常重要的事情。只有保存训练结果,下次才可以继续调用它,因为它很可能是这次训练结果中最好的。另外一种方法,就是在训练过程中增加 checking_point 参数,来保证每次都能把训练较好的结果自动保存下来。

保存模型和调用保存好的模型,代码如下。

```
In [17]: model.save('model1.h5')
In [18]: from keras.models import load_model
In [19]: modelone =load_model('modell.h5')
```

我们把最开始的卷积网络构造的模型设定为 model,而借鉴 VGG16 的模型设定为 model1,可以对比这两个模型的能力,代码如下。

```
In [34]: modell=load_model('model1.h5')
In [35]: generator= ImageCaptcha(width=width, height=height)
    ... :   random_str ='O038'
    ...:  x=generator,generate_image(random_str)
    ...:  x= np.expand_dims(x, 0)
    ...:  y=pred=modeL,predict(X)
    ...:  plt.title('real:%s\npred: s'%(random_str, decode(y_pred)))
    ...:  plt.imshow(X[0], cmap='gray')
    ...:
Out[35]: <matplotlib.image.AxesImage at 0x210b8b65518>
        real: O038
        pred:8KU8
```

训练完成后,结果如图 7-8 所示。

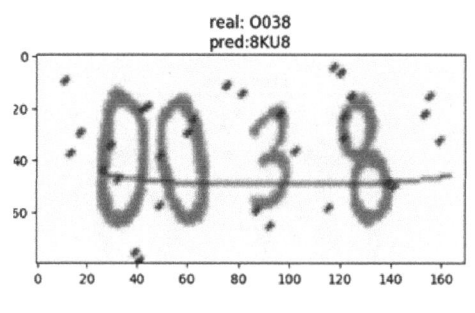

图 7-8 训练结果

可以看到 model 完全没有识别上述验证码 "O038"，这里继续进行训练，代码如下。

```
In [36]: generator=ImageCaptcha(width=width, height=height)
    ...: random_str = 'O038'
    ...: x= generator, generate_image(random_str)
    ...: x= np. expand_dims(X, 0)
    ...: y_ pred = model1. predict(X)
    ...: plt, title('real: %s\npred:% s'%(random_str, decode(y_pred)))
    ...: plt. imshow(X[0], cmap='gray')
Out[36]: <matplotlib. image. Axes Image at 0x210b88486d8>
         real: O038
         pred: 0038
```

训练完成后，结果如图 7-9 所示。

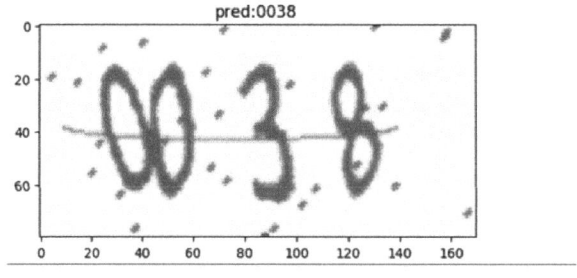

图 7-9 训练结果

而 model1 则能识别为 "0038"。虽然 O 没有被正确识别，但笔者直接看上述图片，也没有分辨出 O 和 0。

大多数时候，O 和 0 的区分都很困难，如下例所示。

```
In [37]: generator=ImageCaptcha(width=width, height=height)
    ...: random_str='OX38'
    ...: x=generator, generate_image(random_str)
    ...: x= np. expand_dims(X, 0)
```

```
    ...:  y_ pred = model1. predict(X)
    ...:  plt, title('real: %s\npred:% s'%(random_str, decode(y_pred)))
    ...:  plt. imshow(X[0], cmap='gray')
    ...:
Out[37]: <matplotlib. image. Axes Image at 0x210b894cb30>
         real: OX38
         pred: OX38
```

训练完成后,结果如图 7-10 所示。

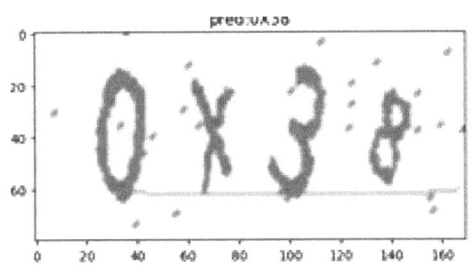

图 7-10 训练结果

而如果不是这种难以分清的情况,我们的训练模型识别能力则非常强大,代码如下。

```
In [38]: generator=ImageCaptcha(width=width, height=height)
    ...:  random_str='5x38'
    ...:  x=generator, generate_image(random_str)
    ...:  x= np. expand_dims(X, 0)
    ...:  y_ pred = model1. predict(X)
    ...:  plt, title('real: %s\npred:% s'%(random_str, decode(y_pred)))
    ...:  plt. imshow(X[0], cmap='gray')
Out[38]: <matplotlib. image. Axes Image at 0x210b89e4b00>
         real: 5X38
         pred: 5X38
```

训练完成后可以看出,该识别结果与真实情况完全一致,结果如图 7-11 所示。

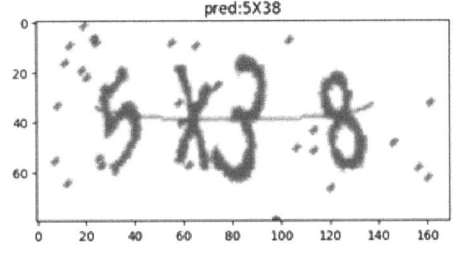

图 7-11 训练结果

7.4 票据反模糊与生成式对抗网络

在金融信息安全中还有一类问题，那就是扫描票据的模糊问题。当前金融机构电子化进展迅速，所有票据都基本实现了扫描处理，但是扫描件（图片）中存在结果不清晰的情况，导致识别困难，传统上这由人工来确定、校验，甚至通知客户重新补全，而在今天全部可以借助人工智能技术来实现，并能在一定程度上进行"反模糊"处理。

对此问题，这里做一些深层次的探讨。因为一张模糊图片的信息量是固定的，单纯地从这张图片上不能够让它更清晰，但人类视觉和图片记录的特点决定了大多数图片之间具有参考价值，特别是在金融这一个特定领域其相关性更强，所以让模糊的图片清晰起来实际上是利用了其他图片形成的"知识"来将原来模糊的图片变得清晰，这与信息论并不矛盾。

7.4.1 生成式对抗网络

这里利用的反模糊方法，是当前深度学习领域中最热门的生成式对抗网络（Generative Against Neural Network，GAN）。

GAN 的思想来自博弈论中的二人零和博弈（two-player game）。与之相对应的是，GAN 模型中的两位博弈方分别由生成式模型（generative model）和判别式模型（discriminative model）充当。

- 生成式模型 G 捕捉样本数据的分布，用服从某一分布（均匀分布、高斯分布等）的噪声 z 生成一个类似真实训练数据的样本，追求的效果是越像真实样本越好。
- 判别式模型 D 是一个二分类器，估计一个样本来自于训练数据（而非生成数据）的概率，如果样本来自真实的训练数据，D 输出大概率；否则，D 输出小概率。

做一个不恰当的金融类比：生成网络 G 好比某团伙制造物品 A 的仿制品 B；判别网络 D 好比警察，专门检测市场上的物品 A 的真伪情况。G 的目标是想方设法生成和 A 一样的物品，使得 D 判别不出来，D 的目标是想方设法检测出来 G 生成的仿制品 B。

GAN 在训练过程中固定一方，更新另一方的网络权重，交替迭代，在这个过程中，双方都极力优化自己的网络，从而形成竞争对抗，直到双方达到一个动态的平衡（纳什均衡），此时生成模型 G 恢复训练数据的分布（造出了和真实数据一模一样的样本），判别式模型再也判别不出来正确结果，即准确率为 50%，这时候基本达到我们的目的（因为和抛硬币的结果一样）。

1. 生成器

当进行反模糊时，下面是一个典型的生成器，用来构造更多"去除模糊"的信息。代码如下。

```
In [54]: def generator_model( ):
    ...:    inputs=Input( shape=image_shape)
    ...:    x=ReflectionPadding20((3. 3))(inputs)
    ...:    x= Conv2D(filters=ngf, kernel_size=(7, 7), padding='valid')(x)
    ...:    x= BatchNormalization( )(x)
    ...:    x= Activation('relu')(x)
    ...:    n_downsampling=2
    ...:    for i in range(n_downsampling):
    ...:        mult=2**i
    ...:        x= Conv2D(filters=ngf*mult*2, kernel_size=(3, 3), strides=2, padding='same')(x)
    ...:        x= BatchNormalization( )(x)
    ...:        x= Activation('relu')(x)
    ...:    mult=2**n_downsampling
    ...:    for i in range(n_blocks_gen):
    ...:        x= res_block(x, ngf *mult, use_dropout=True)
    ...:
    ...:    for i in range(n_downsampling):
    ...:        mult=2**(n_downsampling - i)
    ...:        x=Conv2DTranspose(filters=int(ngf*mult/2),kernel_size=(3,3), strides=2,padding='same')(x)
    ...:        x= BatchNormalization( )(x)
    ...:        x= Activation('relu')(x)
    ...:    x= ReflectionPadding2D((3, 3))(x)
    ...:    x= Conv2D(filters=output_nc, kernel_size=(7, 7), padding='valid')(x)
    ...:    x=Activation('tanh')(x)
    ...:    x= Lambda( lambda z: z*2)(x)
    ...:    outputs= Add(([x, inputs])
    ...:    outputs= Lambda(Lambda z: z/3)(outputs)
    ...:    model= Model(inputs=inputs, outputs=outputs, name='Generator')
    ...:    return model
```

对应的网络结构如图 7-12 所示。

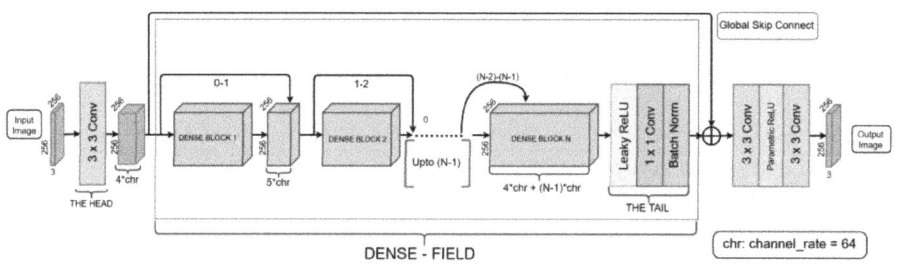

图 7-12 生成器网络结构

2．判别器

下面的代码则是一个判别器。

```
In [53]: def discriminator_model():
    ...:     n_layers, use_sigmoid =3, False
    ...:     inputs= Input( shape=input_shape_discriminator)
    ...:     x= Conv2D(filters=ndf, kernel_size=(4, 4), strides=2, padding='same)(inputs)
    ...:     x= LeakyReLU(0.2)(x)
    ...:     nf_mult, nf_mult_prev =1,1
    ...:     for n in range(n_layers):
    ...:         nf_mult_prev, nf_mult = nf_mult, min(2** n, 8)
    ...:         x=Conv2D(filters=ndf*nf_mult, kernel_size=(4, 4), strides=2, padding='same")(x)
    ...:         x= BatchNormalization( )(x)
    ...:         x= LeakyReLU(0. 2)(x)
    ...:     nf_mult_prev, nf_mult=nf_mult, min(2**n_layers, 8)
    ...:     x= Conv2D(filters=ndf*nf_mult, kernel_size=(4, 4), strides=1, padding='same)(x)
    ...:     x=BatchNormalization (x)
    ...:     x=LeakyReLU(0.2)(x)
    ...:     x= Conv2D(filters=1, kernel_ size(4, 4), strides=1, padding='same)(x)
    ...:     if use_sigmoid:
    ...:         x= Activation('sigmoid')(x)
    ...:     x= Flatten( )(x)
    ...:     x= Dense(1024, activation='tanh')(x)
    ...:     x=Dense(1, activation='sigmoid')(x)
    ...:     
    ...:     model=Model(inputs=inputs, outputs=x, name='Discriminator')
    ...:     return model
```

对应的网络结构如图 7-13 所示。

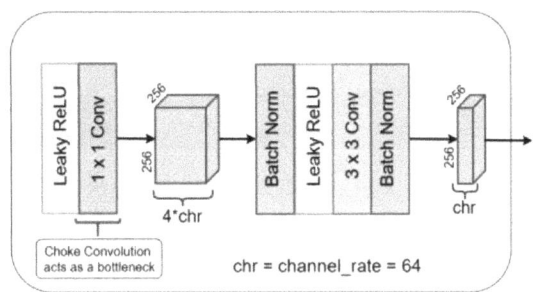

图 7-13　判别器网络结构

用来衡量 loss 的两类形式，代码如下。

```
In [55]: def perceptual_loss(y_true, y_pred):
    ...:    vgg=VGG16(include_top=False, weights='imagenet', input_shape=image_shape)
    ...:    loss_mode= Model(inputs=vgg.input, outputs=vgg.get_layer('block3_conv3').output)
    ...:    loss model.trainable=False
    ...:    return K.mean(K,square(loss_model(y_true)- loss_model(y_pred)))
    ...:
In [56]: def wasserstein_loss(y_true, y_pred):
    ...:     return K . mean(y_true*y_pred)
```

7.4.2　反模糊训练的步骤

在具体的反模糊训练时，我们需要一个模糊的和一个清晰的图片集，按照如下步骤进行训练：

（1）根据 Batch_size 大小获得训练所需要的清晰图片和模糊图片。

（2）利用模糊图片加生成器网络生成目标的清晰图片。

（3）根据真实的清晰图片和生成的清晰图片计算判别器的损失比例，之后固定判别器，使判别器参数不再更新。

（4）分别求 GAN 整体网络 loss 和生成器 loss。

（5）调整判别器 trainable=True，使判别器可以训练。

最后的训练效果如图 7-14 所示。

图 7-14 GAN 整体网络训练结果

GAN 训练过程一般比较漫长,建议你在掌握了基本的深度学习技术之后再进行进一步的尝试。

第 8 章

金融时间序列预测中的深度学习

金融时间序列分析是金融分析中常用的技术,人们通过对金融时间序列的预测来服务于金融决策。本章介绍金融时间序列分析中的循环深度网络,并用它来进行时间序列的预测。

8.1 金融时间序列数据简介

在金融学中,看起来高深的模型通常可概括为以下 3 类。
(1)衍生品定价模型,它们大多数是通过数学逻辑严格推导给出的模型。
(2)宏观金融中的经济学框架模型,它们也是基于微积分推导而来的。
(3)金融中所有的学科都要涉及时间序列模型,它涵盖了金融的所有学科,因为无论哪个细分学科都需要分析那些已经积累的历史数据,并试图从历史数据中发现规律,而时间序列模型就是用来分析这些的。

8.1.1 时间序列

什么是时间序列?简单来说,其就是每一个数据(或每一行数据)都是有时间标记的。
我们可以用 Pandas 生成时间序列,这时候使用的是 Pandas 包中的 Series 模块。在 Pandas 中,Series 模块是一种类似于一维数组的对象,它由一组数据(各种 NumPy 数据类型)以及一组与之相关的数据标签（即索引）组成。

如果进一步研究可以发现，Series 对象本质上是一个 NumPy 的数组，因此 NumPy 的数组处理函数可以直接对 Series 进行处理。但是 Series 除了可以使用位置作为下标存取元素，还可以使用标签下标存取元素，这一点和字典相似。

实际上每个 Series 对象都由两个数组组成。

- Index：它是从 NumPy 数组继承的 Index 对象，保存标签信息。
- Values：保存值的 NumPy 数组。

如下案例首先构建属性，然后生成 Series 对象，代码如下。

```
In [187]: attribute=[i for i in range(0,10)]
In [188]: attribute
out[188]: [0,1,2,3,4,5,6,7,8,9]
In [189]: myseries=Series(attribute)
In [190]: myseries
out[190]:
0    0
1    1
2    2
3    3
4    4
5    5
6    6
7    7
8    8
9    9
dtype : int64
```

注意，时间序列中的值可以是多种类型，代码如下。

```
In [192]: new_attr=[ '晴朗', '微风',6,9,True]
In [193]: myseries=Series(new_attr)
In [194]: myseries
Out[194]:
0       晴朗
1       微风
2        6
3        9
4     True
dtype: object
```

8.1.2 金融中的时间序列数据

下面是一些金融中的时间序列数据（历史数据）的案例。

1. 股票数据

通过某只股票过去 10 年的历史数据（开盘价、收盘价等）和各种年报信息，是否可以预测其之后的走势？这显然是一个困难的任务，因为预测股票数据比想象中的难很多。这些历史数据如何获取？通常的证券交易软件（即炒股软件）都可以下载一定时间范围内的数据，也有一些网站公开相应的数据供用户调用分析。

下面用 Tushare 来获取浦发银行（代码：600000）的历史价格数据，代码如下：

```
In [198]: import tushare as ts
In [199]: data=ts.get_hist_data('600000')
In [200]:data
Out[200]:
            open   high  close  ...    v_ma5     v_ma10    v_ma20
date                                    ...
2019-01-21  10.36  10.46  10.35  ...  198842.89  193035.57  220009.90
2019-01-18  10.29  10.44  10.43  ...  201652.99  197685.16  225570.97
2019-01-17  10.17  10.28  10.17  ...  181616.85  195770.86  217829.21
2019-01-16  10.10  10.15  10.13  ...  167931.88  191659.08  216172.03
2019-01-15  10.10  10.15  10.11  ...  188282.64  202433.56  219550.97
2019-01-14  10.03  10.10  10.06  ...  187228.26  214205.46  223816.82
2019-01-11  10.03  10.15  10.05  ...  193717.33  221200.18  223536.57
2019-01-10   9.94  10.02   9.96  ...  209924.88  222700.32  220226.43
2019-01-09  10.06  10.16   9.99  ...  215386.27  241587.15  220881.76
2019-01-08  10.03  10.03   9.96  ...  216584.48  241203.31  217263.68
2019-01-07  10.09  10.09   9.98  ...  241182.67  246984.24  215001.49
2019-01-04   9.73  10.00   9.96  ...  248683.04  253456.77  215001.80
2019-01-03   9.70   9.82   9.81  ...  235475.75  239887.56  214160.99
2019-01-02   9.74   9.79   9.70  ...  267788.02  240684.98  215239.50
2018-12-28   9.72   9.95   9.80  ...  265822.14  236668.38  224882.63
2018-12-27   9.77   9.80   9.66  ...  252785.81  233428.19  225466.94
2018-12-26   9.81   9.88   9.67  ...  258230.51  225872.96  222136.00
2018-12-25   9.77   9.86   9.79  ...  244299.37  217752.55  221021.21
2018-12-24   9.98  10.04   9.91  ...  213581.93  200176.38  211158.34
2018-12-21  10.23  10.24  10.07  ...  207514.62  193324.06  206957.10
2018-12-20  10.53  10.59  10.20  ...  214070.56  183018.75  203871.67
2018-12-19  10.59  10.65  10.54  ...  193515.42  176546.83  195840.87
2018-12-18  10.68  10.82  10.57  ...  191205.74  188434.42  197052.78
2018-12-17  10.65  10.78  10.78  ...  186770.83  189794.03  198268.83
```

```
2018-12-14    10.74    10.80    10.62    ...    179133.49    213096.87    199088.12
2018-12-13    10.76    10.86    10.80    ...    151966.93    217505.69    197703.41
2018-12-12    10.89    10.89    10.73    ...    159578.24    218399.04    196097.27
2018-12-11    10.84    10.90    10.72    ...    185663.10    224289.87    198871.97
2018-12-10    10.77    10.90    10.83    ...    192817.24    222140.31    200609.22
2018-12-07    10.94    11.03    10.89    ...     24706.25    220590.14    206153.35
    ...        ...      ...      ...    ...        ...          ...          ...
```

其中每一行都包含了多种属性（维度），上面代码显示的分别是开盘价（open）、最高价（high）、收盘价（close）等数据信息。

2. 客户交易数据

对任何一个企业来说，从其诞生起便开始积累大量的数据，实际上这些数据都是带有时间标签的，也就是时间序列。更进一步讲，一位客户在和金融机构交易的过程中，所积累的数据也是带有时间标签的，即时间序列。从这些数据中，我们可以发现企业多个角度的发展变化、客户的行为特征或与客户财富相关的多个角度的变化趋势等信息。

3. 各种宏观金融数据

下面利用 Tushare 获取货币供应量数据，这也是一个典型的时间序列，代码如下。

```
In [201]: import tushare as ts
In [202]: money_supply=ts.get_money_supply_bal()

In [203]: money_supply
Out[203]:
     year         m2          m1    ...       ftd          sd       rests
0    2017   1690235.30   543790,10  ...   320196.20   649341.50   176907.40
1    2016   1550066.70   486557.20  ...   307989.60   603504.20   152015.60
2    2015   1392278.10   400953.40  ...   288240.70   552073.50   151010.50
3    2014   1228374.80   348056.40  ...   264055.70   508878.10   107384.60
4    2013   1106525.00   337291.10  ...   232696.60   467031.10    69506.20
5    2012    974148.80   308664.20  ...   195940.10   411362.60    58181.90
6    2011    851590.90   289847.70  ...   166616.00   352797.50    42329.70
7    2010    725851.80   266621.50  ...   105858.70   303302,50    50069.10
8    2009    610224.50   221445.80  ...    84819.50   260752.70    43206.50
9    2008    475166.60   166217.10  ...    60103.10   217885.40    30961,10
10   2007    403442.20   152560.10  ...    46932.50   172534.20    31415.40
11   2006    345577.90   126028.10  ...      - -      161587.30       --
12   2005    298755.70   107278.80  ...    33100.00   141051.00    17325.90
```

```
13  2004  254107.00  95969.70  ...  25382.20  119555.40  13199.70
14  2003  221222.80  84118.60  ...  20940.40  103617.70  12546.20
15  2002  185007.00  70881.80  ...  16433.80   86910.70  10780.70
16  2001  158301.90  59871.60  ...  14188.10   73762.40  10487.80
17  2000  134610.40  53147.20  ...  11261.10   64332.40   5869.70
18  1999  119897.90  45837.30  ...   9476.80   59621.80   4962.00
19  1998  104498.50  38953.70  ...   8301.90   53407.50   3835.50
20  1997   90995.30  34826.30  ...   6738.50   46279.80   3150.70
21  1996   76094.90  28514.80  ...   5041.90   38520.80   4017.40
22  1995   60750.50  23987.10  ...   3324.20   29662.20   3777.00
23  1994   46923.50  20540.70  ...   1943.10   21518.40   2921.30
24  1993   34879.80  16280.40  ...   1247.90   15203.50   2148.00
25  1992   25402.20  11731.50  ...     --         --         --
26  1991   19349.90   8633.30  ...     --         --         --
27  1990   15293.40   6950.70  ...     --         --         --
[28 rows x 9 columns]
```

除此之外，还有非常多的金融时间序列数据，如我们在网上银行浏览的过程其实也是一种时间序列数据。

下面我们将介绍时间序列分析的两种方法：一种是经典方法，另一种是深度学习方法。整体上这些方法的模块性很强，你可以学习后将其应用到更多的数据上，从而发现新的信息。

需要注意的是，本章中使用的数据仅仅是为了说明方法的可用性，你可以尽量用更多时间范围内的数据，这样会让结果更加准确。

8.2 传统的时间序列分析方法

传统的时间序列分析来源于统计学，后来在金融学中有一些更加"复杂"的模型被提出来，如经典的 ARCH 模型（AutoRegressive Conditional Heteroskedasticity Model）。

1. 线性时间序列模型

最初对金融时间序列探索的方法是线性时间序列分析，包括如下几种模型：

（1）简单的自回归模型（AutoRegressive Model，AR 模型）。

（2）简单的滑动平均模型（Moving-Average Model，MA 模型）。

（3）两者结合的自回归滑动平均模型（ARIMA 模型）。

对时间序列中非线性的捕捉，最早开始于周期性的认识。通过将线性模型与周期性模型结合起来,人们可以捕捉一些看起来"非线性"的信息,如季节模型。

在线性时间序列中,自相关系数(Auto Correlation Function,ACF)是最重要的概念之一。如果一个时间序列平稳,则其自相关系数的指数会衰减到 0,产生明显的收敛到 x 轴的行为。图 8-1 为两种常见的时间序列自相关系数图。

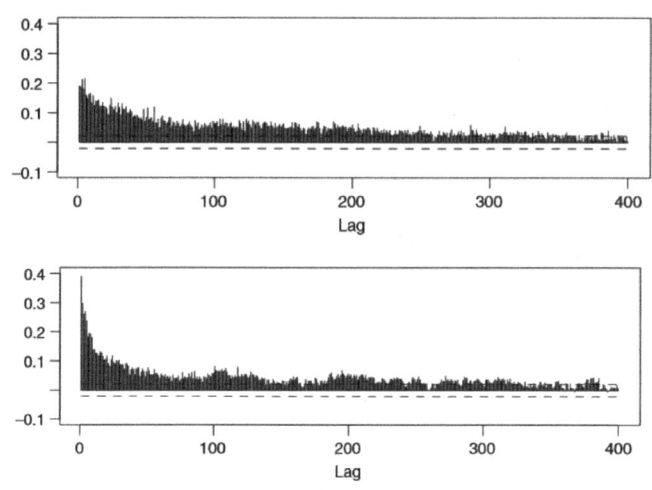

图 8-1　时间序列的自相关系数示意图

人们已经观察到,对于某些特定的时间序列,自相关系数会随着时间间隔的增加而衰减,但并非以指数速度,而是以多项式速度进行的。这意味着,更长期的"依赖"关系是存在的,距离现在很远的信息会被现在所"记忆",这种序列在金融时间序列中叫作"长记忆时间序列"。对于长记忆时间序列已经发展出了很多工具,但仍然存在很多问题。

2. ARIMA 模型

在运用 ARIMA 模型进行学习时,需要先描述 ARIMA 模型的分析步骤,而后面的 Python 实现已经包含了这些步骤,你并不需要每一步都通过编程实现。

这里我们以一个金融机构的收入作为时间序列来进行预测。数据如下:

```
In[55]: data_allnew
Out[55]:
日期             收入
20071222         68.41
20071223       3912.74
```

```
20071224        4862.44
20071225        4664.19
20071226        1292.77
20071227        3573.24
20071228        1217.67
20071229         209.03
20071230         193.00
20071231         598.98
20080101         140.21
```

通常在拿到一个数据后,需要进行白噪声检验,其可以使用 Ljung-Box 检验,利用 Python 模块直接调用即可。如果发现序列是白噪声,则说明预测难度很大,因为理论上白噪声是不能预测的。在此我们略过这个步骤,因为大多数金融数据本身都是有规律可循的。

得出数据之后,需要判断是否平稳。平稳有明确的数学定义:

记 $x\{(t)|t=\cdots,-1,0,1,2,\cdots\}$ 为一时间序列,其中时刻 t 可取遍正负整数和零。此时记 $x(t)$ 的均值为 $m(t)=Ex(t)$,显然它是随 t 而变化的函数。类似地,$x(t)$ 与 $x(s)$ 的协方差 $\gamma(t,s)=E[x(t)-m(t)][x(s)-m(s)]$,及它的自相关系数 $\rho(t,s)=\gamma(t,s)/[\gamma(t,t)\gamma(s,s)]^{1/2}$,也是 t 和 s 的二元函数。如果其均值为常数(不随时间变化),协方差和自相关系数只依赖于时间间隔,那么 $t-s$ 则称此序列为平稳时间序列。

虽然数学定义很拗口,但平稳序列的含义就是序列均值和序列方差没有趋势变化,序列也没有周期性变化。这样看起来,平稳序列还是很难满足的,但数据分析的诸多案例表明,现实中仍然有一些序列大体上满足这些条件,或者说通过一些方法可以将序列变得很平稳。

接下来的问题就是如何判断序列的平稳性,一般来说有 3 种方式。

- 第 1 种是用折线图描出时间序列,观察序列的周期和趋势。其中周期结合人工经验和计算进行分析,不同的数据根据操作者的经验有大概的判断,例如以周、月、年为周期。需要注意的是,并非所有数据都有周期性,要使用不同的周期分别分析,然后对数据有一个整体的判断。如果数据具有明显的周期性,通常为非平稳时间序列,则需要经过周期化处理才能进行下一步的预测工作。
- 第 2 种是通过计算序列的自相关系数。自相关系数也可以通过直接调用 Python 模块计算(图 8-2 中的代码),计算完成后进行可视化。如果自相关系数快速衰减到 0,则可认为是平稳序列,否则需要进行相应的处理。

```
In [115]: plt.plot(acf(znts))
Out[115]: [<matplotlib.lines.Line2D at 0x18512550b00>]
```

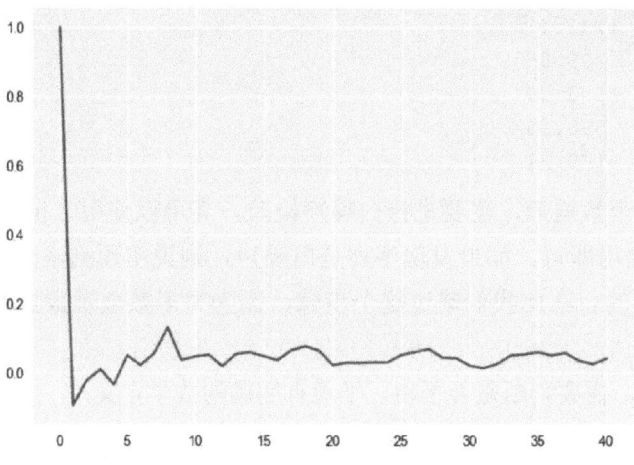

图 8-2　Python 绘制 ACF 图

- 第 3 种是通过单位根检验是否为平稳序列。这也可以直接调用相关的模块实现，如 ADF。以 ADF 为例（代码如下），观察 p 值，可以认为这是接受序列为非平稳序列的可信程度，至于 p 值为多少时就可以认为这是非平稳序列，需要根据具体任务来进行确定。

```
In [88]: dftest=adfuller(zndf, autolag='AIC')
In [89]: dfoutput=pd. Series(dftest[0: 4],index=['Test Stat','p-value',' Lag used',' Observed'])
In[90]: dfoutput
Out[90]:
Test Stat         -2.331043
p-value            0.162151
Lag used          29.000000
Observed        3788.000000
dtype: float64
```

上述 p-value 的值过大，说明没有通过平稳检验。

这时，就需要考虑序列分解。通常序列可以分解为长期趋势、季节趋势和随机因素 3 个部分，这种分解可以通过调用现成的模块（如 StatsModels 的 seasonal）来实现。模块中参数的设定需要根据具体情况进行判定（一般医院数据可以考虑周效应为 7 天和春节效应进行特定分析），在分解成这 3 个部分后，再分别对长期趋势和季节趋势进行预测。

长期趋势可以使用 ARIMA 模型来预测；季节趋势可以通过拓展和间隔周期步数的差分来预测，这时周期成分可以结合移动平均和差分进行处理，窗口长度是周期长度，代码如下。

```
In [96]: decompostion=seasonal_decompose(np.array(znts), freq=7)
In [97]: decompostion.plot()
Out[97]:
```

执行代码后，得到的结果如图 8-3 所示。

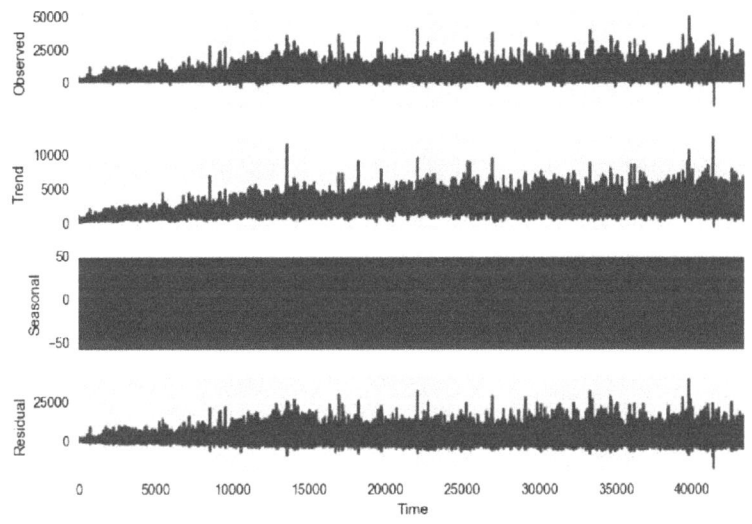

图 8-3　序列分解结果

从图 8-3 中可以看到序列由此进行了分解，成为 3 个时间序列，分别是长期趋势、季节趋势及误差项。

一般序列分解要结合对行业的理解进行，下面利用一年的数据分解（代码如下），结果如图 8-4 所示，可以更清晰地看到各类的趋势。

```
In [98]: decompostion_ year7=seasonal_decompose(np.array(znts)[0: 364], freq=7)
In [99]: decompostion _year7.plot()
Out[99]:
```

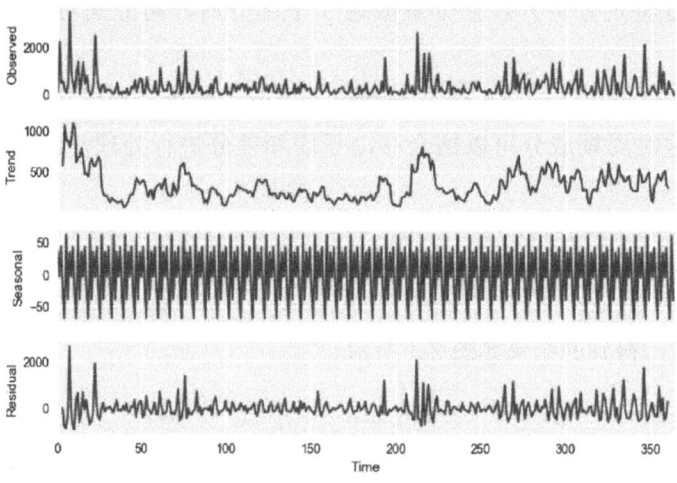

图 8-4　一年数据序列分解结果

以上的分解都是按照 7 天为一个周期，即认为该金融机构收入受到工作日和休息日的影响（每周 7 天为一个周期）。我们也可以认为该机构收入受到季度影响，此时的周期为90 天（代码如下），结果如图 8-5 所示。

```
In[100]:decompostion_year90=seasonal_decompose(np.array(znts )[0: 364],
freq=90)
In[101]: decompostion _ year90. plot()
Out[101]:
```

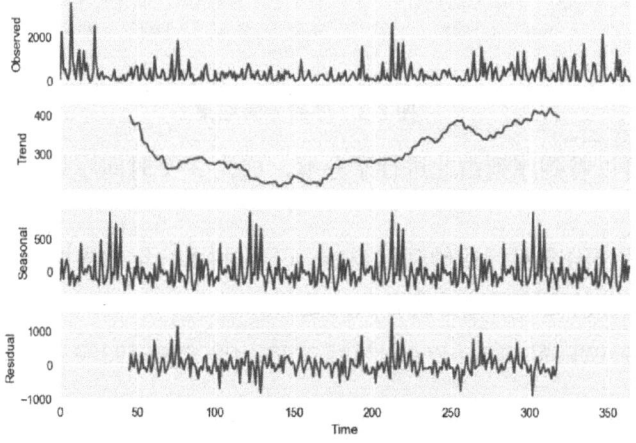

图 8-5　序列的季度分解结果

分解之后的长期趋势可以用 ARIMA 模型预测。ARIMA 模型如下：
$$\hat{y}_t = \mu + \phi_1 * y_{t-1} + \cdots + \phi_p * y_{t-p} + \theta_1 * e_{t-1} + \cdots + \theta_q * e_{t-q}$$

一般来说，ARIMA 模型通常包括 p，q 两个参数，有时候包括 d，集合起来就是 ARIMA(p,q,d)，其中 p，q 就是上述公式中的 p，q，而 d 是差分的阶数。差分的含义如下：

$$d = 0, \quad y_t = Y_t$$
$$d = 1, \quad y_t = Y_t - Y_{t-1}$$
$$d = 2, \quad Y_t = (Y_t - Y_{t-1}) - (Y_{t-1} - Y_{t-2}) = Y_t - 2Y_{t-1} + Y_{t-2}$$

在统计学上，p 和 q 可根据自相关系数和偏自相关系数的性质确定，详见表 8-1 所示。

表 8-1　p 与 q 值的统计学确定

模　　型	自相关系数	偏自相关系数
AR(P)	拖尾	p 阶截尾
MA(q)	q 阶截尾	拖尾
ARMA(p,q)	拖尾	拖尾

也可以使用 AIC 或 BIC 搜索设定 p，q 值。计算 AIC 和 BIC 有现成的模块可以调用，通常这个值越小越合适，但并不能保证这种方式设定的模型参数能取得好的拟合效果。在没有开发经验的情形下，通常直接使用 BIC 设定 p，q 值会更好，代码如下：

```
model= ARIMA(newts, order=(2, 0, 1))
 results=model.fit(disp=-1)

In [154]: print(results)
<statsmodels. tsa. arima_model. ARIMAResultsWrApper  object at
0x0000018512494E48>

In [155]: print(results. summary( ) )
ARIMA Model Results
==================================================
==============
Dep. Variable: D y No. Observations: 3817
Model: ARIMA(2, 1, 2) Log Likelihood -41366.324
Method: css-mle S.D. of innovations 12308.895
Date: Tue, 13 Nov 2018 AIC 82744. 649
time:16:56:06 BIC 82782.132
 Sample: 12-13-2007  HQIC  82757.967
```

```
- 05-25-2018
==========================================
```

可以使用 StatsModels 模块实现自动搜索模型参数值,模型拟合完毕后,如果使用的是 ARIMA 模型,则可以直接进行预测以检验模型效果。

使用时间序列模型,代码如下。

```
In [162]: results.predict(start='2018-5-26'.end='2018-05-29')
Out[162]:
2018-05-26    10886.360607
2018-05-27     7345.726111
2018-05-28     3757.340630
2018-05-29     3209.916534
Freq: D, dtype: float64
```

上述过程可以通过 auto-arima 包来简化,其可以将以上过程打包,使整体搜索变为可能。

根据经验,该包安装在 Windows 操作系统下比较烦琐,大多数体现在不同包的兼容上,建议你通过新建一个环境来实现。

安装后,我们只需要一条命令就能完成模型的构建,代码如下。

```
In [6]: stepwise_model= auto_arima(ants, start_p=1, start_q=1,
   ...:    max_p=3, max_q=3, m=12,
   ...:    start_P=0, seasonal=True,
   ...:    d=1, D=1, trace=True,
   ...:    error_action='ignore',
   ...:    suppress_warnings=True,
   ...:    stepwise=True)
Fit ARIMA: order=(1, 1, 1) seasonal_order=(0, 1, 1, 12):
AIC=82842.523, BIC=82873.744 Fit time=18.911 seconds
Fit ARIMA: order=(0, 1, 0) seasonal_order=(0, 1, 0, 12):
AIC=87567.050, BIC=87579.538, Fit time=0.199 seconds
Fit ARIMA: order=(1, 1, 0) seasonal_order=(1, 1, 0, 12):
AIC=85942.292, BIC=85967.269, Fit time=2.183 seconds
Fit ARIMA: order=(0, 1, 1) seasonal_order=(0, 1, 1, 12):
AIC=82742.227, BIC=82767.204 Fit time=10.356 seconds
Fit ARIMA: order=(0, 1, 1) seasonal_order=(1, 1, 1, 12):
AIC=83239.298, BIC=83270.518, Fit time=30.371 seconds
Fit ARIMA: order=(0, 1, 1) seasonal_order=(0, 1, 0, 12):
AIC=85708.015, BIC=85726.747, Fit time=2.100 seconds
Fit ARIMA: order=(0, 1, 1) seasonal_order=(0, 1, 2, 12):
```

```
AIC=83241.345, BIC=83272.565, Fit time=44.760 seconds
Fit ARIMA: order=(0, 1, 1) seasonal_order=(1, 1, 2, 12):
AIC=82713.744, BIC=82751.208, Fit time=52.204 seconds
Fit ARIMA: order=(1, 1, 1) seasonal_order=(1, 1, 2,12):
AIC=84253.826, BIC=84297.535, Fit time=69.349 seconds
Fit ARIMA: order=(0, 1, 0) seasonal_order=(1, 1, 2, 12):
AIC=85449.559, BIC=85480.779, Fit time=18.749 seconds
Fit ARIMA: order=(0, 1, 2) seasonal_order=(1, 1, 2, 12):
AIC=83865.223, BIC=83908.931, Fit time=64.922 seconds
```

这里开启了周期选型，具体各常用选项含义如下：

参数 start_p 和 start_q 分别表示 p,q 阶数搜索开始的值，对应的 max_p 和 max_q 分别表示最大搜索的 p,q 值，在大多数的时间序列中这两个值不必超过 3。参数 seasonal 用来表示是否开启季节周期。

用于时间序列分析的模型并不仅仅是 ARIMA，事实上，金融中收益率分布研究的探索使人们发现许多有趣的现象，如波动率自身会呈现出一定的特征——著名的波动率集簇现象，也就是所谓的条件异方差模型（Conditional Heteroscedastic Models），这在一定程度上扩展了线性模型的能力，并能够捕捉到资产收益率变化现象以外的特征，这包括著名的 ARCH（AutoRegressive Conditional Heteroskedasticity）模型和 GARCH（Generalized AutoRegressive Conditional Heteroskedasticity）模型。图 8-6 展示了波动率集簇现象的股票收益率时间序列，反映了市场消息在带来大幅度变化的同时也需要一定时间才能消失，同聚集的能量需要一定时间才能消散一样。

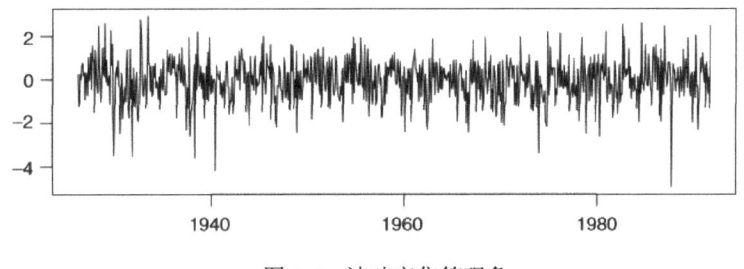

图 8-6　波动率集簇现象

除了 ARCH 模型和 GARCH 模型，还有一些其他模型，包括双线性模型、门限自回归模型、平滑转移模型、马尔可夫转换模型、函数系数模型、非线性可加模型、非线性状态空间模型、顺序概率值模型、持续期模型和非线性持续期模型等。

8.3 初识循环神经网络

1982年,加州理工学院的物理学家霍普菲尔德(J.J.Hopfield)教授提出了一种单层反馈神经网络(图8-7)。在这种单层反馈网络中,神经网络的输出会被重新传递到输入中,以此来"模拟"时间维度的影响。

该网络与传统的神经网络不同[①],主要区别如下:

- 网络权值是通过设计方法得到的(或物理模拟获得),而不是通过传统的逐渐训练获得最优权值。
- 权值设计好后一次性赋值给网络,而不是通过训练逐层赋值。
- 该学习方式类似于灌输式学习,不是一个动态的过程。

但它自身的特点也促使了深度学习的发展,例如:

- 首次引入能量函数。
- 考虑输入和输出的关系。
- 神经元的状态更新受到反馈影响,或者说受到过去时间的影响。

一个典型的利用霍普菲尔德思想构造的"反馈细胞"就是将其自身输出返回自身(图8-8)。

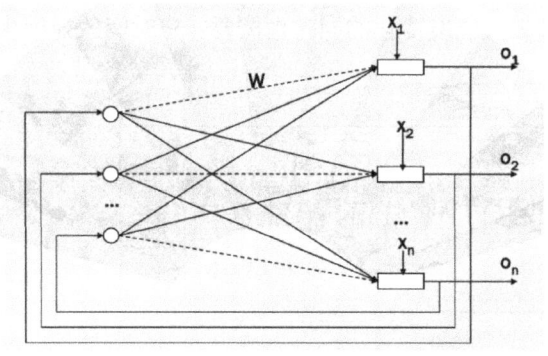

图8-7 霍普菲尔德网络

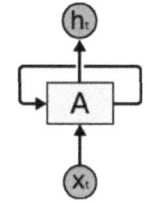

图8-8 循环神经网络抽象形式

显然,这种真实的反馈应该是以时间维度显示的,即t时刻的输出作为$t+1$时刻的输入。这如同一个时间序列将自身的信息通过神经网络提取后,成为下一条数据提取信息的"新的辅助",以此类推,最终传递的结果类似于众多"长记忆网络"所做的那样,记录了过

---

① 张宁. 金融保险:深度学习. 经济科学出版社,2018.12

去信息对现在信息影响的特征，并通过 RNN 体现出来，且这里还没有预先假定任何模式。图 8-9 说明了这样的过程。

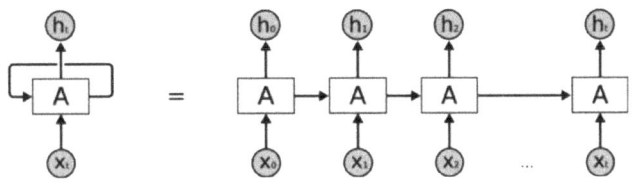

图 8-9　循环神经网络

从本质上来说，循环神经网络的这种"记忆"其实是多个函数复合的结果——神经网络其实也是一种大量参数的非线性函数。在图 8-10 和图 8-11 中，分别输入 x_0，x_1 对输出 h_3 的影响就体现在复合函数的运算过程中，这也恰恰是符号主义人工智能中的一个分支——符号计算可以发挥作用的地方。

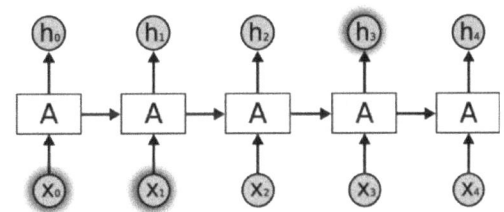

图 8-10　循环神经网络记忆关系体现（短程）

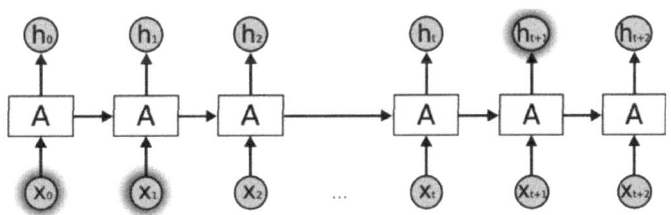

图 8-11　循环神经网络记忆关系体现（长程）

RNN 设计的目的是用来处理序列数据的，它注意到一个序列当前的输出与前面的输出有关，这种关系捕捉的具体表现形式为网络会对前面的信息进行记忆，并应用于当前输出的计算中，即让传统网络隐藏层之间的节点从无连接变为有连接（图 8-11），并且隐藏层的输入不仅包括输入层的输出，还包括上一时刻隐藏层的输出。从理论上来说，RNN 能够对任何长度的序列数据进行处理，并获得记忆的学习结果。

LSTM（Long Short Term Memory, 长短时记忆网络）是 RNN 的典型代表。它有多种变换形式，一个最基础的形式由 3 个门（Gate），分别是输入（Input）、遗忘（Forget）与输出（Output）和 1 个普通神经元组成。门结构使用 Sigmoid()函数激活，而输入和神经元状态通常会使用 tanh()函数来转换（图 8-12）。

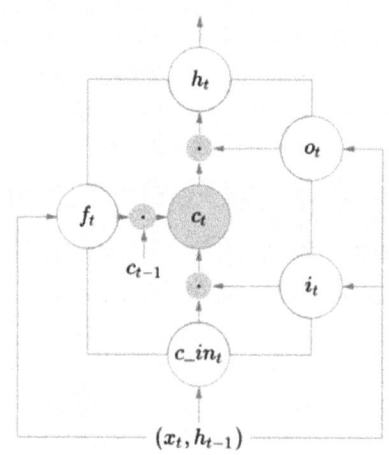

图 8-12　基础 LSTM 结构

LSTM 的基础结构可以使用下列的数学等式来定义。

- 门结构的等式如下：

$$i_t = g(W_{x_i}x_t + W_{h_i}h_{t-1} + b_i)$$
$$f_t = g(W_{x_f}x_t + W_{h_f}h_{t-1} + b_f)$$
$$o_t = g(W_{x_o}x_t + W_{h_o}h_{t-1} + b_o)$$

- 输入变换后如下：

$$c\_in_t = \tanh(W_{x_c}x_t + W_{h_c}h_{t-1} + b_{c\_in})$$

- 状态更新后，结果如下：

$$c_t = f_t \bullet c_{t-1} + i_t \bullet c\_in_t$$
$$h_t = o_t \bullet \tanh(c_t)$$

这种引入的通过门的控制机制，使得 LSTM 可以训练保持一段时间的信息，并在具体预测或者分类时利用这些信息。相对于 RNN，它在训练时能够保持内部梯度不受不利变化的干扰。

一个典型的 LSTM 数据流如图 8-13 所示。

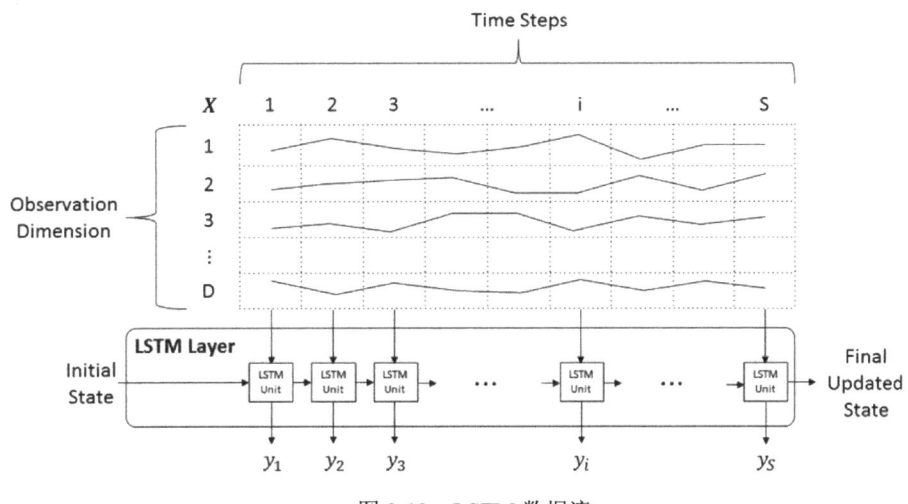

图 8-13 LSTM 数据流

循环神经网络依然依靠反向传播算法进行训练，并使用随机梯度捕捉相对较优的结果。在当前循环神经网络中已经引入了注意力机制，以及谷歌提出的 Transformer（该方法被认为可以取代 RNN），特别是在 2018 年横空出世的 BERT（Bidirectional Encoder Representation from Transformers），将会成为自然语言处理领域的翘楚。有关它们的具体信息，你可以在掌握了基础应用之后继续深入挖掘。

8.4 利用循环神经网络分析比特币价格

本节我们来使用循环神经网络分析比特币的价格走势。

8.4.1 获取相应数据

比特币价格数据来自 Kaggle，从 Kaggle 下载数据后，将其存为 bitcoin.csv 文件，也有一些网站可以在指定时间范围内下载比特币价格数据。步骤如下：

（1）进行数据读取，代码如下。

```
In [2]: df=pd.read_csv('bitcoin.csv')
```

（2）获取数据维度，代码如下。

```
In [3]: df.shape
Out[3]: (379095, 8)
```

此代码说明数据共有 379 095 条，包括 8 个维度。

（3）获得 8 个维度（变量）的名称，代码如下。

```
In [5]: df.columns
Out[5]:
Index(['Timestamp', 'Open', 'High', 'Low', 'Close', 'Volume_(BTC)',
'Volume_(Currency)', 'Weighted_Price'],dtype='object')
```

此代码显示了数据的各个维度，类似于时间戳、开盘价、最高价、最低价、收盘价和交易规模等。

（4）因为时间戳与预测无关（大多数人这样认为），所以这里去掉时间戳，代码如下。

```
In [6]: df=df.drop(['Timestamp'],axis=1)
In [7]: df.shape
Out[7]: (379095, 7)
In [8]: df.columns
Out[8]:
Index(['Open', 'High', 'Low', 'Close', 'Volume_(BTC)', 'Volume_(Currency)',
'Weighted_Price'],dtype='object')
```

（5）这里只考虑时间序列，这意味着选取一列数据就可以了，同时认为这一列数据中蕴含了其变化的所有信息（理论值）。处理这种序列的传统方法是金融时间序列分析，这里我们以 Close（收盘价）为例进行说明，代码如下。

```
In [9]: onedata=df['Close']
In [10]: onedata.shape
Out[10]: (379095,)
In [11]: onedata=StandardScaler().fit_transform(onedata.values.reshape(-1,1))
C:\WinPython\Python-3.6.1.amd64\lib\site-packages\sklearn\utils
\validation.py:429: DataConversionWarning: Data with input dtype int64 was converted
to float64 by StandardScaler.warnings.warn(msg, _DataConversionWarning)
In [12]: onedata.shape
Out[12]: (379095, 1)
In [13]: onedata
Out[13]:
array([[-1.15900332],
       [-1.15872908],
       [-1.15995034],
       ...,
       [-0.03527779],
       [-0.03598608],
       [-0.03559741]])
```

从上面可以看出，从 7 个维度中提取了 Close（收盘价）并将其进行了标准化，即对其进行了标准化处理，转换后的数据已经不再是几十万美元的价格了。

（6）对原始数据进行统计。

- 获取剧烈震荡的数据，这里将（最高价-最低价）达到收盘价的 10%作为剧烈震荡的指标（当然也可以选取其他指标），代码如下。

```
In [14]: largechangedata=df[((df['High']-df['Low'])/df['Close']>0.1)]
In [15]: largechangedata.shape
Out[15]: (3, 7)
In [16]: largechangedata
Out[16]:
       Open     High     Low      Close    Volume_(BTC)   Volume_(Currency)
353876 937112   1066720  937000   1066720  59.138766      5.945501e+07
353878 948733   1050000  947799   948733   25.574287      2.449136e+07
353879 951399   1060000  948733   951300   35.904868      3.546327e+07
       Weighted_Price
353876 1.005348e+06
353878 9.576557e+05
353879 9.877008e+05
```

我们看到仅有 3 条数据满足，并给出具体的数据样本。

- 获得常用的统计描述。

这里用 Close（收盘价）和 Open（开盘价）作为示例，代码如下。

```
In [18]: df['Close'].describe()
Out[18]:
count    3.790950e+05
mean     8.839836e+05
std      5.068531e+05
min      2.063460e+05
25%      4.626905e+05
50%      8.299850e+05
75%      1.176999e+06
max      2.312098e+06
Name: Close, dtype: float64

In [19]: df['Open'].describe()
Out[19]:
count    3.790950e+05
mean     8.839840e+05
std      5.068571e+05
```

```
min    2.062910e+05
25%    4.626915e+05
50%    8.299990e+05
75%    1.177000e+06
max    2.312098e+06
Name: Open, dtype: float64
```

统计信息描述了数据长度、均值、标准差、最小值、25%分位数、50%分位数、75%分位数以及最大值，这基本上能满足我们的需求。

- 绘制数据走势图（代码如下），结果如图8-14所示。

```
In [20]: fig1=df['Close'].plot()
```

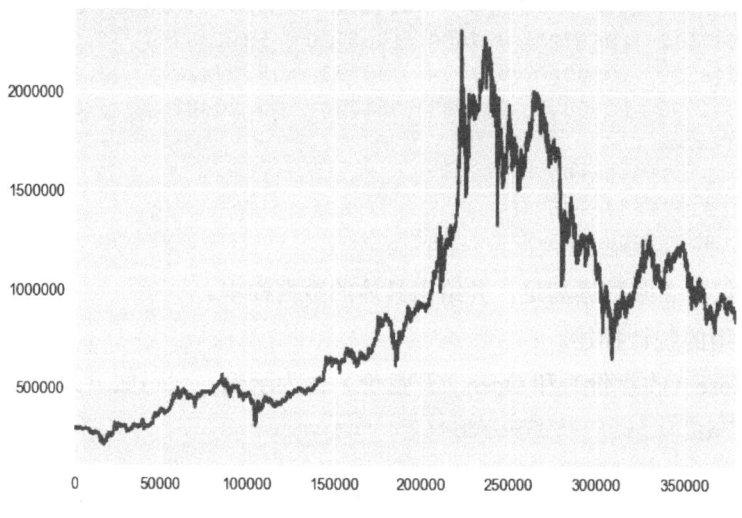

图8-14　走势图

将最高价和最低价绘制出来（代码如下），结果如图8-15所示。

```
In [32]: plt.plot(time,df['High'],'r',time,df['Low'],'g')
Out[32]: [<matplotlib.lines.Line2D at 0x20979ec6518>,
<matplotlib.lines.Line2D at 0x20979ec6dd8>]
```

- 对数据进行重采样，其包括提高采样频率和降低采样频率。将高频率数据聚合到低频率数据称为降采样（downsampling），将低频率转换到高频率称为升采样（upsampling）。

图 8-15　价格图

这里使用的比特币价格数据是从 2013 年 4 月 18 开始的,因为新数据已经没有了时间戳。为了构造时间序列,我们重新读取数据,代码如下。

```
In [68]: redf=pd.read_csv('bitcoin.csv')
In [69]: redf.head(2)
Out[69]:
    Timestamp   Open    High    Low     Close   Volume_(BTC)  \
0   1499155260  296127  296558  296016  296540       1.15860
1   1499155320  296539  296769  296060  296679      11.11551

   Volume_(Currency)  Weighted_Price
0       3.432441e+05     296257.67168
1       3.295332e+06     296462.51372
In [70]: localtime(1499155260)
Out[70]: time.struct_time(tm_year=2017, tm_mon=7, tm_mday=4, tm_hour=16, tm_min=1, tm_sec=0, tm_wday=1, tm_yday=185, tm_isdst=0)
```

获取时间戳的对应时间是比特币价格最开始的具体时间,将其转换为通常的日期格式,代码如下。

```
strftime("%Y-%m-%d %H:%M:%S",localtime(1499155260))
Out[72]: '2017-07-04 16:01:00'
strftime("%Y-%m-%d %H:%M:%S",localtime(1499155320))
Out[73]: '2017-07-04 16:02:00'
```

构造新的时间序列,代码如下。

```
zndata=pd.date_range('2017-07-04 16:01:00',periods=379095,freq='s')
len(zndata)
Out[82]: 379095
In [95]: znts=pd.Series(np.array(redf['Close']),zndata)
znts
Out[96]:
2017-07-04 16:01:00    296540
2017-07-04 16:01:01    296679
2017-07-04 16:01:02    296060
2017-07-04 16:01:03    296015
2017-07-04 16:01:04    296155
2017-07-04 16:01:05    296060
2017-07-04 16:01:06    296450
2017-07-04 16:01:07    296001
2017-07-04 16:01:08    296150
2017-07-04 16:01:09    296122
2017-07-04 16:01:10    296260
2017-07-04 16:01:11    296220
2017-07-04 16:01:12    296452
2017-07-04 16:01:13    296001
2017-07-04 16:01:14    296429
2017-07-04 16:01:15    296840
2017-07-04 16:01:16    296620
2017-07-04 16:01:17    296620
2017-07-04 16:01:18    296620
2017-07-04 16:01:19    296630
2017-07-04 16:01:20    296621
2017-07-04 16:01:21    296630
2017-07-04 16:01:22    296870
2017-07-04 16:01:23    296991
2017-07-04 16:01:24    296801
2017-07-04 16:01:25    297039
2017-07-04 16:01:26    297000
2017-07-04 16:01:27    296630
2017-07-04 16:01:28    296930
2017-07-04 16:01:29    296630
2017-07-09 01:18:45    871765
2017-07-09 01:18:46    870100
2017-07-09 01:18:47    869864
2017-07-09 01:18:48    870313
2017-07-09 01:18:49    871156
2017-07-09 01:18:50    869400
2017-07-09 01:18:51    869003
```

```
2017-07-09 01:18:52    867110
2017-07-09 01:18:53    867825
2017-07-09 01:18:54    867601
2017-07-09 01:18:55    866227
2017-07-09 01:18:56    868421
2017-07-09 01:18:57    867796
2017-07-09 01:18:58    867875
2017-07-09 01:18:59    867508
2017-07-09 01:19:00    868467
2017-07-09 01:19:01    868117
2017-07-09 01:19:02    867158
2017-07-09 01:19:03    867566
2017-07-09 01:19:04    867101
2017-07-09 01:19:05    868216
2017-07-09 01:19:06    868170
2017-07-09 01:19:07    867409
2017-07-09 01:19:08    868318
2017-07-09 01:19:09    868050
2017-07-09 01:19:10    867705
2017-07-09 01:19:11    867536
2017-07-09 01:19:12    866103
2017-07-09 01:19:13    865744
2017-07-09 01:19:14    865941
Freq: S, dtype: int64
```

这就形成了通常的时间序列（带有索引）。

我们还可以按照天、小时的时间间隔等进行重新采样，代码如下。

```
In [97]: dayts=znts.resample('D')
In [98]: len(dayts)
Out[98]: 6
In [99]: dayhour=znts.resample('H')
In [100]: len(dayhour)
Out[100]: 106
```

然后使用命令画出按天采样的图像，如图 8-16 所示。

```
dayts.plot()
```

继续使用命令绘制按小时采样的图像，结果如图 8-17 所示。

```
dayhour.plot()
```

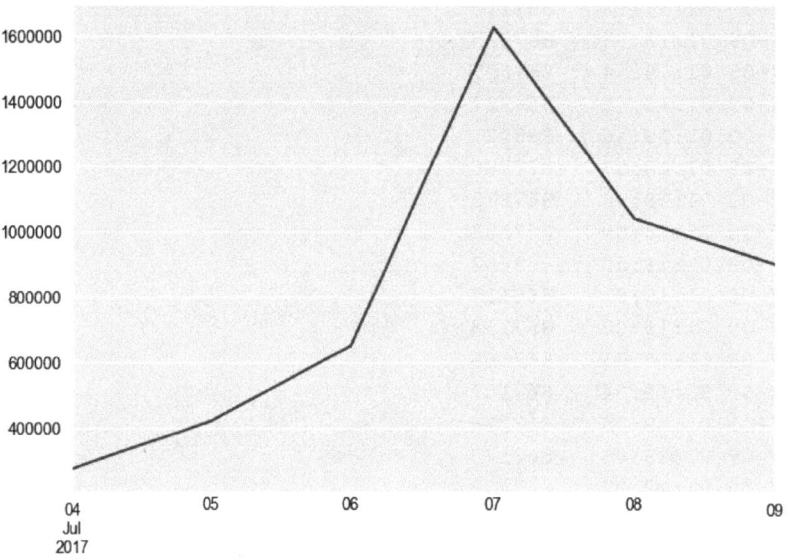

图 8-16 按天采样的价格图

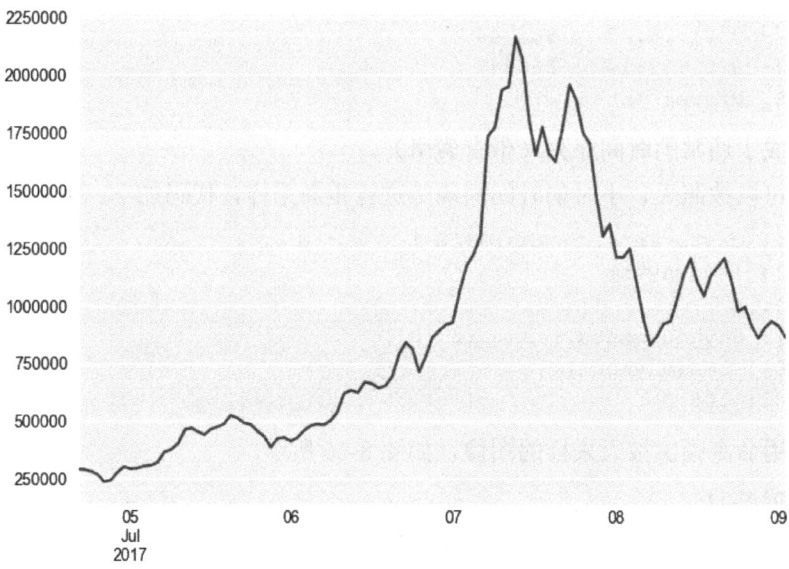

图 8-17 按小时采样的价格图

8.4.2 传统分析方法

基于以上基础数据统计，我们可以用传统的时间序列分析数据。

1. 对序列进行平稳性检验

首先对序列进行平稳性检验，这就需要使用统计模型，代码如下。

```
 In [104]: from statsmodels.tsa.stattools import adfuller
 In [105]: dftest = adfuller(znts, autolag='AIC')
 In [107]: dfoutput = pd.Series(dftest[0:4], index=['Test Statistic',
'p-value','#Lags Used','Number of Observations Used'])
    ...: for key,value in dftest[4].items():
    ...: dfoutput['Critical Value (%s)'%key] = value
    ...:
 In [108]: dfoutput
 Out[108]:
 Test Statistic                   -1.476673
 p-value                           0.545018
 #Lags Used                       95.000000
 Number of Observations Used  378999.000000
 Critical Value (1%)              -3.430367
 Critical Value (5%)              -2.861548
 Critical Value (10%)             -2.566774
 dtype: float64
```

从结果来看，没有通过平稳性检验。

这时可以考虑金融中常用的对数收益率，代码如下。

```
 In [130]: len(redf)
 Out[130]: 379095
 In [131]: closearray=np.array(redf['Close'])
 In [133]: logarray=[log(closearray[i]) for i in range(379095)]
 In [134]: logarray=np.array(logarray)
 logznts=pd.Series(logarray,zndata)
```

画出对数价格，代码如下，结果如图 8-18 所示。

```
 logznts.plot()
 Out[139]: <matplotlib.axes._subplots.AxesSubplot at 0x2090dc2e630>
```

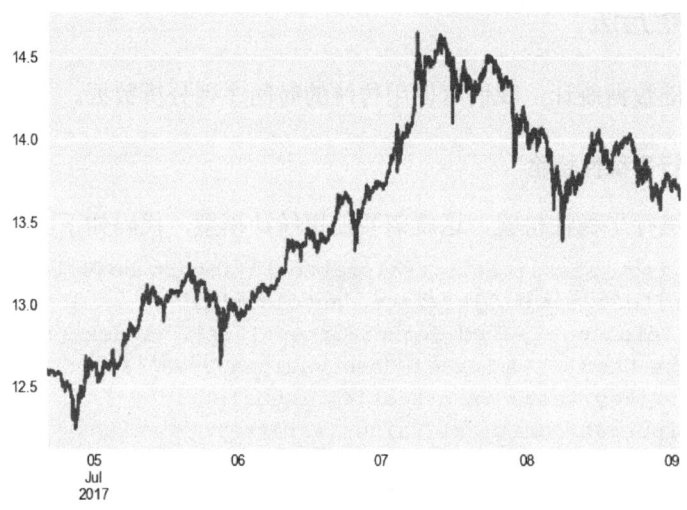

图 8-18 对数价格图

然后构造差分序列,代码如下,结果如图 8-19 所示。

```
In [137]: logzntsdiff=logznts-logznts.shift()
In [138]: len(logzntsdiff)
Out[138]: 379095
In [140]: logzntsdiff.plot()
Out[140]: <matplotlib.axes._subplots.AxesSubplot at 0x20914e1f630>
```

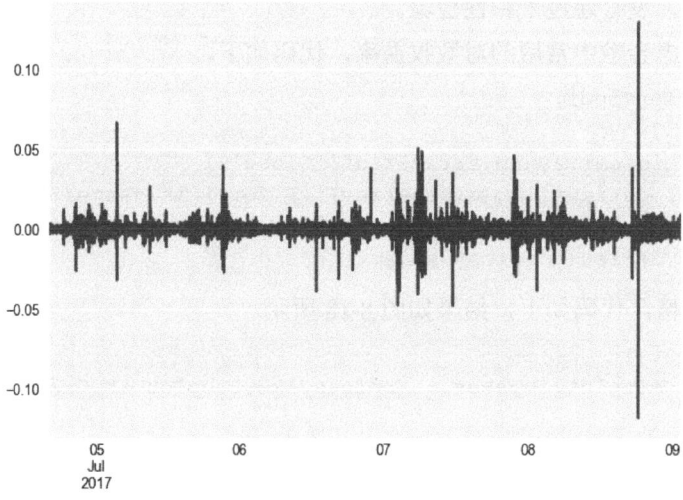

图 8-19 差分序列图

对对数差分序列进行平稳性检验，代码如下。

```
In [141]: dftest = adfuller(logzntsdiff, autolag='AIC')
     ...: dfoutput = pd.Series(dftest[0:4], index=['Test Statistic',
'p-value','#Lags Used','Number of Observations Used'])
     ...: for key,value in dftest[4].items():
     ...: dfoutput['Critical Value (%s)'%key] = value
LinAlgError: SVD did not converge
```

可以看到，在进行检验的过程中，SVD方法没有收敛，这意味着平稳性没有通过。这是其中的空值导致的，即差分操作的时候产生的空值，代码如下。

```
In [147]: dftest = adfuller(logzntsdiff, autolag='AIC')
     ...:      dfoutput    =    pd.Series(dftest[0:4],     index=['Test
Statistic','p-value','#Lags Used','Number of Observations Used'])
     ...: for key,value in dftest[4].items():
     ...: dfoutput['Critical Value (%s)'%key] = value
     ...:
In [148]: dfoutput
     ...:
Out[148]:
Test Statistic                    -65.638353
p-value                             0.000000
#Lags Used                         93.000000
Number of Observations Used    379000.000000
Critical Value (1%)                -3.430367
Critical Value (5%)                -2.861548
Critical Value (10%)               -2.566774
dtype: float64
```

可以看到，DF检验统计量远远小于10%的-2.566774，这时可以认为对数差分序列是平稳的。

2. 测试序列的周期性信息、季节趋势

下面测试序列是否有周期性信息、季节趋势等，代码如下。

```
import statsmodels.api as sm
decompfreq = 6*12      # 假定周期结构
In[156]:decomposition=sm.tsa.seasonal_decompose(logzntsdiff,freq=decompfreq)
     ...: trend = decomposition.trend
     ...:
In [157]: len(trend)
In [157]: Out[157]: 379094
In [158]: trend.plot()
```

```
Out[158]: <matplotlib.axes._subplots.AxesSubplot at 0x20916871ac8>
```
结果表明，数据没有明显的周期趋势。

3. 计算自相关函数和偏自相关函数

接下来，计算自相关函数（ACF）和偏自相关函数（PACF），数据来自统计包，代码如下。

```
In [159]: from statsmodels.tsa.stattools import acf, pacf
In [160]: lag_acf = acf(logzntsdiff, nlags=20)
     ...: lag_pacf = pacf(logzntsdiff, nlags=20, method='ols')
In [162]: plt.subplot(121)
     ...: plt.plot(lag_acf)
     ...: plt.axhline(y=0,linestyle='--',color='gray')
     ...:
plt.axhline(y=-1.96/np.sqrt(len(logzntsdiff)),linestyle='--',color='gray')
     ...:
plt.axhline(y=1.96/np.sqrt(len(logzntsdiff)),linestyle='--',color='gray')
     ...: plt.title('Autocorrelation Function')
     ...:
Out[162]: <matplotlib.text.Text at 0x2091fc1f518>
```

结果如图 8-20 所示。

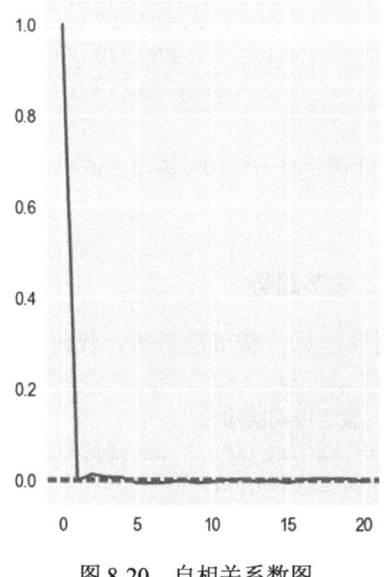

图 8-20　自相关系数图

继续进行计算偏自相关函数，代码如下。

```
In [163]: plt.subplot(122)
     ...: plt.plot(lag_pacf)
     ...: plt.axhline(y=0,linestyle='--',color='gray')
     ...: plt.axhline(y=-1.96/np.sqrt(len(logzntsdiff)),linestyle='--',color='gray')
     ...: plt.axhline(y=1.96/np.sqrt(len(logzntsdiff)),linestyle='--',color='gray')
     ...: plt.title('Partial Autocorrelation Function')
     ...: plt.tight_layout()
     ...:
```

结果如图 8-21 所示。

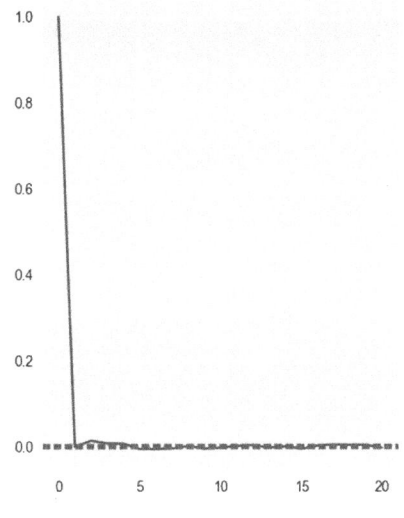

图 8-21　偏自相关系数图

从这里可以看到，可以用 ARIMA 模型来模拟。先安装 ARIMA 模型，代码如下。

```
In [164]: from statsmodels.tsa.arima_model import ARIMA
```

计算参数并预测，画出如图 8-22 所示的图像，代码如下。

```
In [167]: model = ARIMA(logznts, order=(2, 1, 2))
     ...: results_ARIMA = model.fit(disp=-1)
     ...: plt.plot(logzntsdiff)
     ...: plt.plot(results_ARIMA.fittedvalues, color='red')
     ...:plt.title('RSS:%.4f'%sum((results_ARIMA.fittedvalues-logzntsdiff)**2))
```

```
    ...:
C:\WinPython\Python-3.6.1.amd64\lib\site-packages\statsmodels\base\model
.py:473: HessianInversionWarning: Inverting hessian failed, no bse or cov_params
available
    'available', HessianInversionWarning)
Out[167]: <matplotlib.text.Text at 0x2091a1de4e0>
```

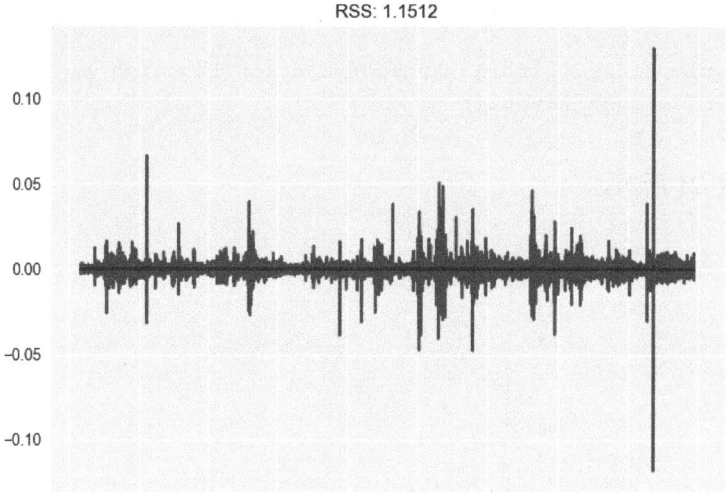

图 8-22　误差图

4．总体比较

接着与原始值进行总体比较，并计算误差，代码如下。

```
    In [168]: predictions_ARIMA_diff = pd.Series(results_ARIMA.fittedvalues,
copy=True)
    In[169]: predictions_ARIMA_diff_cumsum = predictions_ARIMA_diff.cumsum()
    In[171]:predictions_ARIMA_log = pd.Series(logznts.ix[0], index=logznts.
index)
    ...: predictions_ARIMA_log = predictions_ARIMA_log.add(predictions_ARIMA_
diff_cumsum,fill_value=0)
    ...: predictions_ARIMA_log.head()
    ...:
Out[171]:
    2017-07-04 16:01:00     12.599937
    2017-07-04 16:01:01     12.599940
    2017-07-04 16:01:02     12.599943
    2017-07-04 16:01:03     12.599954
```

```
2017-07-04 16:01:04    12.599931
Freq: S, dtype: float64
In [172]: predictions_ARIMA = np.exp(predictions_ARIMA_log)
     ...: plt.plot(ts)
     ...: plt.plot(predictions_ARIMA)
     ...:plt.title('RMSE:%.4f'%np.sqrt(sum((predictions_ARIMA-znts)**2)/len(znts)))
     ...:
Out[172]: <matplotlib.text.Text at 0x2091a2ccb70>
```

结果如图 8-23 所示。

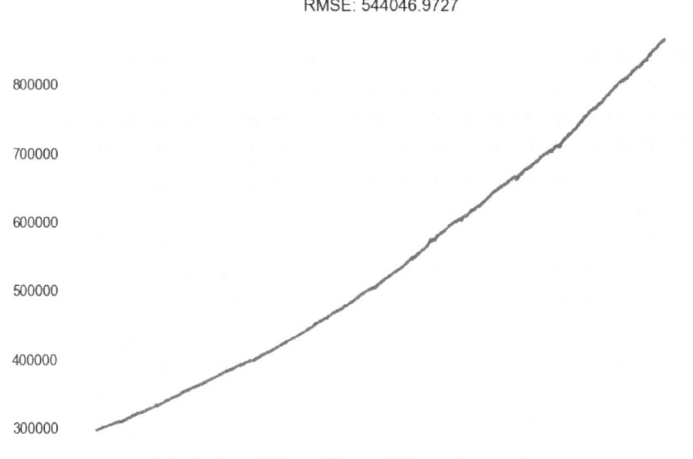

图 8-23　均方根误差图

从图 8-23 中可以看出，均方根误差较大，这与比特币价格自身的值较大有关，但也说明预测存在着巨大困难。同时，在预测过程中单单依靠收盘价就失去了很多信息，其他 6 个维度的信息完全可以利用起来，分别进行说明。

8.4.3　循环神经网络方法

和传统方法类似，循环神经网络方法可以使用收益率预测或直接使用价格预测，这两者在循环神经网络方法中并没有特别显著的差异。此外，基于前面提到的通用逼近定理，循环神经网络可以不用考虑平稳性。

1. 对数据进行标准化操作

首先进行数据的标准化操作，该操作主要是为了保持尺度统一，避免大尺度的数据影响过大，而小尺度的数据没有起到作用。

代码如下：

```
In [180]: plt.plot(zndata,onedata)
Out[180]: [<matplotlib.lines.Line2D at 0x2091fb6c198>]
In [181]: price=[]
In [182]: for index in range(len(onedata) - 30):
     ...:     price.Append(onedata[index: index + 30])
     ...:
```

运行后，结果如图 8-24 所示。

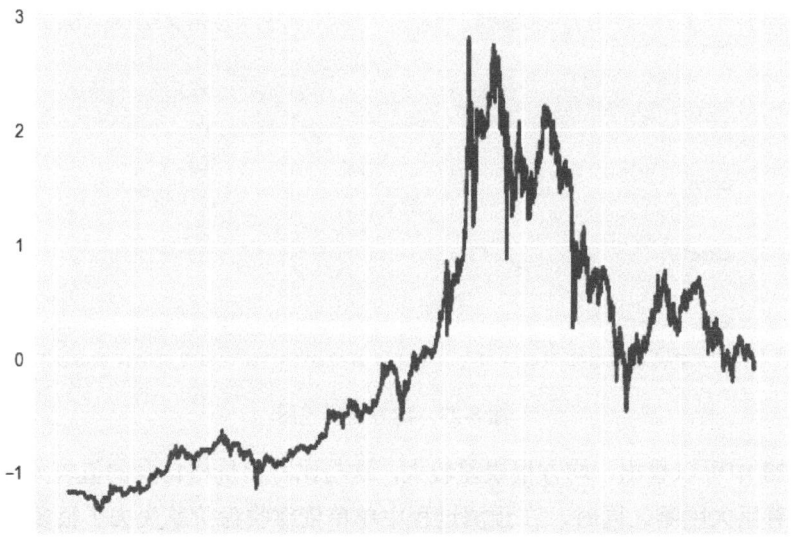

图 8-24　价格图

构造前面提到的循环神经网络的训练样本，该样本有 379 065 个，每一个样本的时间步长都为 30，然后先考虑单个价格序列（即时间序列）的预测，最后并与传统方法比较。代码如下。

```
In [183]: len(price)
Out[183]: 379065
In [184]: len(onedata)
Out[184]: 379095
```

```
In [185]: price=np.array(price)
In [186]: price.shape
Out[186]: (379065, 30, 1)
In [187]: price
Out[187]:
array([[[-1.15900332],
        [-1.15872908],
        [-1.15995034],
        ...,
        [-1.15882575],
        [-1.15823386],
        [-1.15882575]],

       ...,

       [[-0.02758916],
        [-0.02410689],
        [-0.02739187],
        ...,
        [-0.03245054],
        [-0.03527779],
        [-0.03598608]]])
```

注意，按照循环神经网络的理论，需要将训练样本分成输入部分和输出部分，输入部分在这里用 x1_train 来表示，输出部分是 y1_train，输入部分类似于时间序列中的 $\{x1,x2,\cdots,xt\}$ 形式，或者说 x1_train 类似于自变量。代码如下。

```
In [188]: train1=price
In [189]: x1_train=train1[:,:-1,:]
In [190]: y1_train=train1[:,-1,:]
In [191]: x1_train.shape
Out[191]: (379065, 29, 1)
In [192]: y1_train.shape
Out[192]: (379065, 1)
```

2. 时间序列预测

这里构造一个 $\{32,16,1\}$ 的循环神经网络，来对比特币价格进行建模，代码如下。

```
model = Sequential()
model.add(LSTM(32,input_shape=(29,1),return_sequences=True))
model.add(Dropout(0.2))
model.add(LSTM(16,return_sequences=False))
model.add(Dropout(0.2))
model.add(Dense(1))
model.add(Activation("linear"))
```

```
    model.compile(loss="mse", optimizer="rmsprop")
plot_model(model)
```

使用的循环神经网络结构如图 8-25 所示。

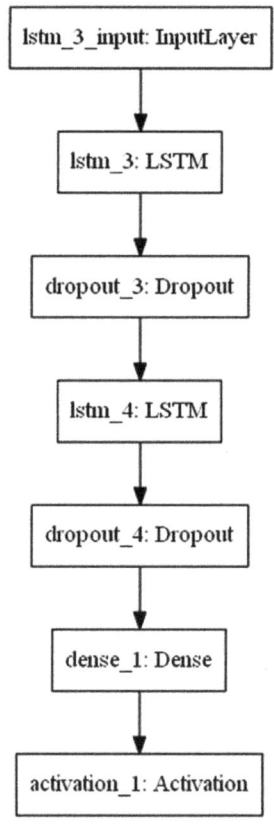

图 8-25　循环神经网络示意图

先进行一个尝试训练,获得大致速度的估计,代码如下。

```
model.fit(x1_train,y1_train,batch_size=1024,epochs=1)
Epoch 1/1
379065/379065 [==========================] - 39s - loss: 0.0416
Out[196]: <keras.callbacks.History at 0x20946648da0>
```

然后进行精细化训练,代码如下。

```
In [197]: model.fit(x1_train,y1_train,batch_size=4096,epochs=10)
Epoch 1/10
379065/379065 [==========================] - 22s - loss: 0.0196
```

```
Epoch 2/10
379065/379065 [==============================] - 22s - loss: 0.0189
Epoch 3/10
379065/379065 [==============================] - 22s - loss: 0.0184
Epoch 4/10
379065/379065 [==============================] - 22s - loss: 0.0180
Epoch 5/10
379065/379065 [==============================] - 22s - loss: 0.0178
Epoch 6/10
379065/379065 [==============================] - 22s - loss: 0.0176
Epoch 7/10
379065/379065 [==============================] - 22s - loss: 0.0175
Epoch 8/10
379065/379065 [==============================] - 22s - loss: 0.0172
Epoch 9/10
379065/379065 [==============================] - 22s - loss: 0.0173
Epoch 10/10
379065/379065 [==============================] - 22s - loss: 0.0172
Out[197]: <keras.callbacks.History at 0x20946616c18>
```

此时误差率已经降低到 0.0172。当然经过更多轮训练，还可以继续降低误差。

3. 数据划分

接下来，将数据划分为训练数据和验证数据，这样可以更好地体现出模型的"泛化能力"。我们选择 90% 的数据作为训练数据，10% 作为验证数据。

仍然选用上述模型，代码如下。

```
In [201]: row = round(0.9 * train2.shape[0])
In [202]: train2=price[:int(row),:]
In [203]: train2.shape
Out[203]: (341158, 30, 1)
In [204]: x2_train=train2[:,:-1,:]
In [205]: y2_train=train2[:,-1,:]
In [206]: x2_test=price[int(row):,:-1,:]
In [207]: y2_test=price[int(row):,-1,:]
In [208]: x2_train.shape
Out[208]: (341158, 29, 1)
In [209]: x2_test.shape
Out[209]: (37907, 29, 1)
In [210]: y2_train.shape
Out[210]: (341158, 1)
In [211]: y2_test.shape
```

```
Out[211]: (37907, 1)
In [212]: model2=Sequential()
In [213]: model2.add(LSTM(32,input_shape=(29,1),return_sequences=True))
     ...: model2.add(Dropout(0.2))
     ...: model2.add(LSTM(16,return_sequences=False))
     ...: model2.add(Dropout(0.2))
     ...: model2.add(Dense(1))
     ...: model2.add(Activation("linear"))
     ...: model2.compile(loss="mse", optimizer="rmsprop")
     ...:
In [214]: model2.fit(x2_train,y2_train,batch_size=1024,epochs=1,
validation_data=(x2_test,y2_test))
Train on 341158 samples, validate on 37907 samples
Epoch 1/1
341158/341158 [============] - 35s - loss: 0.0458 - val_loss: 1.1036e-04
Out[214]: <keras.callbacks.History at 0x20966044f28>

In [215]: model2.fit(x2_train,y2_train,batch_size=2048,epochs=10,
validation_data=(x2_test,y2_test))
Train on 341158 samples, validate on 37907 samples
Epoch 1/10
341158/341158 [============] - 24s - loss: 0.0207 - val_loss: 9.8184e-04
Epoch 2/10
341158/341158 [============] - 24s - loss: 0.0199 - val_loss: 2.1658e-04
Epoch 3/10
341158/341158 [============] - 24s - loss: 0.0196 - val_loss: 3.5966e-05
Epoch 4/10
341158/341158 [============] - 24s - loss: 0.0192 - val_loss: 2.3646e-04
Epoch 5/10
341158/341158 [============] - 24s - loss: 0.0191 - val_loss: 1.1441e-04
Epoch 6/10
341158/341158 [============] - 24s - loss: 0.0189 - val_loss: 9.6324e-04
Epoch 7/10
341158/341158 [============] - 24s - loss: 0.0188 - val_loss: 4.5975e-04
Epoch 8/10
341158/341158 [============] - 24s - loss: 0.0187 - val_loss: 8.9303e-05
Epoch 9/10
341158/341158 [============] - 24s - loss: 0.0186 - val_loss: 4.2639e-05
Epoch 10/10
341158/341158 [============] - 25s - loss: 0.0187 - val_loss: 1.6451e-04
Out[215]: <keras.callbacks.History at 0x20922e63588>
```

从验证集的误差来看，其泛化能力得到了一定体现。

对初始数据进行一定程度的随机分组，而不是按照顺序形成组别，这有助于提升泛化能力。对此我们需要对原始数据进行"随机排序"，代码如下。

```
In [221]: train3=price
In [222]: np.random.shuffle(train3)
In [223]: train3.shape
Out[223]: (379065, 30, 1)
In [225]: x3_train=train3[:,:-1,:]
In [226]: row
Out[226]: 34115
In [227]: newtrain3=train3[:int(row),:,:]
In [228]: newtrain3.shape
Out[228]: (341158, 30, 1)
In [229]: x3_train=newtrain3[:,:-1,:]
In [230]: y3_train=newtrain3[:,-1,:]
In [231]: x3_test=train3[int(row):,:-1,:]
In [232]: y3_test=train3[int(row):,-1,:]
In [233]: model3=Sequential()
     ...: model3.add(LSTM(32,input_shape=(29,1),return_sequences=True))
     ...: model3.add(Dropout(0.2))
     ...: model3.add(LSTM(16,return_sequences=False))
     ...: model3.add(Dropout(0.2))
     ...: model3.add(Dense(1))
     ...: model3.add(Activation("linear"))
     ...: model3.compile(loss="mse", optimizer="rmsprop")
```

随机排序完成后，开始进行训练，代码如下。

```
In [234]: model3.fit(x3_train,y3_train,batch_size=2048,epochs=1,validation_data=(x3_test,y3_test))
Train on 341158 samples, validate on 37907 samples
Epoch 1/1
341158/341158 [=============] - 26s - loss: 0.0609 - val_loss: 9.7395e-04
Out[234]: <keras.callbacks.History at 0x2097f14ddd8>
In [235]: model3.fit(x3_train,y3_train,batch_size=2048,epochs=10,validation_data=(x3_test,y3_test))
Train on 341158 samples, validate on 37907 samples
Epoch 1/10
341158/341158 [===============] - 24s - loss: 0.0204 - val_loss: 0.0016
Epoch 2/10
341158/341158 [===============] - 24s - loss: 0.0189 - val_loss: 0.0031
Epoch 3/10
341158/341158 [===============] - 24s - loss: 0.0180 - val_loss: 0.0024
```

```
Epoch 4/10
341158/341158 [==============] - 24s - loss: 0.0176 - val_loss: 2.9908e-04
Epoch 5/10
341158/341158 [==============] - 24s - loss: 0.0175 - val_loss: 6.9462e-04
Epoch 6/10
341158/341158 [==============] - 24s - loss: 0.0172 - val_loss: 0.0046
Epoch 7/10
341158/341158 [==============] - 24s - loss: 0.0172 - val_loss: 0.0037
Epoch 8/10
341158/341158 [==============] - 24s - loss: 0.0170 - val_loss: 0.0054
Epoch 9/10
341158/341158 [==============] - 24s - loss: 0.0169 - val_loss: 7.5337e-04
Epoch 10/10
341158/341158 [==============] - 24s - loss: 0.0168 - val_loss: 6.6172e-04
Out[235]: <keras.callbacks.History at 0x2097f14d438>
```

从结果来看，打乱样本后，训练结果并没有获得特别的提升。原因在于随机梯度算法在较大的 Batch_size 情况下，样本随机排序引入的泛化能力的增加被弱化了，如果减小 Batch_size 的值，则会获得较好的结果。

为了验证该模型的能力，我们来生成预测值并与原始值比对，这需要将 y 代替预测值，看看预测效果，代码如下。

```
In [238]: forpredict=price
In [239]: forpredict=price[:,:-1,:]
In [240]: model1predict=model.predict(forpredict,batch_size=1024)
In [241]: model2predict=model2.predict(forpredict,batch_size=1024)
In [242]: model3predict=model3.predict(forpredict,batch_size=1024)
In [243]: model1predict.shape
Out[243]: (379065, 1)
In [255]: model1predict=model1predict[:,0]
In [256]: model2predict=model2predict[:,0]
In [257]: model3predict=model3predict[:,0]
In [281]: realvalue=realvalue[:,0]
```

生成预测值后，比较预测值与真实值的误差。

先看均方误差和，代码如下。

```
In [285]: for i in range(len(realvalue)):
     ...:     error1=error1+(realvalue[i]-model1predict[i])**2
     ...:
In [286]: error2=0
In [287]: error3=0
In [288]: for i in range(len(realvalue)):
```

```
   ...: error2=error2+(realvalue[i]-model2predict[i])**2
   ...:
In [289]: for i in range(len(realvalue)):
   ...: error3=error3+(realvalue[i]-model3predict[i])**2
   ...:
In [290]: [error1,error2,error3]
Out[290]: [51.776298136971796, 108.52679734217301, 249.09611494363591]
```

可以看到第一个模型训练的已经足够好了。如果与传统模型对比，则这 3 个模型都比 ARIMA 模型的预测结果好。

下面计算单个值的平均误差，代码如下。

```
In [292]: np.array([error1,error2,error3])/len(realvalue)
Out[292]: array([ 0.00013659,  0.0002863 ,  0.00065713])
```

结果显示其基本与训练中的有效误差保持相同的水平。

类似的，将其与传统方法中的对比，如表 8-2 所示。

表 8-2 与传统方法对比

网 络 结 构	(4096,10)	(2048,10)	(2048,10) shuffle
ARIMA	0.001697	0.001697	0.001697
32,16,1	0.00013659	0.0002863	0.00065713
64,32,1	0.00010129	0.00011379	0.00010041
64,32,16,1	0.00008732	0.00005752	0.00006831

注 1： 行名表示网络结构（不同层的神经元数量），列名表示训练用的 Batch_size 和 epoch 的次数。

注 2： 在实际训练中，Batch_size 在 32 到 128 之间时，其训练结果一般会更优，这里只是为了说明。

注 3： 网络结构中的第 1 个数字表示第一层 LSTM 中的神经元数量，第 2 个数字表示第二层的数量，第 3 个数字表示第三层的数量，以此类推，最后的 1 表示 Dense()层的输出维度。

4．用循环神经网络来预测多元时间向量

很明显，收盘价不仅仅受过去价格的影响，还受其他信息的影响，如交易量、开盘价等，这种影响在股市中间更加明显，因此在预测时间序列时，也应该考虑这些信息。这里我们使用训练神经网络对多元时间序列进行预测，与时间序列不同的是，对于任何一个时间 t，都有一个多元的向量值，类似于

$$x_{\{1,t\}}, x_{\{2,t\}}, \cdots, x_{\{m,t\}}$$

这里，1，2，…，m 表示向量维度，t 表示时间，这是一个多元时间序列，或者叫时间向量流。

这时，深度网络输入的 shape 是[时间序列长度，向量维度]，在这里因为我们考虑了 7 个维度、30 个时间步长，所以其输入的 shape 就是[30,7]，代码如下。

```
In [295]: multidata=df
In [296]: multidata=np.array(multidata)
In [297]: multiprice=[]
In [299]: for index in range(len(multidata) - 30):
     ...:     multiprice.Append(multidata[index: index + 30])
     ...:
In [301]: multiprice=np.array(multiprice)
In [302]: multiprice.shape
Out[302]: (379065, 30, 7)
In [303]: train4=multiprice
In [304]: newtrain4=train4[:int(row),:,:]
In [306]: x4_train=newtrain4[:,:-1,:]
In [307]: y4_train=newtrain4[:,-1,:]
In [308]: x_test=multiprice[int(row):,:-1,:]
In [309]: x4_test=multiprice[int(row):,:-1,:]
In [310]: y4_test=multiprice[int(row):,-1,:]
In [311]: x4_train.shape
Out[311]: (341158, 29, 7)
```

然后构造深度神经网络，该网络接受（29,7）这样的张量形式，同时考虑过去的交易量、最高价、最低价等 7 个因素，代码如下。

```
In [312]: model4=Sequential()
     ...: model4.add(LSTM(32,input_shape=(29,7),return_sequences=True))
     ...: model4.add(Dropout(0.2))
     ...: model4.add(LSTM(16,return_sequences=False))
     ...: model4.add(Dropout(0.2))
     ...: model4.add(Dense(7))
     ...: model4.add(Activation("linear"))
     ...: model4.compile(loss="mse", optimizer="rmsprop")
     ...:

In [313]: model4.fit(x4_train,y4_train,batch_size=2048,epochs=1,validation_data=(x4_test,y4_test))
Train on 341158 samples, validate on 37907 samples
341158/341158 [==============================] - 29s -
 loss: 71858710831797.6250 - val_loss: 69248639737354.8516
Out[313]: <keras.callbacks.History at 0x20a54fb5b38>
```

```
In [314]:
model4.fit(x4_train,y4_train,batch_size=4096,epochs=100,validation_data=
(x4_test,y4_test))
Train on 341158 samples, validate on 37907 samples
Epoch 1/100
341158/341158 [==============================] - 23s -
 loss: 71858695282316.5312 - val_loss: 69248634072217.4141
Epoch 2/100
341158/341158 [==============================] - 23s -
 loss: 71858688244411.1719 - val_loss: 69248622733533.3516
Epoch 3/100
341158/341158 [==============================] - 23s -
 loss: 71858680402334.6562 - val_loss: 69248616273174.3750
Epoch 4/100
341158/341158 [==============================] - 23s -
loss: 71858673279426.4219 - val_loss: 69248606187127.4375
Epoch 5/100
341158/341158 [==============================] - 23s -
loss: 71858666761423.0781 - val_loss: 69248597345308.4531
Epoch 6/100
341158/341158 [==============================] - 23s -
loss: 71858660388615.5938 - val_loss: 69248590093932.5156
Epoch 7/100
341158/341158 [==============================] - 23s -
 loss: 71858653653642.1719 - val_loss: 69248581474514.4375
Epoch 8/100
341158/341158 [==============================] - 23s -
loss: 71858646556920.8125 - val_loss: 69248575129560.5078
```

因为设置的 Batch_size 较大，且没有进行标准化处理，所以误差率也较大，这需要较长时间的训练，代码如下。

```
In [314]:
model4.fit(x4_train,y4_train,batch_size=32,epochs=100,validation_data=(x
4_test,y4_test))
……
Epoch 100/100
341158/341158 [==================] - 23s - loss: 52.6011- val_loss: 41.2302
```

这时该模型基本可用，预测收盘价如图 8-26 所示，其与实际结果的对比如图 8-27 所示，而对于交易量的预测如图 8-28 所示。

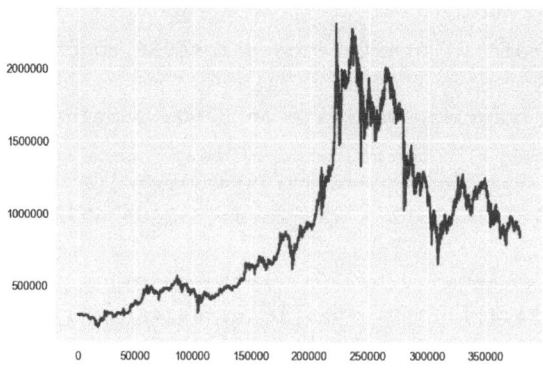

图 8-26 价格图

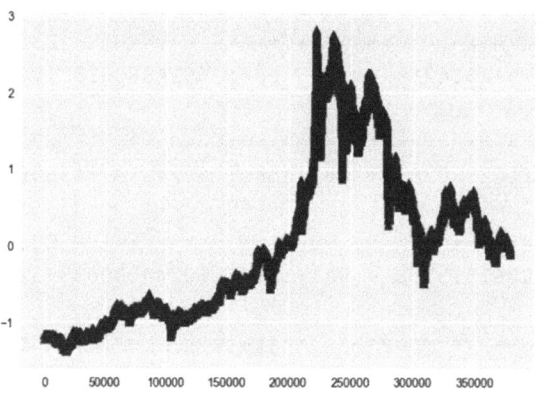

图 8-27 预测价格和实际价格对比图

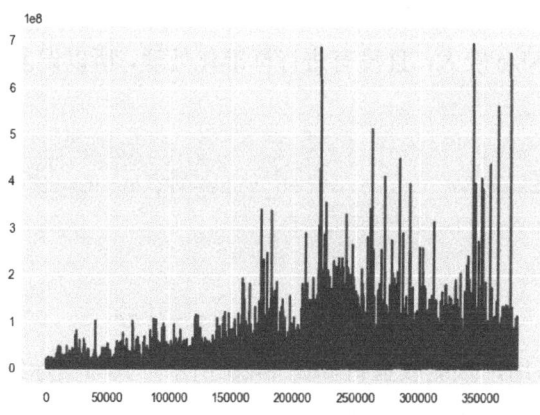

图 8-28 交易量预测

第 9 章

金融舆情分析中的深度学习

舆情在金融分析中的地位举足轻重,而传统的舆情分析方法常常是基于结构和关键字的分析,效率不高。本章主要介绍金融舆情分析中的深度学习技术,以及这些技术在舆情分析中的应用,以便提高效率,为企业和个人的投资决策起到辅助作用。

9.1 宏观金融问题与人工智能

通常,我们熟悉的金融一般局限于特定市场、企业或个人投资,这一类的金融也称为微观金融。与此相对应的是宏观金融学,其源于经济学,主要研究在以货币为媒介的交换经济中如何获得高就业、低通货膨胀、国际收支平衡和经济增长等问题。

9.1.1 宏观金融学入门

在一般情况下,会认为宏观金融学是宏观经济学的货币版本,着重于宏观货币经济模型的建立,并通过它们产生对实现高就业、低通货膨胀、高经济增长和其他经济目标可能有用的货币政策结论和建议。

从以上定义可以看出,研究宏观金融学包括如下几个步骤:

(1) 了解现状。

（2）构建模型。

（3）反馈与作用。

其中，人工智能技术就可以取代以前的人工，在其中发挥重要的作用，如通过市场信息和舆情了解现状，从而发现既有的宏观金融信息，而这些信息是构建金融模型的基础；或者通过设置较好的奖励函数来使用强化学习获得优化的模型和参数；或者通过深度学习的多维度时间序列预测功能、预测政策对某种行业或经济的影响以及激励效果等。

这里，我们先介绍一些宏观金融学的基础与发展史，然后介绍通过舆情获取宏观金融信息并将其应用到具体的场景中。了解宏观金融学的发展历史，有助于我们理解宏观金融所关注问题的基本组成要素，这里提示如下。

（1）关注的核心要素，也就是市场的信号，它们一般都是由市场上的货币引起的。货币在整个宏观金融中处于核心地位，监管机构、企业和个人通过货币产生相应的联系。

（2）核心要素所联系的社会经济要素。

（3）构建这些要素关系的相应思想。

先来看一下，最早的古典"二分法"。古典"二分法"把经济分为两个相互独立的部分：实际领域和货币领域。

- 实际领域的因素决定相对各个生产要素的所得，构成价值理论。
- 货币领域的因素决定一般物价水平，构成货币理论。

经济学家一般用均衡体系研究价值理论，用货币数量方法研究货币理论。

凯恩斯对此进行了改进，他从宏观经济的角度来考察就业量、国民收入、国民生产、总供给、总需求、社会总消费和社会总投资等宏观变量。在总量分析的基础上，他提出了"有效需求不足理论"。凯恩斯认为，由消费需求和投资需求构成的有效需求，其大小主要取决于消费倾向、投资边际效率和流动性偏好三大基本心理因素以及货币数量。

从凯恩斯的理论中我们可以知道，消费倾向、投资边际效率、流动性偏好对货币供求影响甚大，但传统分析通常就到此为止，原因在于没有更好的方式去获取"这些"真实的数据。在当前，基于互联网形成的巨大信息量基础，然后依靠大数据和人工智能技术，我们已经可以间接甚至直接地获取相关数据，如前面用卷积网络获取个体的风险偏好，以及下面即将介绍的用社会舆情来反映群体的金融特征等，这些特征可以更加细化并包括用户的流动性偏好、消费倾向等信息。

弗里德曼的货币需求理论注意到了凯恩斯理论中的问题，他的现代货币数量说直接研究了"人们愿意持有的现金数量是由哪些因素决定的"这个问题,从人们保持货币的动机出发来研究货币需求,把货币作为一种资产,一种持有财富的方式或"一种资本货物"。这种思想实际上就是我们今天用大数据处理相关货币问题的理论基础。

9.1.2 从大数据角度看宏观金融学

从大数据角度出发,我们更希望能够从微观形态(如人们对货币的态度)来发现一些宏观信息,这实际上也是一种预期说的想法。

预期说的产生有其实际的经济背景:在 20 世纪 70 年代,美国发生了严重的通货膨胀,即物价一直居高不下,投资减少,经济发展缓慢。当时美国使用凯恩斯的经济政策,试图通过增加货币供应量来挽救经济,但结果令人失望:利率不但没有下降,而且人们对于物价上涨的预期使整体利率反而上升,这进一步导致了宏观经济的其他因素(如消费、储蓄、投资等)都受到物价上涨预期的影响。

这样的背景让很多人认识到,人们的预期要从被动地适应当时的情况变成主动的应对,使得人们渐渐地变得更明智、更合理、更有主动性,如人们都根据个人的预期做出理性的决策,而且采取各种预防措施来对冲一些政府的公开经济行为,这一事实表明当人们的预期对于经济活动具有越来越大的作用时,预期就成为经济中不可忽视的因素。

9.2 利用舆情进行宏观金融分析

接下来,我们用大数据和人工智能技术来进行宏观金融分析。其中分析的基础是舆情数据,其可以通过相关技术获取,也可以使用一些第三方数据库,这里我们使用 Tushare 数据。

需要注意的是,无论主动获取的数据还是通过 Tushare 获得的数据,都是金融舆情数据的一小部分。为了让它更加充分并有效,还可以获取更多的舆情信息源头。

9.2.1 数据的准备

这里先说明一下如何进行数据准备,首先安装相应的数据获取软件。

(1)用户可以通过以下 3 种方式进行安装。

- 方式1：使用 pip install tushare 命令安装，如果安装网络超时可尝试国内 pip 源（如清华大学的教育站点），命令为 pip install tushare -i https://pypi.tuna.….edu.cn/simple。
- 方式2：访问 Python 官网下载安装，命令为 Python setup.py install。
- 方式3：访问 GitHub 网站下载，将项目下载或者克隆到本地，然后进入项目目录下，执行 Python setup.py install 命令。

（2）进行版本升级，代码如下。

```
pip install tushare –upgrade
```

（3）查看版本号，代码如下。

```
In[1]: import tushare
In[3]: print(tushare.__version__)
1.2.18
```

弹出接口如图 9-1 所示。

图 9-1　Tushare 接口 Token

获取数据前的一些相关信息说明：

- 接口：cctv_news。
- 描述：获取新闻联播文字稿数据，数据信息开始于 2009 年 6 月。
- 限量：总量不限制。
- 积分：用户积累 120 积分可以调取，但会做流控限制，超过 5000 积分则无限制，具体请参阅积分获取办法。

接口中的输入参数如表 9-1 所示。

表 9-1　输入参数

名　称	类　型	必　选	描　述
date	str	Y	日期（输入格式：YYYYMMDD，如 20181211）

接口中的输出参数如表 9-2 所示。

表 9-2 输出参数

名 称	类 型	默认显示	描 述
date	str	Y	日期
title	str	Y	标题
content	str	Y	内容

输出参数的代码如下。

```
In [8]: pro=ts.set_token('28c7facb71e676f27c5030dbcd74e9b7ccd8a2feaa31e967249ef6af')
In [9]: pro=ts.pro_api()
In [17]: df = pro.cctv_news(date='20181224')
In [18]: df.shape
Out[18]: (17, 3)
```

数据内容,用户可以自行列出,代码如下。

```
import jieba
# 过滤关键词
blacklist = ['责任编辑', '一年', '一项', '一点儿', '一度', '一道', '实现', '已经', '指出',
            '为什么', '是不是', '"', '一个', '一些', '一部', '一致', '一窗', '亿元',
            '上述', '不仅', '下去', '首次', '合作', '共同', '重要', '我们', '你们',
            '坚持', '支持', '表示', '时间', '协调', '时间', '制度', '工作', '强调', '进行',
            '本台消息', '这个', '那个', '就是', '今天', '明天', '参加', '今年', '明天']
# 新增关键词
stopwords = ['区块链', '数字货币', '虚拟货币', '比特币', '对冲基金', '自贸区', '共享经济', '租购同权', '新零售', '楼市调控', '互联网金融', '5G', '4G', '长江经济带']
for word in stopwords:
    jieba.add_word(word)
df = pd.read_csv(file, encoding='utf8')
list = []
df = df[df.content.isnull() == False]

for idx, row in df.iterrows():
    data = jieba.cut(row['content'])
    data = dict(Counter(data))
df = pd.DataFrame(list, columns=['date', 'keyword', 'count'])
from pyecharts import WordCloud
all = pd.read_csv('all.csv', encoding='utf8')
name = list(all.head(80)['keyword'].values)
```

```
val = list(all.head(80)['count'].values)
wordcloud = WordCloud(width=1300, height=620)
wordcloud.add("", name, val, word_size_range=[20, 100])
wordcloud.render('')
```

编写完成后,进行关键词趋势的获取。

9.2.2 获取关键词趋势

对新闻联播中的关键词进行舆情分析,可以得出过去十年中相关主题的变化。

下面将金融有关的关键词提取出来,形成新的 DataFrame。代码如下。

```
In [132]: test=pd.read_excel('alldata.xlsx')
     ...: temp=test.keyword.str.contains("金融")
     ...: temp.shape
     ...: test['finance']=temp
```

上述代码读取词频文件并提取相关包含金融的词语,继续输入代码。

```
In [131]: finance=test[test['finance']==True]
     ...: finance.shape
     ...: finance.head()
     ...:
Out[131]:
keyword count year finance
75   金融危机 454 2009 True
581  金融 128 2009 True
2109 金融机构 35 2009 True
2355 金融体系 31 2009 True
6082 金融业 10 2009 True
```

在此基础上可以给出关键词的词云,代码如下。

```
from pyecharts import WordCloud
In [133]: name = list(financedata.head(80)['keyword'].values)
     ...: val = list(financedata.head(80)['count'].values)
     ...: wordcloud = WordCloud(width=1300, height=620)
     ...: wordcloud.add("", name, val, word_size_range=[20, 100])
     ...: wordcloud.render('finance1.html')
```

然后将通过这些数据分析生成的图片展示在 finance1.html 的本地网页上,用户可以打开观看,结果如图 9-2 所示。

图 9-2　金融相关的关键词词云

同样，用户也可以用饼状图展示，代码如下。

```
In [134]: from pyecharts import Pie
     ...: dx = financedata
     ...: dx = dx.head(30)
     ...: attr = list(dx['keyword'].values)
     ...: val = list(dx['count'].values)
     ...: pie = Pie("近十年新闻联播提到的金融相关词语频次", title_pos='center')
     ...: pie.add("", attr, val, is_label_show=True, is_legend_show=False)
     ...: pie.render('finance2.html')
```

生成的文件同样保存在 finance2.html 的本地网页上，用户可以打开查看，具体如图 9-3 所示。

在此基础上，用户还可以统计出这些关键词在新闻联播中出现的年代规律。不过，这里需要引入 Echarts 包。代码如下。

```
from pyecharts import Line
```

以"金融危机"关键词为例，代码如下。

```
In [126]: mytest=financedata
     ...: myword='金融危机'
     ...: line =Line(myword+"年代变化")
     ...: attr = [str(year) for year in range(2009, 2019)]
     ...: mynumber=mytest[mytest.keyword==myword]['count']
     ...: line.add(myword, attr, mynumber)
     ...: line.render(myword+'finance.html')
```

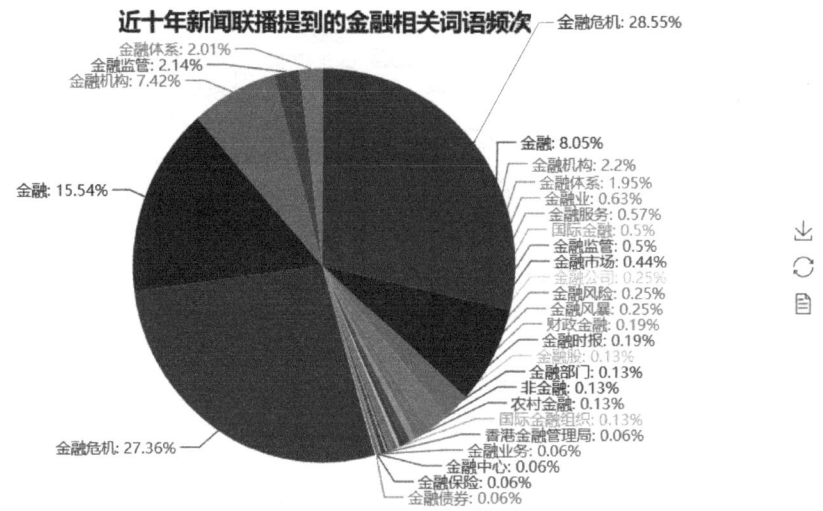

图 9-3　金融相关的词语频率

注意：基于 Echart 展示的图是动态图，你可以进行互动，如图 9-4 所示是其中的截图展示，你可以就此构建动态网页，根据鼠标位置实时反映具体数值。

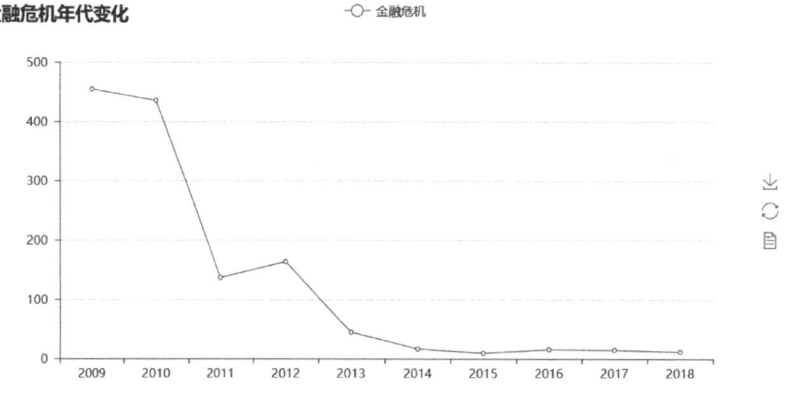

图 9-4　Echart 绘制金融危机关注度趋势图

从图 9-4 中可以看出，自 2008 年金融危机发生以来，整体上人们对危机的关注度逐渐减弱，这反映在新闻联播中就是对此提及的频率越来越低。从 2014 年开始，几乎可以忽略不计，这恰好反映了金融危机的周期性带给人们的感知惰性。

同样，我们还可以将关键词改为"金融风险"，代码如下。

```
In [129]: mytest=financedata
     ...: myword='金融风险'
     ...: line =Line(myword+"年代变化")
     ...: attr = [str(year) for year in range(2009, 2019)]
     ...: mynumber=mytest[mytest.keyword==myword]['count']
     ...: line.add(myword, attr, mynumber)
     ...: line.render(myword+'finance.html')
```

根据"金融风险"关键词获取的结果如图9-5所示。

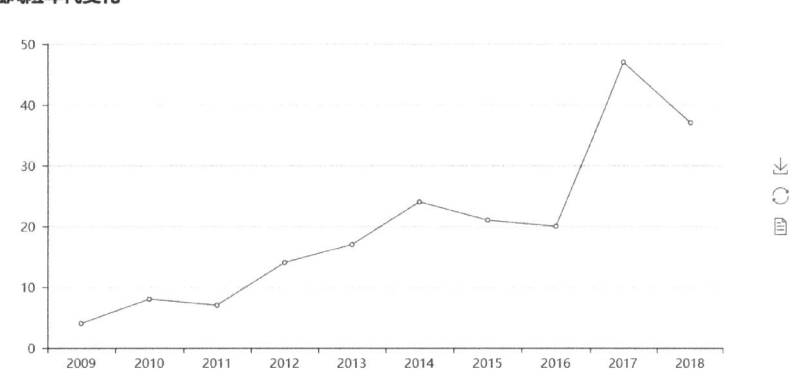

图9-5　Echart 绘制金融风险关注度趋势图

从图 9-5 中可以看到，尽管金融危机的提法越来越少，但整体上提到的金融风险的频次却越来越多，这恰好意味着金融市场进入了新的周期，因为危机总是从风险中孕育的。

同样，我们还可以观察"金融监管"词频的年代变化情况，代码如下。

```
In [128]: mytest=financedata
     ...: myword='金融监管'
     ...: line =Line(myword+"年代变化")
     ...: attr = [str(year) for year in range(2009, 2019)]
     ...: mynumber=mytest[mytest.keyword==myword]['count']
     ...: line.add(myword, attr, mynumber)
     ...: line.render(myword+'finance.html')
```

根据"金融监管"关键词获取的结果如图9-6所示。

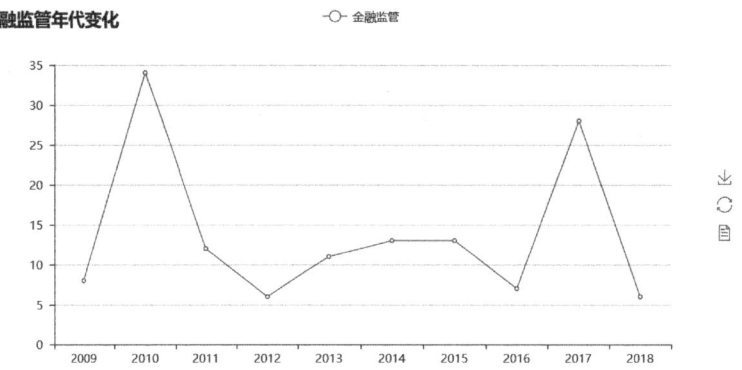

图 9-6　Echart 绘制金融监管关注度趋势图

以及"金融"这个关键词本身在新闻联播中的频次年代变化,代码如下。

```
In [127]: mytest=financedata
    ...: myword='金融'
    ...: line =Line(myword+"年代变化")
    ...: attr = [str(year) for year in range(2009, 2019)]
    ...: mynumber=mytest[mytest.keyword==myword]['count']
    ...: line.add(myword, attr, mynumber)
    ...: line.render(myword+'finance.html')
```

根据"金融"关键词获取的结果如图 9-7 所示。

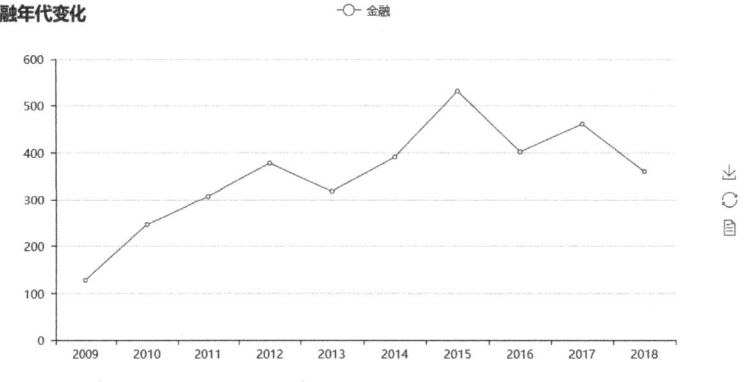

图 9-7　Echart 绘制金融关注度趋势图

从以上结果可以看出,这总体反映了金融在经历了 2012—2017 年的深化改革后,事实上也是中国互联网金融迅速扩张的 5 年,整体上开始回归对实体经济的支持,国家政策的去杠杆化效果明显。

9.3 中文词向量

这一节简单讲述在中文文本处理中常用的词向量技术,并用它们从舆情数据中进一步挖掘有价值的信息。

9.3.1 自然语言处理

在实际任务中所使用的数据,无论公开数据集还是通过抓取工具抓取的舆情数据,数据量都是巨大的,不可能通过人工进行舆情分析,而使用人工智能技术对舆情进行判别,本质是让机器学会理解这些数据中文本的含义,这属于自然语言处理(Natural Language Processing,NLP)领域中的问题,而且也是人工智能领域中很难解决的问题,因为无论数学符号还是编程代码,都是规则化的语言,而人类的自然语言是不完全规则化的,两者之间天然存在不匹配的性质,尤其是中文的自然语言处理工作,难度更大。

目前,自然语言处理也没有完美的解决方案,但是已有很多方法可以较好地实现特定的目标,如下面将要讲到的对文本情绪的识别。在文本中,词是表达语义的最小单位,因此通常的自然语言处理模型首先要实现对词的含义的理解,而词向量就是把词的含义用向量表示的一种技术。

需要说明一点,因为英文、德文等文本的词之间存在空格作为分界符,所以很容易识别出文本中的词,但在中文、日文等不存在明确分界符的语言中,想准确实现分词本身就是需要解决的问题,而目前有多种开源的分词工具可以用于中文分词,如结巴分词(jieba)、盘古分词等。当然,你也可以用前面章节中提到的 THULAC 实现分词。

9.3.2 独热表示法

就像让计算机理解图片、声音、视频一样,为了让计算机能够正确理解词就需要找到合适的方法,如用数值形式来表示词。这里介绍两种方法:一种是独热表示(One-hot representation),另一种是分布式表示(Distributed representation),它们都是将词向量化的表示方法。

独热表示简单粗暴,直观地说,就是首先建立一个词表,这个词表可以理解成一个大而全的词典,文本中可能出现的词都收录在这个词表中,其中每个词都具有唯一的编号。假设某个词表共有 5 个词(表 9-3),那么用这个词表就可以根据编号把其中的每个词表示成 5 维的向量。例如"人民币"是词表中的第 1 个词,它对应的 5 维向量的第 1 个分量取值为 1,其他值为 0,即(1,0,0,0,0);而"美元"所对应的向量就是(0,0,0,1,0)。

表 9-3 独热表示示例

词	人民币	政策	影响	美元	汇率
编号	1	2	3	4	5

很多自然语言处理的工作都可以采用这种简单明了的词向量表示方式,再结合向量空间中距离的概念,可以实现一定的目的,如文本分类、文章查重等,其是一种常用的向量化表示方法。

但这种方法存在两个明显的缺陷:一个是词表中词的数量通常会很多,造成向量维数过高,消耗过多的计算资源。另一个是这种表示方法只以词表编号为依据,并未考虑词之间的联系。例如,表 9-3 中的"人民币"与"美元"是具有密切联系的两个词,但是计算它们所对应的向量的余弦相似度很低(余弦值为 0),这是与词的含义严重不符的。

9.3.3 分布式表示法

为了解决这些缺陷,我们可以考虑使用词的另外一种向量化表示方法——分布式表示法。1986 年,辛顿在他的一篇论文中首次提出了这个概念,但并未受到人们的重视,直到 2000 年之后,人们才开始慢慢把它应用到实际的工作任务中。这种表示方法被称为"词嵌入(word embedding)",通常提到词向量的时候指的也是这种嵌入式的表示方法。

分布式表示法使用大量的文本,统计不同词在上下文中的关系,从而得到能够表示含义的向量。例如,通过统计出现的频率发现在"金融"这个词的前后,经常会出现"互联网"这个词,那就可以认为这两者具有比较密切的关系。在具体实现时,可采用 CBOW 模型(连续式词袋模型)和 SKIP-GRAM 模型。

其中 CBOW 模型根据前后各 N 个词来计算某个词出现的概率,也就是通过上下文来预测词频。例如,如果发现文本中有"利率",则它后面出现"银行"这个词的概率就比较大。

SKIP-GRAM 模型与此相反,它通过词来预测上下文。例如,文本中出现了"货币政策",那么它的上下文中出现"稳健""宽松"等词的概率就比较大,这就改进了独热表示方法中注意不到词与词之间关系的问题。

当使用神经网络进行分布式词向量训练时,在保留词含义的前提下,还可以设置参数、压缩表示词的向量的维数,这个可以理解为抽取代表词含义的主要特征,从而把词以较小维数的向量展示出来,避免了词向量维数过大的问题。

2013 年,Google 公司使用分布式表示法,首先推出了用于获取词向量表示的工具包,称为 Word2Vec(词到向量)。现在类似的工具包有很多,接下来我们用网上爬取的新闻作为训练数据,使用 Gensim 工具包演示实现词向量的训练。

首先在命令行窗口输入如下命令安装 Gensim。

```
pip install gensim
```

使用 Gensim,只需要下述几行代码就可以完成词向量的训练。

```
import codecs
from gensim.models import Word2Vec
from gensim.models.word2vec import LineSentence
inp= codecs.open('news.txt', 'r', 'utf-8')
model = Word2Vec(LineSentence(inp), size=300, window=7, min_count=5)
model.save('news.model')
model.wv.save_word2vec_format('news.vector', binary=False)
```

在上述代码中,codecs 可以用来处理在中文文本处理中经常遇到的编码问题。这里在打开用于训练的语料文件 news.txt 时,使用 codecs 指定编码为 utf-8。其中,语料数据已经进行过分词和简单的清洗,如图 9-8 所示。

```
gt;&lt;P align=center&gt;&lt;/P&gt;&lt;P&gt;    主流 经济学家, 像 凯恩斯
、 熊彼特 、 哈耶克 、 萨缪尔森 等等 都 提出 了 产能 周期 的 经典 理论, 在 此 不 详述。&lt;/P
&gt;&lt;P&gt;    从 实证 的 角度 我们 发现, 随着 全球化 深入, 全球 经济周期 关联性 增
强。最近, 美国 、 德国 、 日本 启动 一轮 设备 投资 周期, 他们 的 资本 开支 在 加大, 因为 中
国 的 机电产品 出口 占 比大, 对于 中国 的 出口 会 有 一些 带动, 我们 看到 中国 出口 在 复苏。
&lt;/P&gt;&lt;P align=center&gt;&lt;/P&gt;&lt;P&gt;         &lt;/P&gt;
```

图 9-8 语料数据示例

在上述代码中包含几个参数,其中 size 用来设置词向量的维数;window 表示需要考虑的上下文的长度;min_count 表示所考虑的词出现的最低次数,低于此数的词将被忽略。

训练完成后,把模型和向量保存起来,通过下述代码调用模型。

```
import gensim
model=gensim.models.Word2Vec.load("news.model")
```

使用词向量查看与"金融"关系密切的词,输出结果如下。

```
[('金融服务', 0.6414719820022583),
 ('保险', 0.6024738550186157),
 ('金融业务', 0.6018351316452026),
 ('普惠', 0.593084454536438),
```

```
('金融机构', 0.5924112796783447),
('金融公司', 0.5895836353302002),
('P2P', 0.5507387518882751),
('银行', 0.546023428440094),
('金融市场', 0.5387060642242432),
('小额', 0.513580322265625)]
```

这是根据词向量的训练结果计算出的与"金融"关系最密切的前十个词。虽然训练这个词向量使用的训练数据只有 70MB，但是输出结果已经能在一定程度上反映出词的含义。训练结果与训练数据的大小、质量、训练网络参数的设置等都有很大的关系，你可以自行使用训练数据尝试获得更好的结果。

9.4 金融舆情中的情绪判断

如果能自动识别金融舆情中的情绪，则有助于用户判断市场走势和金融风险。很多年前，投资者就把公众情绪作为预测股价走势的一个辅助手段。据媒体报道，2011 年一家位于伦敦的投资公司（Derwent Capital Markets）专门成立了一个基于社交网络信息情绪的对冲基金，该基金进行对冲操作的依据就是舆情信息中的情绪与道琼斯指数的发展趋势之间的关系。

这一节将利用词向量技术来实现舆情情绪的判定。简单起见，我们只识别正面与负面两种情绪，所用的训练数据均来自国内电商评论区抓取的用户评论数据。该数据为人工标注数据，正面和负面评论各为 10 000 条，将其存储为 Excel 表格文件并分别命名为 pos.xls 和 neg.xls，图 9-9 所示为其中一部分正面评论。

```
10645 东西不错，已经安装好了，正品，打算再多买一台回来用。
10646 不错
10647 装上目前挺好 客服人不错，赞一个
10648 到货了还没用是正品，用了再追加
10649 发货速度超级快！晚上下单，一早就送货安装^_^试用一周，超级好。
10650 简单，安装很快，电话打了半小时就来装了
10651 挺好，卖家态度也很好
10652 东西还不错    自己装起来了    希望能用久点
```

图 9-9 评论示例

为了把这些评论文本转换成计算机能够识别的数据形式，并且保留评论的语义，首先需要对文本进行分词，然后用训练好的词向量把这些词用向量的形式表示。为了尽可能保留文本语义，这个案例使用的词向量是用大概 500GB 的新闻数据作为语料训练得到的词向

量，你可以利用前面讲述的方法使用自己抓取的数据来训练词向量。在文本向量化以后，就可以利用深度神经网络技术提取其中的情绪特征，在这里使用了自然语言处理任务中常用的长短时记忆结构（Long Short Term Memory，LSTM）。训练完成后，即可使用模型来判别新的信息中包含的情绪。

Keras 预置了 LSTM 网络层，这可以大大提高网络搭建效率。接下来在 Keras 平台下进行实际的开发工作，并把代码分词训练和情绪判定两个模块分别保存为 train.py 和 use.py，然后直接运行相应的 Python 文件即可。

（1）在训练模块中，首先导入需要使用的各种包，代码如下。

```
import sys
from sklearn.cross_validation import train_test_split
import multiprocessing
import numpy as np
from gensim.models.word2vec import Word2Vec
from gensim.corpora.dictionary import Dictionary

from keras.preprocessing import sequence
from keras.models import Sequential
from keras.layers.embeddings import Embedding
from keras.layers.recurrent import LSTM
from keras.layers.core import Dense, Dropout,Activation

import jieba
import pandas as pd
```

（2）导入完成后，设置网络的各种参数，代码如下。

```
np.random.seed(1337)
sys.setrecursionlimit(1000000)
vocab_dim = 100
maxlen = 100
n_iterations = 1
n_exposures = 10
window_size = 10
batch_size = 30
n_epoch = 10
input_length = 100
cpu_count = multiprocessing.cpu_count()
```

（3）定义用来加载训练数据的函数，返回评论文本和对应的情绪标签，代码如下。

```
def loadfile():
    pos=pd.read_excel('pos.xls',header=None,index=None)
```

```
    neg=pd.read_excel('neg.xls',header=None,index=None)
    combined=np.concatenate((pos[0], neg[0]))
    y = np.concatenate((np.ones(len(pos),dtype=int),
                        np.zeros(len(neg),dtype=int)))
    return combined,y
```

(4)定义函数用来对句子进行分词,并去掉换行符,代码如下。

```
def tokenizer(text):
    text = [jieba.lcut(document.replace('\n', '')) for document in text]
    return text
```

(5)定义函数用来创建词典,并返回每个词的索引、词向量,以及每个句子中包含的词所对应的索引,代码如下。

```
def create_dictionaries(model=None, combined=None):
    if (combined is not None) and (model is not None):
        gensim_dict = Dictionary()
        gensim_dict.doc2bow(model.wv.vocab.keys(), allow_update=True)
        w2indx = {v: k+1 for k, v in gensim_dict.items()}
        w2vec = {word: model[word] for word in w2indx.keys()}

        def parse_dataset(combined):
            data=[]
            for sentence in combined:
                new_txt = []
                for word in sentence:
                    try:
                        new_txt.append(w2indx[word])
                    except:
                        new_txt.append(0)
                data.append(new_txt)
            return data
        combined=parse_dataset(combined)
        combined= sequence.pad_sequences(combined, maxlen=maxlen)
        return w2indx, w2vec,combined
    else:
        print("No data provided...")
```

(6)读取预先训练好的词向量模型,调用创建词典的函数,返回每个词对应的索引、词向量,以及每个句子中包含的词对应的索引,代码如下。

```
def word2vec_train(combined):
    model=Word2Vec.load('word2vec_model.pkl')
    index_dict, word_vectors,combined = create_dictionaries(model=model,
```

```
                              combined=combined)
    return index_dict, word_vectors,combined
```

（7）定义数据处理函数，返回向量化的评论数据、情绪标签，并把数据拆分为训练数据和检验数据，代码如下。

```
def get_data(index_dict,word_vectors,combined,y):
    n_symbols = len(index_dict) + 1
    embedding_weights = np.zeros((n_symbols, vocab_dim))
    for word, index in index_dict.items():
        embedding_weights[index, :] = word_vectors[word]
    x_train, x_test, y_train, y_test = train_test_split(combined,
                                  y, test_size=0.2)
    print(x_train.shape,y_train.shape)
    return n_symbols,embedding_weights,x_train,y_train,x_test,y_test
```

（8）使用 Keras 的序贯模型搭建网络，代码如下。

```
def train_lstm(n_symbols,embedding_weights,x_train,y_train,x_test,y_test):
    print("Defining a Simple Keras Model...")
    model = Sequential()
    model.add(Embedding(output_dim=vocab_dim,
                    input_dim=n_symbols,
                    mask_zero=True,
                    weights=[embedding_weights],
                    input_length=input_length))
    model.add(LSTM(recurrent_activation="hard_sigmoid",
              activation="sigmoid",units=50))
    model.add(Dropout(0.5))
    model.add(Dense(1))
    model.add(Activation('sigmoid'))

    print("Compiling the Model...")
    model.compile(loss='binary_crossentropy',
            optimizer='adam',metrics=['accuracy'])

    print("Train...")
    model.fit(x_train, y_train, batch_size=batch_size,
          epochs=n_epoch,verbose=1,
          validation_data=(x_test, y_test))

    print("Evaluate...")
    loss,accuracy = model.evaluate(x_test, y_test,
                        batch_size=batch_size)
    model.save('lstm.h5',overwrite=True)
```

```
print("\nLoss: %.2f, Accuracy: %.2f%%" % (loss, accuracy*100))
```

（9）定义训练函数，调用 train_lstm 进行训练并保存训练结果，代码如下。

```
def train():
    print("Loading Data...")
    combined,y=loadfile()
    print(len(combined),len(y))
    print("Tokenising...")
    combined = tokenizer(combined)
    print("Training a Word2Vec model...")
    index_dict, word_vectors,combined=word2vec_train(combined)
    print("Setting up Arrays for Keras Embedding Layer...")
    n_symbols,embedding_weights,x_train,y_train,x_test,y_test=get_data(
        index_dict, word_vectors,combined,y)
    print(x_train.shape,y_train.shape)
    train_lstm(n_symbols,embedding_weights,x_train,y_train,x_test,y_t
```

（10）定义一个对句子进行分词并转换成词向量的函数，这个函数将在情绪判定模块中被调用。因为它要使用训练模块中创建词典的函数，所以在此模块中定义，代码如下。

```
def input_transform(string):
    words=jieba.lcut(string)
    words=np.array(words).reshape(1,-1)
    model=Word2Vec.load('word2vec_model.pkl')
    _,_,combined=create_dictionaries(model,words)
    return combined
```

（11）最后定义主函数，运行 train()函数进行操作，代码如下。

```
if __name__=='__main__':
    train()
```

（12）将该模块保存为 train.py，在 IPython 控制台直接运行这个模块，即可开始训练工作，代码如下。

```
In [1]: run train.py
```

（13）相应的输出结果如下所示。在用户运行时，由于计算机环境不同，输出结果也许会有差异。

```
Using TensorFlow backend.
Loading Data...
Building prefix dict from the default dictionary ...
21105 21105
Tokenising...
Dumping model to file cache
```

```
Loading model cost 0.922 seconds.
Prefix dict has been succesfully.
Training a Word2Vec model...
Setting up Arrays for Keras Embedding Layer...
(16884, 100) (16884,)
(16884, 100) (16884,)
Defining a Simple Keras Model...
Compiling the Model...
Train...
Train on 16884 samples, validate on 4221 samples
Epoch 1/10
16884/16884 [==============================] - 44s 3ms/step - loss: 0.6541 - acc: 0.6020 - val_loss: 0.4702 - val_acc: 0.7894
Epoch 2/10
16884/16884 [==============================] - 42s 2ms/step - loss: 0.2957 - acc: 0.8888 - val_loss: 0.2601 - val_acc: 0.9029
Epoch 3/10
16884/16884 [==============================] - 42s 2ms/step - loss: 0.1669 - acc: 0.9450 - val_loss: 0.2454 - val_acc: 0.9157
Epoch 4/10
16884/16884 [==============================] - 42s 3ms/step - loss: 0.1224 - acc: 0.9640 - val_loss: 0.2627 - val_acc: 0.9154
Epoch 5/10
16884/16884 [==============================] - 42s 3ms/step - loss: 0.0955 - acc: 0.9728 - val_loss: 0.2901 - val_acc: 0.9083
Epoch 6/10
16884/16884 [==============================] - 42s 2ms/step - loss: 0.0749 - acc: 0.9801 - val_loss: 0.3316 - val_acc: 0.9078
Epoch 7/10
16884/16884 [==============================] - 43s 3ms/step - loss: 0.0687 - acc: 0.9814 - val_loss: 0.3266 - val_acc: 0.9048
Epoch 8/10
16884/16884 [==============================] - 42s 3ms/step - loss: 0.0493 - acc: 0.9877 - val_loss: 0.3791 - val_acc: 0.9119
Epoch 9/10
16884/16884 [==============================] - 42s 2ms/step - loss: 0.0435 - acc: 0.9887 - val_loss: 0.4097 - val_acc: 0.9083
Epoch 10/10
16884/16884 [==============================] - 42s 2ms/step - loss: 0.0378 - acc: 0.9911 - val_loss: 0.4326 - val_acc: 0.9029
Evaluate...
4221/4221 [==============================] - 3s 636us/step
Loss: 0.43, Accuracy: 90.29%
```

从中可以看到训练所花费的时间、损失、精度等信息。经过 10 个 Epoch 的训练，最终在测试集上的精度为 90.29%。

（14）接下来是设置情绪判别模块，同样需要先导入使用的包并设置参数，代码如下。

```
import sys
from keras.models import load_model
import numpy as np
np.random.seed(1337)
from train import input_transform
import multiprocessing
cpu_count = multiprocessing.cpu_count()
argvs_length = len(sys.argv)
argvs = sys.argv

test_sentence=argvs[-1]
```

（15）载入训练好的判别模型，对输入的文本情绪进行预测，最终输出预测结果。

```
print("loading model......")
model = load_model('lstm.h5')
model.compile(loss='binary_crossentropy',
              optimizer='adam',metrics=['accuracy'])

print('当前文本为: ',test_sentence)
data=input_transform(test_sentence)
data.reshape(1,-1)
result=model.predict_classes(data)
if result[0][0]==1:
    print("测试文本为正面情绪")
else:
    print("测试文本为负面情绪")
```

（16）将上述模块保存为 use.py，在 IPython 控制台直接运行该文件并输入需要进行判别的文本，就可以输出判别结果。

```
In [2]: run useit.py "好棒啊"
loading model......
当前文本为:  好棒啊
测试文本为正面情绪
In [3]: run useit.py "真是差劲"
loading model......
当前文本为:  真是差劲
测试文本为负面情绪
```

针对这个案例，最后做一些说明。

（1）在训练过程中，训练的 Epoch 并不是越多越好。虽然随着 Epoch 的增加，开始精度会不断地提高，但当检验精度开始不断地下降时，这往往说明已经出现了过拟合现象，此时如果继续训练，则网络的实际判定效果反而会变差。

（2）这个案例只是用来说明实现情绪判定的具体过程，远未达到可以实际应用的程度。你可以尝试通过调整网络结构与参数、增加数据量与质量等各种手段来提高判定精度，以便可以真正在实际项目中应用模型。

第 10 章

金融客户推荐中的深度学习

和其他行业一样,在互联网领域广泛应用的推荐系统和推荐技术已经成为金融企业的关键技术之一。

本章主要介绍金融产品推荐中的深度学习技术,因为无论金融机构还是其他经济体系的商业部门,本质上都需要通过"客户"之间的相互连接来产生价值,这些客户或者是普通消费者——C 端客户,或者是其他组织、企业等——B 端客户。而在社会经济体系中,即有服务于 C 端的企业,也有服务于 B 端的企业。

金融体系中同样也有面向 C 端和 B 端的企业,如银行常常将客户划分为对公客户和个人(普通)客户,这里的对公客户就是指企业和组织,即独立的法人机构。

任何一个金融机构其建立的客户连接都非常庞大,那么如何从连接中获取价值已经是互联网经济中更高级的部分,即智能经济的雏形。

下面我们介绍从客户连接中获取价值的机器学习和深度学习的一些技术,如利用机器学习进行客户分类、利用深度 FM 算法进行推荐等。

10.1 客户分类与评估

我们首先对客户进行分类,即通常的聚类(Clustering)。大多数聚类方法并不是深度学习的方法,但很多深度学习技术的应用需要以聚类为基础。从广义的角度看,聚类和深度学习擅长的分类并没有本质上的区别。下面我们学习一些聚类方法并将其应用在金融领域中。

10.1.1 聚类的概念

"物以类聚，人以群分"，在自然科学和社会科学中，都存在着大量的分类问题。所谓类，通俗地说，就是指相似元素的集合。而聚类就是按照某一标准将相似的元素分到一组，使得同一集合内的数据对象的相似性尽可能地大，同时不在同一个集合中的数据对象的差异性也尽可能地大。

聚类是无监督学习的典型算法，它不需要对结果进行标记，并试图探索和找到一定的模式用于发现共同的群体，按照其内在相似性将数据划分为多个类别，使得其内的相似性更大，类间的相似性更小。聚类有时候作为无监督学习中的稀疏特征的预处理，有时候对异常值进行检测（在反欺诈中使用）。

在机器学习领域中，无监督方法的发展最快。聚类也有很多种方法且在不断地产生新的技术，这就导致很难将聚类方法放置在某一个简洁的分类中，因为这些类别之间可能存在重叠的现象，从而使得一种方法可能同时具有几类特征。尽管如此，对于各种不同的聚类方法，提供一个相对有组织的描述依然是有用的，下面分别介绍各类方法并给出相应的代码实践。

10.1.2 划分法

划分法（Partitioning Methods），即给定一个有 N 个元组或者纪录的数据集，用分裂法构造 K 个分组，每一个分组代表一个聚类，且 $K<N$。其中 K 个分组满足如下条件：

（1）每一个分组至少包含一个数据纪录。

（2）每一个数据纪录属于且仅属于一个分组（注意：这个要求在某些模糊聚类算法中可以适当放宽）。

大部分划分法是基于距离做出来的，即给定要构建的分区数 K，首先创建一个初始化划分，然后采用迭代的重定位技术，通过把对象从一个组移动到另一个组来进行划分。

使用这个基本思想的算法有 K-means 算法、K-medoids 算法、K-modes 算法和 K-medians 算法等。

K-means 算法是一种简单的迭代型聚类算法，采用距离作为相似性指标，从而发现给

定数据集中的 K 个类，且每个类的中心都是根据类中所有值的均值得到的，每个类用聚类中心来描述。对于给定的一个包含 N 个 D 维数据点的数据集 X 以及要分得的类别 K，选取欧式距离作为相似度指标，聚类目标是使得各类的聚类平方和最小，即所得值为最小化，公式如下：

$$J = \sum_{k=1}^{k} \sum_{i=1}^{n} \|x_i - u_k\|^2$$

K-means 算法的流程如下：

（1）随机选择数据空间中的 k 个对象，每个对象起初代表一个簇的中心。

（2）对剩余的对象，根据其与各簇中心的距离，将它赋给最近的簇。

（3）重新计算每个簇的平均值，更新为新的簇中心。

（4）不断重复（2）（3），直到准则函数收敛。

下面使用一个聚类案例来说明，代码如下。

```python
import numpy as np
import pandas as pd
import matplotlib.pyplot as plt
from sklearn.cluster import KMeans, AgglomerativeClustering, DBSCAN
from sklearn.metrics import confusion_matrix
from sklearn.preprocessing import StandardScaler
clustering = AgglomerativeClustering(linkage='ward', n_clusters=2)
data = np.loadtxt('creditcard.csv', delimiter=',', skiprows=1)
data = data[:1500]
y = data[:, -1]
x = data[:, :-1]
stardscaler = StandardScaler().fit(x)
x = stardscaler.transform(x)
L1 = x[:, 1]
L2 = x[:, 3]
def kmeans_cluster():
    clf = KMeans(n_clusters=2)
    clf.fit(x, y)
    predicted = clf.predict(x)
    
    print("kmeans 各个簇的样本数目：")
    print(pd.Series(predicted).value_counts())
    print("聚类结果：")
    print(confusion_matrix(y, predicted))
    
    plt.subplot(221)
```

```
    plt.scatter(L1, L2, c=predicted, marker='s')
plt.title("KMeans")
if __name__ == '__main__':
    kmeans_cluster()
    plt.show()
```

代码执行完后，计算出的簇样本数目和聚类结果如图 10-1 所示。

图 10-1　簇样本数目和聚类结果

计算出来的 K 均值聚类结果如图 10-2 所示。

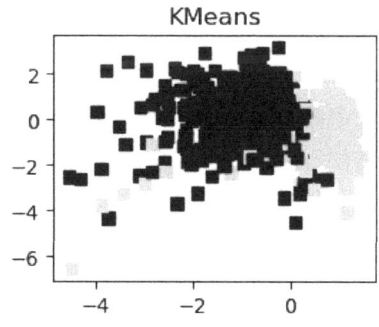

图 10-2　K 均值聚类结果

K-means 算法是一个简单的聚类算法，具有原理简单、实现容易、收敛速度快、聚类效果较优等特点，主要需要调参的参数是簇数 k，但同时这个 k 值的选取也不好把握，对于不是凸的函数集比较难以收敛，对噪声和异常点也相对比较敏感。

10.1.3 层次法

层次法（Hierarchical Methods），是对给定的数据集进行层次分解，直到某种条件被满足才结束。层次聚类具体又可分为以下两种。

1. 凝聚的层次聚类

所谓凝聚的层次聚类，是采用自下而上的策略，即先将每个样本作为一个类，然后不断地计算各个类之间的相似度/距离，接着合并最相近的两个类成为一个大类，直到满足某个终止条件才完全结束。

2. 分裂的层次聚类

所谓分裂的层次聚类，是采用自上而下的策略，即先将所有样本置于一个类中，然后根据一些原则逐渐细分为越来越小的类，直到满足某个终止条件才完全结束。

在整个聚类的过程中，往往需要计算两个类之间的距离来进行凝聚/分隔的操作，或者停止迭代操作。判断两个类之间的距离/相似度有以下3种方法。

（1）SingleLinkage/Nearest-Neighbor：取两个类中距离最近的两个样本之间的距离作为这两个类的距离，即最近两个样本之间的距离越小，这两个类的距离也越小。这种计算方法可能会导致聚类的结果比较松散，且这种松散的效应会越来越明显。比如当两个类总体上离得比较远，但却出现个别点距离比较接近的情况。

（2）CompleteLinkage：取两个集合中距离最远的两个点的距离作为这两个类之间的距离，是 SingleLinkage 方法的反面极端情况。这种计算方法可能会导致两个类因为个别的点而无法合并为一个类。

（3）Ward's method：假设先将两个类进行合并得到合并后新 cluster 的均值点，然后计算两个类中的每个点 x 到均值点的距离，再将其平方后加起来的结果即为两个类的距离。用公式表示如下：

$$\mathrm{TD}_{c_1 \cup c_2} = \sum_{x \in c_1 \cup c_2} D(x, \mu_{c_1 \cup c_2})^2$$

其中，$\mu_{c_1 \cup c_2}$ 为合并后新 cluster 的均值点（中心点）。

下面使用一个层次聚类案例来说明，代码如下。

```
import numpy as np
import pandas as pd
import matplotlib.pyplot as plt
```

```python
from sklearn.cluster import KMeans, AgglomerativeClustering, DBSCAN
from sklearn.metrics import confusion_matrix
from sklearn.preprocessing import StandardScaler
clustering = AgglomerativeClustering(linkage='ward', n_clusters=2)

data = np.loadtxt('creditcard.csv', delimiter=',', skiprows=1)
data = data[:1500]
y = data[:, -1]
x = data[:, :-1]
stardscaler = StandardScaler().fit(x)
x = stardscaler.transform(x)
L1 = x[:, 1]
L2 = x[:, 3]
def agg_cluster():
    clustering = AgglomerativeClustering(linkage='ward', n_clusters=2)

    clustering.fit(x)

    print("agg各个簇的样本数目：")
    print(pd.Series(clustering.labels_).value_counts())
    print("聚类结果：")
    print(confusion_matrix(y, clustering.labels_))

    plt.subplot(222)
    plt.scatter(L1, L2, c=clustering.labels_, marker='s')
    plt.title("AGG")
if __name__ == '__main__':
    agg_cluster()
    plt.show()
```

执行结果的代码如下所示：

```
G:\book4\Clustering>python ALL.py
agg各个簇的样本数目：
0    1490
1      10
 dtype: int64
聚类结果：
[ [1488   10]
 [2      0] ]
```

执行程序后，层次聚类结果如图 10-3 所示。

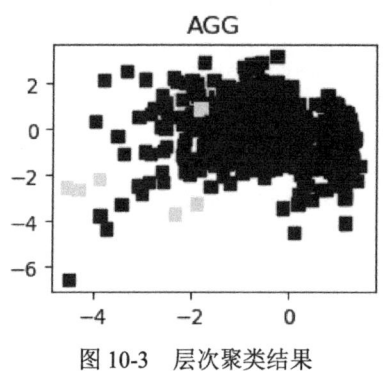

图10-3 层次聚类结果

注意，在层次聚类中，距离和规则的相似度容易定义，其限制少，不需要预先制定聚类书就可以方便地发现类的层次关系，其适用于任意形状和任意属性的数据集，从而可以灵活控制不同层次的聚类粒度，具有强聚类能力，但其计算复杂度太高并且需要预设类别书，奇异值也会对结果产生很大的影响。

10.1.4 密度聚类算法

基于密度的方法（Density-based Methods）与其他方法的一个根本区别是，它不是基于各种各样的距离分类，而是基于密度进行分类，这样就能解决基于距离的算法中只能发现"类圆形"的聚类问题。这个方法的指导思想是，只要一个区域中点的密度大于某个阈值，就把它加到与其相近的聚类中。

常见的代表算法有DBSCAN算法、OPTICS算法和DENCLUE算法等，下面简要说明。

DBSCAN聚类算法的流程如下：

输入样本集 $D=(x_1, x_2, \cdots, x_m)$，领域参数$(\varepsilon, \text{Minpts})$，则样本距离度量公式如下：

$$D=(x_1, x_2, \cdots, x_m)$$

初始化核心对象集合 $\Omega = \phi$，初始化聚类簇数 $k = 0$，初始化未访问样本集合 $\Gamma = D$，簇划分 $C = \phi$。

对于 $j=1,2,\cdots,m$，按下面的步骤找出所有的核心对象：

第一步，通过距离度量方法找到样本 x_j 的 ε 邻域子样本集 $N_\varepsilon(x_j)$。

第二步，如果子样本集中的样本个数满足 $|N_\varepsilon(x_j)| \geqslant \text{Minpts}$，则将样本 x_j 加入核心对象

样本集合：
$$\Omega = \Omega \cup \{x_j\}$$

第三步，如果核心对象集合 $\Omega = \phi$，则算法结束，否则转入第四步。

第四步，在核心对象集合 Ω 中，随机选择一个核心对象 o，初始化当前簇核心对象队列 $\Omega_{cur}=\{o\}$，初始化类别序号 $k=k+1$，初始化当前簇样本集合 $C_k = \{o\}$，更新未访问样本集合 $\Gamma = \Gamma-\{o\}$。

第五步，如果当前簇核心对象队列 $\Omega_{cur}= \phi$，则当前聚类簇 C_k 生成完毕，更新簇划分 $C = \{C_1, C_2, \cdots, C_k\}$，更新核心对象集合 $\Omega = \Omega-C_k$，转入第三步。

第六步，在当前簇核心对象队列 Ω_{cur} 中取出一个核心对象 o'，通过领域距离阈值 ε 找出所有的 ε 邻域子样本集 $N_\varepsilon(o')$，令 $\Delta=N_\varepsilon(o')\cup \Gamma$，更新当前簇样本集合 $C_k = C_k \cup \Delta$，更新未访问样本集合 $\Gamma = \Gamma-\Delta$ 和 $\Omega_{cur} = \Omega_{cur} \cup (\Delta \cap \Omega)-o'$，转入第五步。

以上算法最终输出为簇划分 C，其公式如下：
$$C = \{C_1, C_2, \cdots, C_k\}$$

下面通过一个案例来说明，代码示例如下。

```python
import numpy as np
import pandas as pd
import matplotlib.pyplot as plt
from sklearn.cluster import KMeans, AgglomerativeClustering, DBSCAN
from sklearn.metrics import confusion_matrix
from sklearn.preprocessing import StandardScaler

clustering = AgglomerativeClustering(linkage='ward', n_clusters=2)
data = np.loadtxt('creditcard.csv', delimiter=',', skiprows=1)
data = data[:1500]
y = data[:, -1]
x = data[:, :-1]
stardscaler = StandardScaler().fit(x)
x = stardscaler.transform(x)
L1 = x[:, 1]
L2 = x[:, 3]
def dbscan_cluster():
    dbscan = DBSCAN(eps=10, min_samples=3)
    dbscan.fit(x)
    print("dbscan 各个簇的样本数目：")
    print(pd.Series(dbscan.labels_).value_counts())
    print("聚类结果：")
    print(confusion_matrix(y, dbscan.labels_))
```

```
    plt.subplot(313)
    plt.scatter(L1, L2, c=dbscan.labels_, marker='s')
    plt.title("DBSCAN")
if __name__ == '__main__':
    dbscan_cluster()
    plt.show()
```

执行结果如下。

```
G:\book4\Clustering>python ALL.py
dbscan 各个簇的样本数目：
 0    1487
-1      10
 1       3
dtype:int64
聚类结果：
[[  0    0   0]
 [ 10 1486   2]
 [  0    1   1]]
```

执行程序后，密度聚类结果如图 10-4 所示。

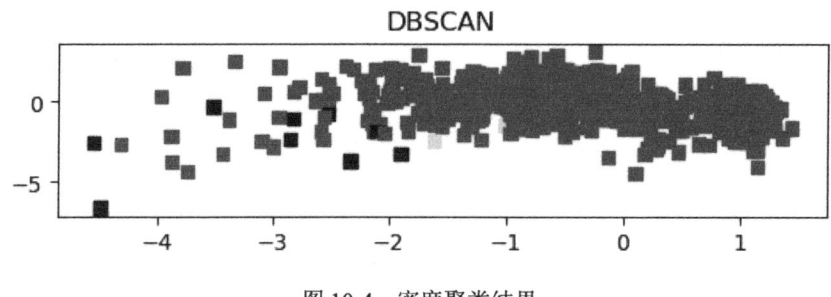

图 10-4　密度聚类结果

　　DBSCAN 聚类算法不需要指定聚类中心和数目，利用类的密度连通性就可以快速发现任意形状的类，且允许带噪声，但由于 DBSCAN 算法要求用户指定一个全局参数 Eps，且对参数 Eps 及 Minpts 非常敏感，因此导致这两个参数很难确定，这是其中的一个难点，需要特别注意。

10.2　推荐系统与深度学习

　　对金融机构来说，推荐系统是从连接的客户处获取收益的主要方式，但在实际应用中，从客户的角度来说（个人或者获取服务的 B 端）也需要推荐系统。

这是因为，互联网的出现和普及给金融机构的用户带来了大量的信息，这在满足用户获取信息需求的同时，也使用户在面对大量信息时无法从中获得对自己真正有用的那一部分信息，降低了信息的使用效率，这就是所谓的信息超载（Information Overload）问题。

解决信息超载问题的一个非常有潜力的办法就是推荐系统，它能根据用户的信息需求、兴趣等，将用户感兴趣的信息、产品等推荐给针对单个用户设置的个性化信息推荐系统。和搜索引擎相比，推荐系统通过研究用户的兴趣偏好，进行相应的个性化计算，由系统发现并筛选用户的兴趣点，从而引导用户发现自己的信息需求，获取相应有价值的信息。

一个好的推荐系统，不仅能为用户提供个性化的服务，还能和用户建立密切的关系，让用户对推荐系统产生一定的依赖性。对金融机构和需要金融服务的客户来说，它能使两者的连接效率大幅提升，使客户对相应的金融机构更加信赖，同时降低金融机构整体的运行成本。

10.2.1 协同过滤算法

协同过滤（Collaborative Filtering，CF）算法的主要思想，是利用已有用户群过去的行为或意见预测当前用户最可能喜欢哪些东西或对哪些服务感兴趣。

算法输入是一个"用户-物品"评分矩阵，输出的数据一般有两类：

（1）当前用户对物品喜欢和不喜欢程度的预测数值。

（2）N 项推荐物品的列表（不包含当前用户已经购买过的物品）。

算法主要的实现方式有两种，即基于用户的最近邻推荐和基于物品的最近邻推荐。

1. 基于用户的最近邻推荐

这种方法的主要思想有如下 3 点：

（1）以输入的评分数据集和当前用户 ID 作为输入值，找出与当前用户过去有相似偏好的其他用户，这些用户又称为对等用户或最近邻。

（2）对当前用户没有见过的每个产品 P，利用用户的近邻对产品 P 的评分进行预测。

（3）选择所有产品中评分最高的 Top N 个产品推荐给当前用户。

这种思想的前提或假设，是如果用户过去有相似的偏好，那么该用户在未来也会存在相似的偏好，而且用户的偏好在短时间内不会随着时间的变化而改变。

使用皮尔逊相关系数（Pearson Correlation Coefficient）来表示两个用户之间的相关性，取值范围为[-1，+1]，-1 表示强负相关，+1 表示强正相关，0 表示不相关。皮尔逊相关系数的应用要求是两个变量的标准差都不为 0，使用的常见场景如下：

（1）两个变量之间是线性关系，且都是连续数据。

（2）两个变量的总体呈正态分布或解决正态的单峰分布。

（3）两个变量的观察值是成对出现的，每个观测值之间都是相互独立的。

公式如下：

$$l_{u,v} = \frac{\sum_{p \in P_{u,v}}(r_{u,p} - \bar{r}_u)(r_{v,p} - \bar{r}_v)}{\sqrt{\sum_{p \in P_{u,v}}(r_{u,p} - \bar{r}_u)^2} \sqrt{\sum_{p \in P_{u,v}}(r_{v,p} - \bar{r}_v)^2}}$$

当计算出用户 a 和其他用户的相关性时，我们可以选择出最相似的 N 个近邻用户计算对物品 P 的评分预测值（N 个近邻用户对物品 P 都有评分值）。公式如下：

$$pred(u,p) = \bar{r}_u + \frac{\sum_{v \in N} l_{u,v} * (r_{v,p} - \bar{r}_v)}{\sum_{v \in N} l_{u,v}}$$

2．基于物品的最近邻推荐

这种方法的主要思想是基于物品之间的相似度来进行预测评分值，而不是基于用户之间的相似度。在基于物品的最近邻推荐算法中，使用余弦相似度来计算两个物品中间相识度的值。相似度取值范围为[0,1]，值越接近于 1 表示越相似，公式如下：

$$l_{\vec{a},\vec{b}} = \frac{\vec{a} \cdot \vec{b}}{|\vec{a}| * |\vec{b}|}$$

由于余弦相似度不考虑用户评分平均值之间的差异性，因此一般使用改进的余弦相似度公式来计算，做法是在评分值中减去平均值，改进余弦相似度公式的取值范围为[-1,1]，和皮尔逊相关系数一样，公式如下：

$$l_{a,b} = \frac{\sum_{u \in U}(r_{u,a} - \bar{r}_u)(r_{u,b} - \bar{r}_u)}{\sqrt{\sum_{u \in U}(r_{u,a} - \bar{r}_u)^2} \sqrt{\sum_{u \in U}(r_{u,b} - \bar{r}_u)^2}}$$

基于计算出来的物品之间的相似度，选择最相似的前 N 个物品来预测用户 u 对物品 p 的评分，公式如下：

$$\text{prerd}(u,b) = \frac{\sum_{a \in \text{rateItems}(u)} l_{a,b} * r_{u,a}}{\sum_{a \in \text{rateItems}(u)} l_{a,b}}$$

10.2.2 基于内容的推荐算法

基于内容的推荐（Content-based Recommendations，CB）算法也是一种应用非常广泛的推荐算法。因为在协同过滤推荐算法中仅仅基于用户对商品的评分进行推荐，所以有可能出现冷启动的问题，而根据物品的特性和用户的特殊偏好等特征属性，进行比较直观地推荐就可以解决这一问题。CB 算法虽然需要依赖物品特性和用户偏好的额外信息，但不需要太多的用户评分或群体记录。也就是说，即使只有一个用户也可以完成推荐功能，并产生一个物品推荐列表。CB 算法的初始设计目标是推荐有意思的文本文档，现阶段也会将该算法应用到其他推荐领域中。

CB 算法和 CF 算法的区别如下：

CB 算法的推荐系统：会试图推荐给特定用户过去喜欢的相似物品，不需要"用户-物品"评分矩阵。

CF 算法的推荐系统：会试图识别出具有相同爱好的用户，并推荐他们喜欢过的物品。
CF 算法是基于"用户-物品"评分矩阵来进行推荐的。

CB 算法主要包含以下三个步骤：

1．item Representation

为每一个 item 抽取一些特征属性，也就是结构化物品的描述操作，对应的处理过程叫作 Content Analyzer（内容分析）。

对于物品特征属性的抽取类型，机器学习中主要采用的方式有数值型数据的处理和非数值型数据的处理两种。其中，数值型数据的主要处理方式有数值型数据归一化和数值型数据二值化。

非数值型数据词袋法转换为特征向量，方法有 TF-IDF 和 Word2Vec。

2．Profile Learning

利用一个用户过去喜欢（不喜欢）的 item 特征数据来学习该用户的喜好（Profile）特征，对应的处理过程叫作 Profile Learning（特征学习）。

假设用户U对于一些item已经给出了喜好判断，如喜欢其中的一部分item，不喜欢另一部分，那么该过程就是通过用户U过去的这些喜好判断构建一个判别模型，最后根据这个模型判断用户U对一个新item的喜好情况。因此，这是一个比较典型的有监督学习问题，理论上可以使用机器学习的分类算法求解出所需要的判别模型。

常用的算法有以下几种：

最近邻方（K-Nearest Neighbor，KNN）算法。

决策树（Decision Tree，DT）算法。

线性分类（Linear Classifer，LC）算法。

朴素贝叶斯（Naive Bayes，NB）算法。

3. Recommendation Generation

通过比较Profile Learning中得到的用户喜好特征与item的特征，为该用户推荐一组相关性最大的item，对应的处理过程叫作Filtering Component（过滤组件）。

10.2.3 基于知识的推荐算法

传统的推荐算法（CB算法和CF算法）适用于推荐特性或口味相似的物品，如书籍、电影或新闻，但在对某些产品进行推荐的过程中，就有可能出现不是特别适合的对象，如汽车、电脑、房屋或理财产品等。这主要有两个原因：一是很难在一个产品上获取大量的用户评分信息；二是获得推荐的用户不会对这些已经过时的产品产生一个比较满意的回馈。

基于知识的推荐（Knowledege-based Recommendations，KB）算法是一种专门解决这类问题的新的推荐技术。它高度重视知识源，不存在冷启动的问题，因为推荐的需求都是被直接引出来的。缺点是知识的获取比较困难，需要知识整理工程师将该领域专家的知识整理成规范的、可用的形式并展示出来。基于知识的推荐技术需要主动询问用户需求，然后返回相应的推荐结果。

1. KB算法一般的交互过程

常见交互过程如下：

（1）用户指定自己的最初偏好，然后一次性或逐步问完所有的问题。

（2）收集到足够多有关用户需求和偏好的信息后，提供给用户一组匹配的产品。

（3）用户可以修改自己的需求。

这类似于搜索过程，只是将搜索过程中给定的参数输入到基于知识的推荐系统中，然后该系统给出推荐的产品。

2．KB算法分类

KB算法主要分为两大类：基于样列的推荐和基于约束的推荐。这两种方法都是先收集用户需求，在找不到推荐方案的情况下，自动修复与需求的不一致性，并给出推荐的解释。它们的主要区别在于推荐方案的计算方法不同。其中，基于样列的推荐方法是通过相似度衡量标准从目录中检索物品，而基于约束的推荐方法是利用预先定义好的推荐知识库，即由一些描述用户需求以及与这些需求相关的产品信息特征的显示关联规则得出的，也就是使用约束求解器解决的约束满足问题，或通过数据库引擎执行并解决的合取查询形式。

在一般情况下，基于知识的推荐系统需要依赖物品特征的详细知识，即推荐就是从物品特征数量表中挑出能够匹配用户需求、偏好和硬件需求的相应物品。例如，用户的需求可能会表达为价格不超过2200元或能防水的物品等。

10.2.4　深度学习对推荐系统的提升

推荐系统是从基于内容的推荐到协同过滤的推荐；从基本的基于用户的协同过滤和基于物品的协同过滤，到基于model的协同过滤等众多算法延伸的一种算法。而深度学习凭借其强大的表达能力和灵活的网络结构在NLP、图像、语音等众多领域取得了重大突破，对于推荐系统的发展起到了很好的推动作用。

在推荐系统的预测用户点击率（Click Through Rate，CTR）领域中，学习用户行为背后复杂的特征交互关系就变得非常重要。在不同的推荐场景中，低阶组合特征或高阶组合特征都可能会对最终的CTR产生影响，下面简要说明。

1．深度学习模型——FM

CTR预估本质是一个二分类问题，以移动端展示广告推荐为例，依据日志中用户侧的信息（如年龄、性别、国籍等）、广告侧的信息（如广告ID、广告类别、广告标题等）、上下文侧的信息（如渠道ID等）去建模预测用户是否会点击该广告。

在传统的线性模型中，如逻辑回归，每个特征都是独立的，如果需要考虑特征与特征之间的交互作用，则需要人工对特征进行交叉组合，但这本质上仍是线性模型，其假设函数表示成内积形式如下：

$$y_{\text{linean}} = \sigma(\langle \vec{w}, \vec{x} \rangle)$$

其中，$\vec{x}$ 为特征向量，$\vec{w}$ 为权重向量，$\sigma()$ 为 Sigmoid 函数。

但利用人工进行特征组合通常会遇到诸多的困难，如特征爆炸、特征难以被识别、组合特征难以设计等。为了让模型能够自动识别特征之间的二阶组合信息，线性模型推广为二阶多项式模型，公式如下：

$$y_{\text{poly}} = \sigma\left(\langle \vec{w}, \vec{x} \rangle + \sum_{i=1}^{n}\sum_{j=1}^{n} w_{ij} \cdot x_i \cdot x_j\right)$$

这其实就是对特征两两组合构成新特征，并对每个新特征分配独立的权重，可以通过机器学习自动得到这些权重。将其写成矩阵形式如下：

$$y_{\text{poly}} = \sigma(\vec{w}^T \cdot \vec{x} + \vec{x}^T \cdot W^{(2)} \cdot \vec{x})$$

其中 $W^{(2)}$ 为二阶特征组合的权重矩阵，是对称矩阵。而这个矩阵参数非常多，为 $O(n^2)$。为降低该矩阵的维度，可以将其因子分解为两个低维（比如 $n*k$）矩阵的相乘，则此时 W 矩阵的参数大幅减少，为 $O(nk)$，公式如下：

$$W^{(2)} = W^T \cdot W$$

这就是 Steffen Rendle 在 2010 年提出的因子分解机（Factorization Machines，FM）算法名字的由来。FM 的矩阵形式公式如下：

$$y_{\text{FM}} = \sigma\left(\vec{w}^T \cdot \vec{x} + \vec{x}^T \cdot W^T \cdot W \cdot \vec{x}\right)$$

将其写成内积的形式：

$$y_{\text{FM}} = \sigma(\langle \vec{w}, \vec{x} \rangle + \langle W \cdot \vec{x}, W \cdot \vec{x} \rangle)$$

利用

$$\left\langle \sum_{i=1}^{n} \vec{a}_i, \sum_{i=1}^{n} \vec{a}_i \right\rangle = \sum_{i=1}^{n}\sum_{j=1}^{n} \langle \vec{a}_i, \vec{a}_j \rangle$$

可以将上述公式进一步改写成求和的形式：

$$y_{\text{FM}} = \sigma\left(\langle \vec{w}, \vec{x} \rangle + \sum_{i=1}^{n-1}\sum_{j=1}^{n} \langle x_i \cdot \vec{v}_i, x_j \cdot \vec{v}_j \rangle\right)$$

其中，v_i 向量是矩阵 W 的第 i 列，为了去除重复项与特征平方项，上式可以进一步改写为更常见的 FM 公式：

$$y_{\text{FM}} = \sigma\left(\langle \vec{w}, \vec{x} \rangle + \sum_{i=1}^{n-1} \sum_{j=i+1}^{n} \langle \vec{v}_i, \vec{v}_j \rangle x_i \cdot x_j\right)$$

其中，对于 $\langle V_i, V_j \rangle$ 有

$$\sum_{i=1}^{n-1} \sum_{j=i+1}^{n} \langle V_i, V_j \rangle x_i x_j$$

$$= \frac{1}{2} \sum_{i=1}^{n} \sum_{j=1}^{n} \langle V_i, V_j \rangle x_i x_j - \frac{1}{2} \sum_{i=1}^{n} \langle V_i, V_j \rangle x_i x_j$$

$$= \frac{1}{2} \left(\sum_{i=1}^{n} \sum_{j=1}^{n} \sum_{f=1}^{k} v_{i,f} v_{j,f} x_i x_j - \sum_{i=1}^{n} \sum_{f=1}^{k} v_{i,f} v_{j,f} x_i x_i \right)$$

$$= \frac{1}{2} \sum_{f=1}^{k} \left(\left(\sum_{i=1}^{n} v_{i,f} x_i \right) \left(\sum_{j=1}^{n} v_{j,f} x_j \right) - \sum_{i=1}^{n} v_{i,f}^2 x_i^2 \right)$$

$$= \frac{1}{2} \sum_{f=1}^{k} \left(\left(\sum_{i=1}^{n} v_{i,f} x_i \right)^2 - \sum_{i=1}^{n} v_{i,f}^2 x_i^2 \right)$$

对比二阶多项式模型，FM 模型中特征两两相乘组合的权重是相互不独立的，是一种参数较少但表达能力较强的模型。

FM 的结构如图 10-5 所示。

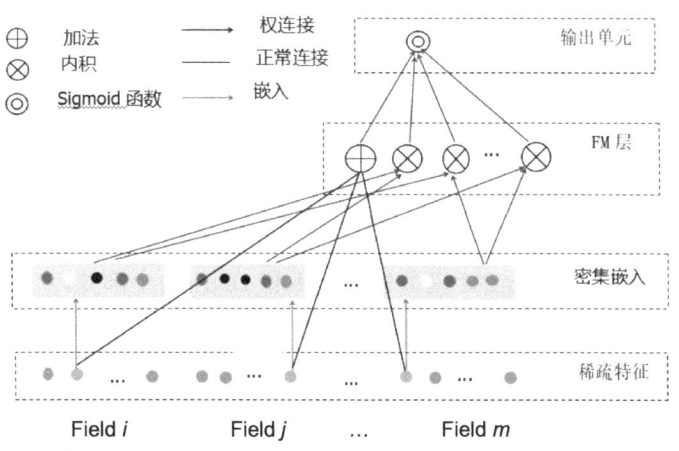

图 10-5 FM 模型结构图

其中，Field i 表示某个特征，共有 m 个特征，对每个特征进行嵌入操作之后做两两内积（Inner Product）得到 FM 层。除此之外，FM 层还包括单个原始特征，这样看来 FM 层

包含了两两组合以及单个特征。

2. 深度学习模型——DeepFM

上面介绍的 FM 模型是通过对每一维特征的隐变量内积来提取特征组合，其最终的结果也非常好。虽然理论上来讲，FM 算法可以对高阶特征组合进行建模，但实际上因为计算复杂度的原因，一般都只用到二阶特征组合。

而 DeepFM 算法有效地结合了因子分解机与神经网络特征学习的优点，能够同时提取到低阶组合的特征与高阶组合的特征。FM 算法负责对一阶特征，以及由一阶特征两两组合而成的二阶特征进行特征的提取；DNN 算法负责对由输入的一阶特征进行全连接等操作形成的高阶特征进行特征的提取。

DeepFM 模型结构图如图 10-6 所示。

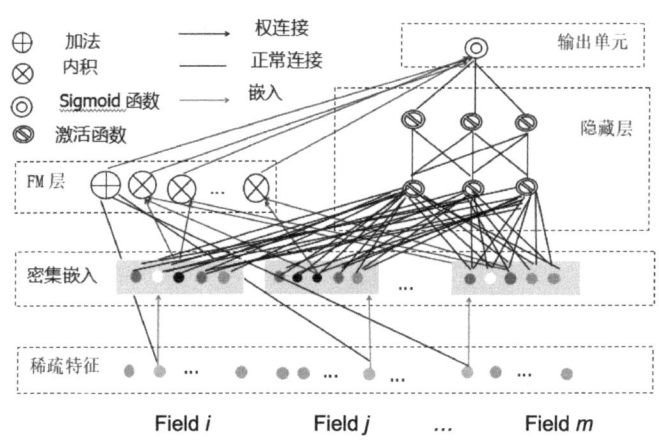

图 10-6　DeepFM 模型结构图

由图 10-6 可以看到，DeepFM 模型包括 FM 和 DNN 两个部分，它们分别负责低阶特征的提取和高阶特征的提取，这两部分共享输入参数，因此模型最终的输出也由这两部分组成：

$$y=\text{sinmoid}(y_{FM}+y_{DNN})$$

$y \in (0,1)$ 是预测的 CTR，y_{FM} 是 FM 部分得到的结果，y_{DNN} 是 DNN 部分得到的结果。对于 FM 部分，其计算公式和模型上一节已经详细说明，这里不再详述。

对于神经网络 DNN 部分，其模型如图 10-7 所示。

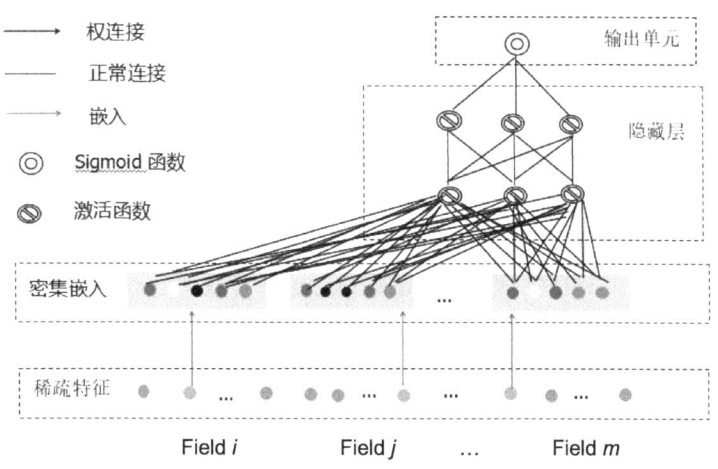

图 10-7 DNN 模型结构

深度部分是一个前馈神经,其输入和 FM 的输入一样,而 DNN 的嵌入是 FM 的嵌入,只不过之后 DNN 并不是只有两个特征相连,而是所有特征相连去学习更高级的特征组合。需要注意的是,由于原始输入的数据是很多个字段的高维稀疏数据,因此需要引入一个嵌入层(Embedding Layer)将输入向量压缩到低维稠密向量,嵌入层的结构如图 10-8 所示。

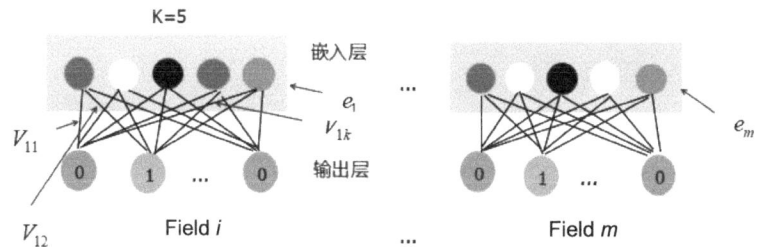

图 10-8 深度网络嵌入层结构

这里假设 $a(0)=(e_1,e_2,\cdots,e_m)$ 表示嵌入层的输出,e_i 是第 i 个字段的嵌入层,m 是字段的个数,那么 $a(0)$ 作为下一层 DNN 隐藏层的输入向量,其前馈过程如下:

$$a^{l+1} = \sigma\left(W^{(l)}a^{(l)}+b^{(l)}\right)$$
$$a^{l+1} = \sigma\left(w^{(l)}a^{(l)}+b^{(l)}\right)$$

嵌入层有两个有趣的特性:

一是因为输入数据的每个字段的特征经过 Embedding 后，都为 k 维，所以嵌入层后的特征维度为字段数×k。

二是在 FM 算法中得到的隐变量 V 现在作为嵌入层网络的权重，FM 模型作为整个模型的一部分，与其他深度学习模型一起参与整体的学习，从而实现端到端的训练。

3. 运用 Python 实践 DeepFM 算法

下面我们运用信用卡数据，将 Python 与 DeepFM 算法进行结合、实践，训练出相应的预估模型。

利用 DeepFM.py 对数据集进行训练得到相应的模型，由于 DeepFM.py 的内容较长，这里按照结构分成如下几部分。

（1）首先是引入模块和定义类，代码如下。

```python
import sys
import numpy as np
import TensorFlow as tf
from Preprocessing_Data import load_data
class Args():
    feature_sizes = 100
    field_size = 15
    embedding_size = 256
    deep_layers = [512, 256, 128]
    epoch = 3
    batch_size = 64
    learning_rate = 1.0
    # 防止过拟合
    l2_reg_rate = 0.01
    checkpoint_dir = 'data/saver/ckpt'
    is_training = True
class model():
    def __init__(self, args):
        self.feature_sizes = args.feature_sizes
        self.field_size = args.field_size
        self.embedding_size = args.embedding_size
        self.deep_layers = args.deep_layers
        self.l2_reg_rate = args.l2_reg_rate
        self.epoch = args.epoch
        self.batch_size = args.batch_size
        self.learning_rate = args.learning_rate
        self.deep_activation = tf.nn.relu
        self.weight = dict()
```

```
            self.checkpoint_dir = args.checkpoint_dir
            self.build_model()
```

（2）引定主题结构，即 DeepFM 的模型构建，代码如下。

```
        def build_model(self):
            self.feat_index = tf.placeholder(tf.int32, shape=[None, None], name='feature_index')
            self.feat_value = tf.placeholder(tf.float32, shape=[None, None], name='feature_value')
            self.label = tf.placeholder(tf.float32, shape=[None, None], name='label')
            # 另外定义两个 dropout 来防止过拟合
            #                          self.dropout_keep_fm                           = tf.placeholder(tf.float32,shape=[None],name='dropout_keep_fm')
            #                          self.dropout_keep_deep                           = tf.placeholder(tf.float32,shape[None],name='dropout_keep_deep')
            # One-hot 编码后的输入层与 Dense embeddings 层的权值定义，即 DNN 的输入 embedding
            # Dense embeddings 层的神经元个数由 feature_size 决定
            # 特征向量化，类似上述 FM 公式中的 v
            self.weight['feature_weight'] = tf.Variable(
                tf.random_normal([self.feature_sizes, self.embedding_size], 0.0, 0.01),
                name='feature_weight')
            # 一次项中的 w 系数，类似上述 FM 公式中的 w
            self.weight['feature_first'] = tf.Variable(
                tf.random_normal([self.feature_sizes, 1], 0.0,1.0),
                name='feature_first')
            # deep 网络部分的 weight
            num_layer = len(self.deep_layers)
            # deep 网络初始 input：把向量化后的特征进行拼接后代入模型，n 个特征*embedding 的长度，这样可以权值共享
            input_size = self.field_size * self.embedding_size
            init_method = np.sqrt(2.0 / (input_size + self.deep_layers[0]))
            self.weight['layer_0'] = tf.Variable(
                np.random.normal(loc=0,scale=init_method,  size=(input_size, self.deep_layers[0])), dtype=np.float32
            )
            self.weight['bias_0'] = tf.Variable(
                np.random.normal(loc=0,scale=init_method,size=(1, self.deep_layers[0])), dtype=np.float32
            )
            # 生成 deep network 每层的 weight 和 bias
```

```python
            if num_layer != 1:
                for i in range(1, num_layer):
                    init_method = np.sqrt(2.0 / (self.deep_layers[i - 1] + self.deep_layers[i]))
                    self.weight['layer_' + str(i)] = tf.Variable(
                        np.random.normal(loc=0, scale=init_method, size=(self.deep_layers[i - 1], self.deep_layers[i])),
                        dtype=np.float32)
                    self.weight['bias_' + str(i)] =tf.Variable(
                        np.random.normal(loc=0, scale=init_method, size=(1, self.deep_layers[i])),
                        dtype=np.float32)
            # deep 部分 output_size + 一次项 output_size + 二次项 output_size
            last_layer_size = self.deep_layers[-1] + self.field_size + self.embedding_size
            init_method = np.sqrt(np.sqrt(2.0 / (last_layer_size + 1)))
            # 生成最后一层的结果
            self.weight['last_layer'] = tf.Variable(
                np.random.normal(loc=0, scale=init_method, size=(last_layer_size, 1)), dtype=np.float32)
            self.weight['last_bias'] = tf.Variable(tf.constant(0.01), dtype=np.float32)
            # embedding_part
            self.embedding_index = tf.nn.embedding_lookup(self.weight['feature_weight'], self.feat_index)  # Batch*F*K
            self.embedding_part = tf.multiply(self.embedding_index, tf.reshape(self.feat_value, [-1, self.field_size, 1]))
            # [Batch*F*1] * [Batch*F*K] = [Batch*F*K],用到了 broadcast 的属性
            print('embedding_part:', self.embedding_part)
            # embedding_part: Tensor("Mul:0", shape=(?, 15, 256), dtype=float32)
            # FM 部分
            # first_order
            self.embedding_first = tf.nn.embedding_lookup(self.weight['feature_first'], self.feat_index)  # bacth*F*1
            self.embedding_first = tf.multiply(self.embedding_first, tf.reshape(self.feat_value, [-1, self.field_size, 1]))
            self.first_order = tf.reduce_sum(self.embedding_first, 2)
            print('first_order:', self.first_order)
            # second_order
            self.sum_second_order = tf.reduce_sum(self.embedding_part, 1)
            self.sum_second_order_square = tf.square(self.sum_second_order)
            print('sum_square_second_order:', self.sum_second_order_square)
            self.square_second_order = tf.square(self.embedding_part)
```

```
            self.square_second_order_sum                                =
tf.reduce_sum(self.square_second_order, 1)
            print('square_sum_second_order:', self.square_second_order_sum)
            # 1/2*((a+b)^2 - a^2 - b^2)=ab
            self.second_order = 0.5 * tf.subtract(self.sum_second_order_square,
self.square_second_order_sum)
            # FM 部分的输出(39+256)
            self.fm_part = tf.concat([self.first_order, self.second_order],
axis=1)
            print('fm_part:', self.fm_part)
            # DNN 部分
            # deep part
            self.deep_embedding  =  tf.reshape(self.embedding_part,  [-1,
self.field_size * self.embedding_size])
            print('deep_embedding:', self.deep_embedding)
            # 全连接部分
            for i in range(0, len(self.deep_layers)):
                self.deep_embedding  =  tf.add(tf.matmul(self.deep_embedding,
self.weight["layer_%d" % i]),
                                    self.weight["bias_%d" % i])
                self.deep_embedding = self.deep_activation(self.deep_embedding)
            # 将 DNN 与 FM 的输出进行组合
            din_all = tf.concat([self.fm_part, self.deep_embedding], axis=1)
            self.out = tf.add(tf.matmul(din_all, self.weight['last_layer']),
self.weight['last_bias'])
            print('output:', self.out)
            # loss
            self.out = tf.nn.sigmoid(self.out)
            self.loss = -tf.reduce_mean(
            self.label * tf.log(self.out + 1e-24) + (1 - self.label) * tf.log(1
- self.out + 1e-24))
            # 正则: sum(w^2)/2*l2_reg_rate
            self.loss  +=  tf.contrib.layers.l2_regularizer(self.l2_reg_rate)
(self.weight["last_layer"])
            for i in range(len(self.deep_layers)):
                self.loss += tf.contrib.layers.l2_regularizer(self.l2_reg_rate)
(self.weight["layer_%d" % i])
              self.global_step = tf.Variable(0, trainable=False)
            opt = tf.train.GradientDescentOptimizer(self.learning_rate)
            trainable_params = tf.trainable_variables()
            print(trainable_params)
            gradients = tf.gradients(self.loss, trainable_params)
            clip_gradients, _ = tf.clip_by_global_norm(gradients, 5)
```

```
            self.train_op = opt.Apply_gradients(
                zip(clip_gradients, trainable_params), global_step=self.global
_step)
```

当然,还要有训练函数,需要在类和模型构建的基础上定义,代码如下。

```
    def train(self, sess, feat_index, feat_value, label):
        loss, _, step = sess.run([self.loss, self.train_op, self.global_
step], feed_dict={
            self.feat_index: feat_index,
            self.feat_value: feat_value,
            self.label: label
        })
        return loss, step
```

(3)接下来,对应用于推荐的预测函数进行定义,代码如下。

```
    def predict(self, sess, feat_index, feat_value):
        result = sess.run([self.out], feed_dict={
            self.feat_index: feat_index,
            self.feat_value: feat_value
        })
        return result
```

保存模型函数的定义,训练完保存对应的模型以便使用和迁移,代码如下。

```
    def save(self, sess, path):
        saver = tf.train.Saver()
        saver.save(sess, save_path=path)
```

恢复模型函数的定义,在具体应用时需要恢复模型并使用训练好的模型,代码如下。

```
    def restore(self, sess, path):
        saver = tf.train.Saver()
        saver.restore(sess, save_path=path)
```

对应的 Batch 构建函数,代码如下。

```
def get_batch(Xi, Xv, y, batch_size, index):
    start = index * batch_size
    end = (index + 1) * batch_size
    end = end if end < len(y) else len(y)
    return Xi[start:end], Xv[start:end], np.array(y[start:end])
```

(4)最后是主函数的定义,方便在命令行执行或调用,代码如下。

```
if __name__ == '__main__':
    args = Args()
    gpu_config = tf.ConfigProto()
```

```python
        gpu_config.gpu_options.allow_growth = True
    data = load_data()
    args.feature_sizes = data['feat_dim']
    args.field_size = len(data['xi'][0])
    args.is_training = True
    with tf.Session(config=gpu_config) as sess:
        Model = model(args)
        # init variables
        sess.run(tf.global_variables_initializer())
        sess.run(tf.local_variables_initializer())
        cnt = int(len(data['y_train']) / args.batch_size)
        print('time all:%s' % cnt)
        sys.stdout.flush()
        if args.is_training:
            for i in range(args.epoch):
                print('epoch %s:' % i)
                for j in range(0, cnt):
                    X_index, X_value, y = get_batch(data['xi'], data['xv'], data['y_train'], args.batch_size, j)
                    loss, step = Model.train(sess, X_index, X_value, y)
                    if j % 100 == 0:
                        print('the times of training is %d, and the loss is %s' % (j, loss))
                        Model.save(sess, args.checkpoint_dir)
        else:
            Model.restore(sess, args.checkpoint_dir)
            for j in range(0, cnt):
                X_index, X_value, y = get_batch(data['xi'], data['xv'], data['y_train'], args.batch_size, j)
                result = Model.predict(sess, X_index, X_value)
                print(result)
```

以上构成了全部的 DeepFM.py，你可以将它们放在一起，然后运行 DeepFM.py 文件，执行结果如下。

```
G:\DeepFM>python DeepFM.py
  2019-01-29 17:46:51.769627: I  d: \build\tensorflow\\tensorflow_r1.9\\tensorflow\core\platform\cpu_feature_guard.cc:141]  Your  CPU  supports instructions that this TensorFlow binary was not compiled to use: AVX2
  2019-01-29 17:46:51.769627: I  d: \build\tensorflow\\tensorflow_r1.9\\tensorflow\core\common_runtime\process_util.cc:68] Creating new thread pool with default inter_op setting: 2. Tune using inter_op_parallelism_threads for best performance.
  embedding_part: Tensor("sum:0",shape=(?,30.256),dtype=float32)
```

```
first_order: Tensor("sum:0",shape=(?,30), dtype=float32)
sum_square_second_order: Tensor ("Square:0",shape=(?.256),dtype=float32)
square_sum_second_order: Tensor("sum_2:0",shape=(?,256),dtype=float32)
fm_part: Tensor("cncat:0",shape=(?,286),dtype=float32)
deep_embedding: Tensor("Reshape_2:0",shape=(?,7680),dtype=float32)
output: Tensor("Add_3:0",shape=(?,1),dtype=float32)
[<tf.Variable 'feature_weight:0' shape=(?,1),dtype=float32_ref>,<tf.Variable 'feature_first:0' shape=(31,1) dtype=float32_ref>,<tf.Variable 'Variable:0' shape=(7680,512) dtype=float32_ref>,<tf.Variable 'Variable_1:0' shape=(1,512) dtype=float32_ref>,<tf.Variable 'Variable_2:0' shape=(512,256) dtype=float32_ref>,<tf.Variable 'Variable_3:0' shape=(1,256) dtype=float32_ref>,<tf.Variable 'Variable_4:0' shape=(256,128) dtype=float32_ref>,<tf.Variable 'Variable_5:0' shape=(1,128) dtype=float32_ref>,<tf.Variable 'Variable_6:0' shape=(414,1) dtype=float32_ref>,<tf.Variable 'Variable_7:0' shape=( ) dtype=float32_ref>]
time all:4450
epoch 0:
the times of training is 0,and the loss is 9.470544
the times of training is 100,and the loss is 1.0287732
the times of training is 200,and the loss is 0.14657712
the times of training is 300,and the loss is 0.03519983
the times of training is 400,and the loss is 0.09958162
the times of training is 500,and the loss is 0.010225749
the times of training is 600,and the loss is 6.9777713
the times of training is 700,and the loss is 0.06817686
the times of training is 800,and the loss is 0.05763656
the times of training is 900,and the loss is 0.15001856
the times of training is 1000,and the loss is 0.09760784
            ...
            ...
            ...
epoch 1:
the times of training is 0,and the loss is 0.0063590817
the times of training is 100,and the loss is 0.0007650446
the times of training is 200,and the loss is 55.26948
the times of training is 300,and the loss is 0.015936159
the times of training is 400,and the loss is 0.0021350516
the times of training is 500,and the loss is 0.031936314
the times of training is 600,and the loss is 0.004174681
the times of training is 700,and the loss is 0.00056770066
the times of training is 800,and the loss is 0.09112126
the times of training is 900,and the loss is 0.0025349602
the times of training is 1000,and the loss is 0.02664358
            ...
```

```
...
...
epoch 2:
the times of training is 0,and the loss is 0.06529938
the times of training is 100,and the loss is 1.8866782
the times of training is 200,and the loss is 0.026961317
the times of training is 300,and the loss is 0.020144135
the times of training is 400,and the loss is 0.020420998
the times of training is 500,and the loss is 1.8067265
the times of training is 600,and the loss is 0.104650386
the times of training is 700,and the loss is 0.09883208
the times of training is 800,and the loss is 0.02844503
the times of training is 900,and the loss is 0.08771974
the times of training is 1000,and the loss is 0.029357936
the times of training is 1100,and the loss is 0.0621288128
    ...
    ...
    ...
```

执行完毕后，输出相应的结果，如图 10-9 所示。

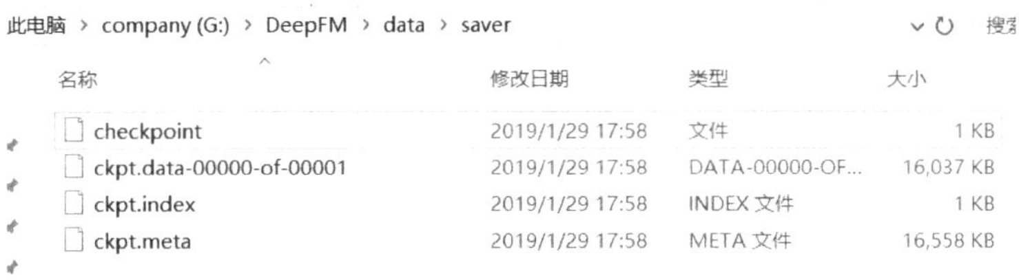

图 10-9　DeepFM 模型运行结果